村法治理论与实践

国内外农村法治建设案例为例

彭 鹏 /著

Theory and Practice of

RURAL RULE
OF LAW

Taking the Construction of Rural Rule of
Law in Domestic and Abroad As an Example

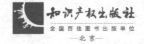

知识产权出版社

全国百佳图书出版单位

—北 京—

图书在版编目（CIP）数据

农村法治理论与实践：以国内外农村法治建设案例为例/彭鹏著. —北京：知识产权出版社，2023.3

ISBN 978 - 7 - 5130 - 8097 - 2

Ⅰ.①农…　Ⅱ.①彭…　Ⅲ.①农村—法治—研究—中国　Ⅳ.①D920.0

中国版本图书馆 CIP 数据核字（2022）第 046233 号

责任编辑：兰　涛　　　　　　　责任校对：谷　洋

封面设计：春天书装·郑　重　　责任印制：孙婷婷

农村法治理论与实践

——以国内外农村法治建设案例为例

彭　鹏　著

出版发行：	知识产权出版社 有限责任公司	网　　址：	http://www.ipph.cn
社　　址：	北京市海淀区气象路 50 号院	邮　　编：	100081
责编电话：	010 - 82000860 转 8325	责编邮箱：	lantao@cnipr.com
发行电话：	010 - 82000860 转 8101/8102	发行传真：	010 - 82000893/82005070/82000270
印　　刷：	北京建宏印刷有限公司	经　　销：	新华书店、各大网上书店及相关专业书店
开　　本：	720mm×1000mm　1/16	印　　张：	17.75
版　　次：	2023 年 3 月第 1 版	印　　次：	2023 年 3 月第 1 次印刷
字　　数：	265 千字	定　　价：	88.00 元

ISBN 978 - 7 - 5130 - 8097 - 2

摘　要

　　实施乡村振兴战略和全面推进依法治国是党和国家在新时代社会主义建设和改革开放过程中提出的重大战略决策和战略任务。实施乡村振兴战略是实现"两个一百年"奋斗目标、顺应亿万农民对美好生活的向往作出的重大决策。农业、农村、农民问题是我国的社会主义经济基础，是我国国计民生的根本性问题。农业强不强、农村美不美、农民富不富直接关系我国能否全面建成小康社会和实现社会主义现代化的发展目标。全面推进依法治国是为实现我国的国家治理能力和治理水平现代化提出的重大战略任务。全面依法治国是确保党和国家长治久安的根本要求和必要保障。农村法治建设既是全面依法治国的重要组成部分，也是实现乡村振兴的重要制度保障。乡村振兴战略的实施是我国解决"三农"问题、实现农业和农村发展现代化的重要推手。我国农业和农村的现代化实现与否直接关系我国能否实现社会主义的现代化和中华民族伟大复兴的中国梦。因此，在乡村振兴战略实施过程中推进农村法治建设，对于新时代中国特色社会主义的建设和发展具有极为重要的意义。

　　回顾我国的农村法治建设历程，历经了中华人民共和国成立初期的农村土地制度改革和农民协会建立等探索和实践，到社会主义制度建立后在探索和实践中遇到曲折的人民公社制度，再到改革开放初期我国农村推进实施的家庭联产承包责任制和村民委员会的普遍建立、中华人民共和国村民委员会组织法的制定和实施。直到党的十六大提出社会主义新农村建设，我国的农村法治建设才真正进入全面和系统的发展阶段。从新民主主义社会到社会主义社会，从改革开放至党的十八大召开。我国的农村法治伴随着国家经济和社会的不断发展、农业和农村的持续进步取得了巨大的成就和丰富的理论成果。除我国在农村法治建设中的成就外，我们仍然要看到在农村法治建设中存在的诸多问题，如农村基层党组织的建设问题、农村基层村民自治的问题、农村法治建设不健全的问题、城乡二元化带来的问题等。

为了应对和解决这些在我国"三农"领域存在的难点和热点问题，进入新时代的中国特色社会主义在与时俱进的发展过程中，党的十九大报告正式提出了实施乡村振兴战略的重大战略决策。乡村振兴战略的实施对我国农村法治建设提出了三个方面的新要求。首先，通过加强和完善党在"三农"工作中的领导，在坚持和完善党对"三农"工作领导的同时，在实施乡村振兴战略的过程中实现依法治国和依规治党在我国"三农"领域的紧密结合。其次，按照乡村振兴战略提出的建设法治乡村的要求，不断完善在农村法治建设中的立法、执法、司法和守法等领域的具体工作，通过法治建设助力乡村振兴。最后，通过以农村法治建设、保障乡村的产业、人才、生态、文化和组织等方面的振兴和发展，为实施乡村振兴战略的进一步深入和发展奠定物质、精神、人才、制度等方面的坚实基础。通过研究在乡村振兴战略实施过程中，从中央到地方，再到各地农村基层的法治建设探索和实践，找到乡村振兴战略和农村法治建设的契合点，为我国乡村振兴战略的实施和农村法治建设的推进找到更加适合我国经济社会和农村具体实际的发展路径和发展方式。

目　录

绪 论

一、研究背景和研究意义

（一）研究背景

本书的选题来源是党的十九大提出的实施乡村振兴战略。实施乡村振兴战略是党中央着眼党和国家事业全局，深刻把握现代化建设规律和城乡关系变化特征，顺应亿万农民对美好生活的向往，对"三农"工作作出的重大决策部署，是决胜全面建成小康社会、全面建设社会主义现代化国家的重大历史任务，是新时代做好"三农"工作的总抓手。党的十九大报告明确指出，新时代我国农村和农业发展的现状决定了我国"三农"工作的重要性和紧迫性。针对我国"三农"领域的现状，党的十九大报告进行了前所未有的理论创新，提出了包括实施乡村振兴战略、坚持农业和农村优先发展、实现我国农业和农村的现代化、实现我国城乡融合等"三农"工作的部署和决策。2018年1月2日，中共中央、国务院发布了《中共中央国务院关于实施乡村振兴战略的意见》，对实施乡村振兴战略过程中我国农业和农村实现现代化的途径进行了论述，强调要深化村民自治实践、建设法治乡村，提升乡村德治水平。党和国家的规范性文件中针对新时代我国"三农"工作做出的部署和安排，充分显示了党和国家对于我国"三农"领域问题和"三农"工作的重视，突出了农业和农村现代化在实现我国全面建成小康社会、"两个一百年"奋斗目标、社会主义现代化、中华民族伟大复兴的中国梦等一系列战略部署和战略任务中的重要地位和作用。党的十八届四中全会提出了全面推进依法治国的各项举措。在我国现代化进程中，法治是实现我国经济和社会发展过程中保持公平和正义的重要制度保障。深入实施乡村振兴战略，要建立健全党组织领导的农村立法、执法、司法和守法相结合的农村法治体系，打造充满活力、和谐有序的善治乡村。构建现代化的农村法治体系是实现乡村振兴的必由之路，农村法治建设的推进是实现我国农业、农村现代化和加速城乡融合的重要制度保障。

（二）研究意义

1. 理论意义

农村法治建设涉及立法、执法（农村依法行政）、司法和守法等方面的具体工作。农村法治建设要求具有相对完善和规范的农业、农村法律法规体系，同时要求在农村执法和实施行政行为的过程中严格依法行政。研究农村法治的目的在于通过将我国农村各项工作纳入法治的轨道，使我国乡村振兴战略的实施获得充分的法治和制度保障，对于稳定我国现有的农业和农村相关制度、促进我国农业和农村的现代化发展具有重要的作用。农村法治建设涉及多个相关学科，在实施乡村振兴战略的过程中推进农村法治建设需要对涉及"三农"领域的相关学科，如法学、管理学、产业经济学等进行联系和结合。尽管每个学科对农村法治建设有不同的关注重点和范围，但是从我国农村法治建设的研究角度来说，立法、执法、司法和守法是贯穿农村法治建设研究始终的内容。对于乡村振兴战略实施中农村法治建设的研究不仅要从法学和管理学等相关学科进行界定和研究，而且需要从我国农村的具体实际出发，在马克思主义理论的指导和框架内进行系统的研究和理论的创新。我国现阶段实施的乡村振兴战略涉及不同学科和不同类型的相关研究已经很多，但是从法治建设，尤其是农村法治建设的角度研究乡村振兴战略实施的成果还比较少。在新时代我国乡村振兴战略实施的过程中，研究农村法治建设和乡村振兴战略在理论和实践中的互动关系，对于推动农村法治建设和乡村振兴战略相关领域具体工作的开展和保障实施农村法治建设和促进乡村振兴战略过程中各项事业的有序和稳固发展具有重要的理论意义。

2. 现实意义

实施乡村振兴战略的目的是实现我国农业和农村的现代化。对于我国"三农"领域出现的问题和难点，有必要进行针对性研究和探索，以便更好地对我国"三农"领域的工作进行进一步的指导。在实施乡村振兴战略的同时，我国也在不断推进全面依法治国。推进全面依法治国要在包括农村地区和广大农民群众在内的地域和全部群体中实现国家治理和社会管理法治化，通过法治宣传和法治实践，最终形成包括"三农"在内的国家各个领域的法治化管理和运行。我国农业和农村发展的现代化、农业法律法规的完善、农村治理的法治化都是我国实施乡村振兴战略和推进全面依法治国需要解决的重要问题。依法治国的根基在于我国的基层。[①] 当前，我国的农村社会和农村人口数量占比仍然很大。截至 2017 年年底，我国农村人口约为 57 661 万，占全国人口 139 008 万的 41.48%。[②] 在未来相当长的一段时期内，即使我国城市化水平达到了发达国家的现行标准，我国仍然有绝对庞大数量的人口生活在农村。因此，实现我国农村法治化管理，保障乡村振兴战略的持续推进，对于当前我国的社会主义建设和实现社会主义现代化都有重要的现实意义。

---

① 俞可平. 民主法治：国家治理的现代化之路 [J]. 团结，2014 (1)：24–27.
② 陈锡文，魏后凯，宋亚平. 走中国特色社会主义乡村振兴道路 [M]. 北京：中国社会科学出版社，2019：89.

二、概念界定

本书的研究既涉及农业和农村现代化领域的乡村振兴战略也涉及推进全面依法治国领域的法治建设问题，因此，需要对法治、农村法治、农村法治建设和乡村振兴等概念进行必要的梳理，以明确本书的研究方向和研究框架。

（一）法治的概念

1. 法治的概念

法治一词的概念是在历史的发展中产生的，法治的概念在中国和西方文化中有不同的表达方式，中国的表达方式包括法治主义、依法治国等；西方的表达方式包括法的统治、依法统治、依法治理等。总的来说，法治是以民主为目标和前提、以依法办事为核心、以权力的制约为关键的一种社会调控方式。法治代表具有某种具体价值规定的社会生活方式和法律秩序。①

从世界范围来看，法治是现代民主国家治国理政的基本方式。党的十五大把法治确定为国家的基本方略，党的十八大把法治定位为治国理政的基本方式，体现了法治在我国经济和社会发展中的重要作用。作为一种治国理政的方式，法治要求国家在进行各种社会调控时，选择以法律为主要手段。法治要求政府以法治思维和依法办事的行为方式处理各种问题。法治要求国家在所有活动中，法律权威高于个人权威，政府和政府官员要在法律限定的范围内活动，任何组织和个人都没有超越法律的特权。② 作为

---

① 杨朝红. 农村法治教程［M］. 郑州：郑州大学出版社，2013：1.
② 陈一新. 建设社会主义法治国家［M］. 北京：人民出版社，2019：28.

治国理政的基本方式，法治最重要的表现是社会有良好的法律秩序。法律秩序是法律规范实行和实现的结果，达到良好的法律秩序既是法治的目标和结果也是检验法治是否有效的重要指标。

2. 农村法治的概念

农村法治是社会主义法治建设的子系统，一般来说，农村法治是有关农村法治建设的总称。农村法治可以定义为在维护国家法治和统一的前提下，充分运用法律制度和法律手段，对农村的经济、文化、社会、生态等事务进行管理，以促进农业和农村发展、保护广大农民群众合法正当权益，为农村和农业改革提供法律保障和治理的各项措施。农村法治的主体是广大农民群众，农村法治的客体是农村的政治、经济、文化、社会和生态事务。农村法治的关键是农村依法行政。农村法治的目标是保障各项涉农工作的依法进行，实现农村各项事务的规范化和法治化。农村法治的基本要求是要以体现广大农民群众意志、反映社会经济规律和自然规律的法律治理农村。无论政府对农村的调控还是农村经济组织和广大农民群众的各项活动，都应当纳入规范化的法治轨道中。①

（二）农村法治建设的概念

农村法治建设与实施乡村振兴战略、推进全面依法治国的方针政策紧密相连。农村法治建设可以从涉及农村的立法工作、农村依法行政工作、农村司法工作和农村守法工作等方面具体开展。第一，农村法治建设需要加强农村立法工作。不断建立健全适应新时代中国特色社会主义，在乡村振兴战略实施中，农业和农村改革发展需要的法律制度是我国农村立法工作的主要目标和发展方向。农村立法工作要实现建立和完善中国特色社会

---

① 李昌麒，许明月．农村法治建设若干基本问题的思考［J］．现代法学，2001（2）：26－34.

主义的农业法律体系，制定和完善涉及农村政治、经济、文化、社会、生态等多方面的法律法规，使当前在农村改革建设中行之有效的方针和政策、成熟的探索和实践经验上升为法律，使农村生活和建设的各方面都能做到有法可依、有法必依、执法必严、违法必究。第二，加强农村依法执法和依法行政的建设。推进农村地区的依法行政需要加大农村行政执法力度，加强农村行政执法科学化和法治化。在农村依法行政的过程中，应该努力打造一支高素质的农业行政执法队伍，建立科学合理、运行有效的农村行政执法体制，保证农村各项行政执法工作依法顺利实施。涉农部门和农村基层政权应把强化依法行政作为责任和使命。制定相应政策时应该以宪法和与农业相关的法律、法规为依据。强化农村行政执法的检查和监督力度，对于执法不严、有法不依的违法行为，要追究相应的法律责任。第三，农村法治建设要加强公正司法，为广大农民群众提供及时、有效的司法保障。广大农民群众保护和维护自身正当合法权益的最后一道防线是司法保障。司法的保障功能能否发挥应有的作用取决于司法的公正性和有效性。① 司法机关应该着眼我国农业、农村、农民的实际情况处理农村司法问题。应针对相关的涉农司法问题制定相应的农村司法方案，提高有关农业农村农民案件的司法效率和工作力度，保障农村司法的可靠性、时效性和真实性。第四，农村法治建设应注重守法工作和普法宣传。主动为我国农村地区基层的广大农民群众提供法律服务、普及法律知识。针对某些经济落后地区的农村，应根据当地实际情况，通过设立法律服务中心和法律服务所等多种方式推动当地农村基层法律服务和守法工作的开展。

（三）乡村振兴的概念

党的十九大在2017年10月18日胜利召开，党的十九大作出的中国特色社会主义进入新时代的科学论断明确提出，要在我国实施乡村振兴战略

---

① 刘颖. 乡村社会民主法治建设理论与实践［M］. 沈阳：东北大学出版社，2011：133.

这一重大历史任务。① 乡村振兴战略的提出回应了当前我国农业、农村、农民发展中的问题。乡村振兴战略是基于中国特色社会主义进入新时代的科学论断。乡村振兴战略是围绕当前我国社会的主要矛盾发生的变化，结合当前我国"三农"问题和农村需要解决的重大问题作出的重大战略抉择。乡村振兴战略对于我国全面建成小康社会、全面建成社会主义现代化强国，实现"两个一百年"奋斗目标和中华民族伟大复兴的中国梦具有非常重大而深远的意义。

三、研究现状

我国对于农村法治建设的研究可以总结为三种类型。第一种是将农村法治的研究置于乡村治理体系这一总的框架之下，结合中国长期的乡村治理经验进行农村法治建设的分析。第二种是直接对农村法治建设这一主题和领域进行研究，也是目前在知网上可以搜索到的研究内容最多、研究成果最丰富的类型。第三种是将农村法治建设与乡村振兴战略实施相结合的研究。

（一）乡村治理角度的农村法治建设研究

从知网的"农村法治"这一主题词的搜索结果来看，最早农村法治议题的研究出现在 1996 年徐勇的论文中。其后，学者们从不同方面研究了乡村治理中人治与法治的关系。徐勇以个案研究的方式分析了在我国农村普遍存在的"能人政治"现象。他指出能人政治虽然促进了农村经济社会的发展，但也存在重大缺陷，应该逐渐转变为依法治理。② 丁关良认为农村

---

① 陈锡文，魏后凯，宋亚平. 走中国特色社会主义乡村振兴道路 [M]. 北京：中国社会科学出版社，2019：2.

② 徐勇. 由能人到法治：中国农村基层治理模式转换：以若干个案为例兼析能人政治现象 [J]. 华中师范大学学报（人文社会科学版），1996（4）：1-8.

实行法治效果优于人治，农村法治是依法管理农村政治、经济、文化等事务的治理方略。① 雷海峰研究了村民委员会（以下简称村委会）在乡级政权管理中的地位和作用，指出村委会本应是推进农村法治的重要载体，但是研究和分析的结果表明，有些农村村委会在很大程度上成为家族势力的寄生载体。② 江国华分析了在中国乡村治理中普遍存在的人治模式，指出人治模式是中国乡村走向现代化的主要制约因素，要实现法治化必须在治理模式上完成从人治到法治的变革，这既需要政府的整体推进也必须充分发挥农民的自主性和创造性。③

有学者从不同地区、不同民族的乡村治理与农村法治建设出发进行了研究。王启梁从少数民族农村法治建设的个案研究出发，分析了少数民族农村国家法与习惯法的不良互动，提出从公权力机关建立、民间权威整合、国家法完善三个方面解决少数民族农村存在的问题。④ 宋才发指出，少数民族地区政府要建成善治政府，农村社会治理必须常态化、规范化，不断运用法治思维推进。⑤ 施生旭研究了闽北地区"约法治村"的案例，并指出，"约法治村"模式可以为农村社会管理法治化实践路径提供参考。⑥

有学者从村规民约、乡规民约的角度对乡村治理进行了研究。孔令志提出，应把农村的三大工作，即组织建设、经济建设和社会秩序管理以村规民约方式确立，并纳入到法治轨道中。⑦ 张景峰分析了中国 20 世纪 90

---

① 丁关良. 农村法治涵义和基本内容及现实意义研究 [J]. 山东农业大学学报（社会科学版），2005（3）：94-99，128.
② 雷海峰. 家族与村委会的寄生性关系及其对当代农村法治之影响 [J]. 湖南公安高等专科学校学报，2003（4）：12-15.
③ 江国华，项坤. 从人治到法治：乡村治理模式之变革 [J]. 江汉大学学报（社会科学版），2007（4）：5-9.
④ 王启梁. 传统法文化的断裂与现代法治的缺失：少数民族农村法治秩序建构路径选择的社区个案研究 [J]. 思想战线，2001（5）：87-93.
⑤ 宋才发，黄捷. 运用法治思维推进民族地区农村社会治理 [J]. 黑龙江民族丛刊，2017（6）：5-12.
⑥ 施生旭，郑逸芳，张婉贞. 农村社会管理法治化模式创新研究：以闽北"约法治村"为例 [J]. 电子科技大学学报（社会科学版），2016，18（2）：80-85.
⑦ 孔令志. 把农村三大管理纳入法治轨道 [J]. 新湘评论，1998（5）：14.

年代村规民约的现状、存在的问题和产生问题的原因，提出了村规民约是推动农村法治建设的有效途径，应予以支持和推动。① 袁雪霞研究了中国乡规民约的社会环境和历史渊源并指出，农村法治实践是一个以国家为主导、以社会为基础的积极合力推进的过程，应充分借鉴在乡规民约中合理和有效的部分，实现乡规民约与国法的积极有效互动。② 张洪波指出乡土中国固有的结构没有产生深刻变化，民间的乡规民约和习惯法实质上消解了国家制定法的初衷，因此，推进乡村治理和农村法治现代化必须在国家制定法和乡规民约相互尊重和关照的前提下才能顺利实施。③ 谢秋红指出村规民约存在规范性欠缺、民主性不足、时代性滞后的问题，应明确法律地位、构建正当程序、健全审查监督机制，发挥乡规民约在乡村治理中的积极作用。④ 朱晓玲指出在农村社会治理法治化进程中，村规民约既要保留自治空间，又要积极向国家法律靠拢，按照现代法治精神完善自身，以适应农村法治建设的需要。⑤

　　有学者从农村自治权与他治权角度分析了乡村治理。张善燚分析了改革开放以来农村中乡民的权利问题并指出，尽管乡民的权利观念有了较大提升，但是泛道德化和极端法律化的现象仍需加以重视，农村发展以及乡民权利的生长需要法律和市场两个要素的规范与整合。⑥ 杜承铭基于中国社会转型期乡土社会结构二元化的现状指出，乡土社会的法治应该关注三个方面，即基层乡镇政权体制的法治化、村民自治的完整实现、国家法与民间法之间的良性互动。⑦ 白呈明研究了农民政治参与和农村社会稳定之

---

①　张景峰．村规民约与农村社区法治建设［J］．河南科技大学学报（社会科学版），1999（2）：9－11．

②　袁雪霞．乡规民约及其法治功能研究［D］．南京：南京师范大学，2007．

③　张洪波，周宁．乡规民约与新农村的法治建设［J］．长白学刊，2009（1）：94－98．

④　谢秋红．乡村治理视阈下村规民约的完善路径［J］．探索，2014（5）：149－152．

⑤　朱晓玲．村规民约与农村社会治理法治化［J］．广东第二师范学院学报，2016，36（1）：91－95．

⑥　张善燚．当代中国农村法治的思考：从乡民的权利角度［J］．湖南公安高等专科学校学报，2000（3）：9－12．

⑦　杜承铭．论社会转型期乡土社会的法治［J］．社会主义研究，2001（4）：94－97．

间的关系并指出，农民政治参与的制度化和法治化在稳定农村的过程中具有重要作用，提出了完善农民政治参与制度的基本路径，包括建立农民协会、发展农村教育、规范基层政府行为。① 姜地忠分析了在农村法治化进程中的障碍并指出，农村的乡土本性与城市有区别，与体现社会理性化的农村法治建设存在冲突，因为存在制度冲突，所以农村法治建设要尽可能地使法律与乡土社会的内在制度相结合，还应尽可能地尊重农村已有的内在制度。② 蒋传宓指出，农村社区建设实质上是将农村社区资源和农村社区力量整合的过程，必须以法治作为农村社区建设的基本价值取向，进一步加强农村法治建设。③ 陆俊杰在分析了后乡土社会后指出，推进农村法治进程应当根据后乡土的现状选择以强制性制度变迁为主和诱致性制度变迁为辅的路径。④ 张文博指出，在现代化转型过程中，农村社会治理不能完全寄希望于法治化建设，应培育一种基于法治逻辑的新秩序，并与原有的乡村秩序相匹配和融合，实现多元协同的农村社会治理格局。⑤

有学者通过研究乡村治理模式的实现方式和路径提出，应该在农村建立解决矛盾和纠纷的多元化机制。卞晓伟通过对湖北省农村的实证研究提出，解决农村纠纷时应处理好国家法与民间规范的冲突，实现法治和自治的平衡，最终构建农村多元化纠纷解决机制的良性发展。⑥ 杨猛提出，应通过整合社会资源，建立包括协商和解、民间调解、行政调解、仲裁以及司法判决在内的农村纠纷多元解决机制。⑦ 有学者研究了社会组织在乡村

---

① 白呈明. 法治下的农民政治参与与农村社会稳定 [J]. 理论导刊, 2002 (10): 35 - 37.

② 姜地忠. 社会理性化的感性制约: 制度冲突视野中的农村法治建设障碍及其突破 [J]. 调研世界, 2006 (9): 14 - 17.

③ 蒋传宓, 周良才. 农村社区建设与法治: 兼论加强农村社区建设构建农村和谐社会的对策 [J]. 重庆城市管理职业学院学报, 2006 (2): 5 - 10.

④ 陆俊杰. 当下中国农村法治的迟滞与路径选择 [J]. 长春市委党校学报, 2007 (5): 79 - 81.

⑤ 张文博. 现代化转型中法治秩序与乡村社会秩序的融合: 基于两起土地纠纷案例的农村社会治理路径探讨 [J]. 西部论坛, 2016, 26 (3): 45 - 53.

⑥ 卞晓伟. 新时期我国农村纠纷的多元化解决机制研究: 基于湖北省的实证调研 [D]. 武汉: 华中农业大学, 2010.

⑦ 杨猛. 新农村建设视阈下的农村纠纷多元解决机制问题研究 [D]. 长春: 吉林大学, 2011.

治理中的作用。邓维立指出，农村社会组织在农村依法治理中具有不可替代的地位和作用，因此，需要营造畅通的利益表达机制，从制度上加强权利扶贫，切实保障农村社会组织的发展权。① 宋义云指出，应该使农村民间组织成为新的农村治理主体，为农民政治参与和利益表达拓宽渠道和空间。② 有学者从不同角度的专业法律问题研究了如何在乡村治理过程中加强法治建设的问题。彭澎提出，乡村社会转型与基层治理变革都必须在宪政理念的指引下完成对农村基层社会的经济、政治资源调整和重组，同时对农村自治制度等基层治理方式进行革新，以适应宪政目标下的农村法治建设。③ 王漪鸥从村民自治的角度研究了农村治理的法治化并指出，提升农村自治水平需要完善相关法律制度、避免公权力不当干预、提高村民参与村民自治和村务管理的能力。④ 乔冠文研究农村基层社会治理的法治化路径并指出，结合民主与法治的社会治理精髓，应构建以直接民主主体组成的专业型法治组织，通过互动性监督模式实现对农村社会治理的监督和制约。⑤ 范拥军指出，通过创新乡级治理体制机制，构建多元、民主、法治、透明、高效的现代化乡级治理体系，对于实现国家治理体系和治理能力现代化具有重要意义。⑥ 张世红等从农村一般人员犯罪、农村青少年犯罪、农村恶性犯罪三个层面论述了加强农村依法治理的意义。⑦ 李牧指出，解决乡村法治秩序建构存在的问题需要立足乡土情景，健全法律机构设

---

① 邓维立. 农村法治中的农村社会组织参与及其有效保障 [J]. 社会主义研究，2011 (5)：37 – 39；137.

② 宋义云. 民间组织对农村法治发展的影响 [J]. 法制与社会，2016 (13)：263 – 264.

③ 彭澎. 乡村社会转型与基层治理变革：农村问题研究的宪政视域 [J]. 江西农业大学学报（社会科学版），2012，11 (4)：122 – 130.

④ 王漪鸥. 从村民自治视角看农村治理法治化 [J]. 人民论坛，2018 (28)：66 – 67.

⑤ 乔冠文. 农村基层社会治理的法治化研究：以互动性监督模式建构为研究范式 [C] //山西省法学会，湖北省法学会，河南省法学会，安徽省法学会，江西省法学会，湖南省法学会. 第八届中部崛起法治论坛论文集. （内部资料），2015：6.

⑥ 范拥军. 乡级治理现代化研究 [D]. 石家庄：河北师范大学，2016.

⑦ 张世红，杨芳，续晓梅. 法治中国建设背景下农村依法治理的三维透视 [J]. 湖北函授大学学报，2016，29 (10)：72 – 73.

置，健全乡村治理体系，构建乡村善治格局，树立农村法治权威，设置驻村法官。①

有学者直接从农村治理模式和实现路径进行了研究。陈少华分析了农村法治建设中的村民直接选举并指出，村民直接选举在实践中存在的不足可以通过村务公开、决策民主、实时扩大直选范围等措施为农村治理积累经验。② 王银提出，乡村善治是乡村治理的内涵目标，民主法治对于实现乡村善治具有重要的内涵价值，推进乡村善治需要依托农村民主法治建设。③ 刘同君以农民权利为视角分析了在城镇化进程中农村社会治理的法治转型并提出，要建立尊重农民主体性与法律诉求的治理模式。④ 刘丽敏指出，解决"三农"问题必须全面推进农村社会治理创新，优化农村法治环境，提高农村法治化水平。⑤ 胡勇指出，"枫桥经验"是以农村法治发展促进农村社会治理创新的实践，为推进农村社会治理现代化提供了有益经验和借鉴。⑥ 倪怀敏指出，应通过法治路径进行农村社区治理，在农村城镇化发展过程中具有理论意义和实践价值。⑦ 邱春林指出，农村治理的法治化，需要明确党的领导，农村基层治理主体的法治意识和能力提高，推动城乡公共服务均等化。⑧ 王木森研究了浙江推行村务工作权力清单条例的案例并指出，微权清单式乡村治理模式，对未来法治化乡村治理模式作

① 李牧，李丽. 当前乡村法治秩序构建存在的突出问题及解决之道 [J]. 社会主义研究，2018（1）：131 – 137.

② 陈少华，沈桥林. 新农村建设中的民主与法治 [J]. 江西社会科学，2007（4）：152 – 156.

③ 王银，苏瑞珍. 民主法治：乡村善治的内涵目标与实现途径 [J]. 晋中学院学报，2009，26（6）：34 – 37.

④ 刘同君. 新型城镇化进程中农村社会治理的法治转型：以农民权利为视角 [J]. 法学，2013（9）：44 – 51.

⑤ 刘丽敏，刘文静. 法治视域下的新农村社会治理创新 [J]. 河北企业，2014（8）：94 – 95.

⑥ 胡勇. 以农村法治发展促进农村社会治理创新："枫桥经验"的实践与启示 [J]. 政策瞭望，2014（8）：46 – 48.

⑦ 倪怀敏. 农村社区治理法治路径探寻 [J]. 人民论坛，2014（2）：105 – 107.

⑧ 邱春林. 农村治理法治化的实现路径 [J]. 中国国情国力，2015（4）：18 – 19.

了有益探索。①

（二）法治建设角度的农村法治建设研究

最早直接以农村法治为主题进行研究的是 1997 年赵建国的论文。学者们从农村市场和土地制度等具体方面对农村法治建设问题进行了研究。赵建国研究了改革开放后农村市场的发展产生的诸多现象和问题，并指出产生这些问题和解决的方法在于加强法治。② 张忠提出，由于存在农村经济全面转型和农村政治民主化的客观需要，应该加强农村行政法治建设。③ 徐钢分析了农村土地承包制度中的问题及其产生的原因后提出，乡村法治秩序的重构是保障农民利益的关键。④ 王文英研究了农村土地征收的行政法律问题并指出，对于农村土地征收过程中存在的问题，应该通过建立土地裁判所解决农村中此类问题。⑤ 窦衍瑞指出，在中国的农村土地征收过程中，行政主体具有极大的自由裁量权，应当构建科学、合理的土地征用程序，以平衡公共利益和个人利益，推动农村法治建设的发展。⑥ 韩俊指出，要把农村土地改革纳入法治化轨道，更加充分保障农民拥有的土地权利。⑦ 宋志红指出，在农村土地"三权分置"改革中，只有通过科学的制度设计防范风险，并处理好改革与法治的关系，才能为农村土地改革提供法治保障。⑧

① 王木森，王东. 微权清单式村治：法治村治的未来模式：以浙江 N 县推行村务工作权力清单 36 条为例［J］. 理论导刊，2015（4）：8 – 12.

② 赵建国. 试论农村市场法治［J］. 北方经贸，1997（1）：55 – 56.

③ 张忠. 农村行政法治初论［J］. 湖北民族学院学报（哲学社会科学版），1999（3）：9 – 14.

④ 徐钢，钱涛. 契约、农民利益与法治秩序：以农村土地权利现状为例［J］. 法学，2001（8）：15 – 19.

⑤ 王文英. 农村土地征收行政法律问题研究［D］. 北京：中国政法大学，2004.

⑥ 窦衍瑞，王珍行. 论我国农村土地征用程序的法治化［J］. 法学论坛，2007（2）：107 – 111.

⑦ 韩俊. 把农村土地制度改革纳入法治化轨道［J］. 中国党政干部论坛，2014（9）：24 – 29.

⑧ 宋志红. 农村土地"三权分置"改革：风险防范与法治保障［J］. 经济研究参考，2015（24）：5 – 10.

有学者经过研究指出，加强农村建设的关键在于农村普法教育的实施和农民法治观念意识的提升。辛丽燕研究了中国 20 世纪 90 年代转型时期的农村法治进程并提出，应该增强干群法治观念，抓好农村依法治理工作，多方面推进农村法治社会的实现。① 黄晓明从法律移植的角度出发，结合对农村法治化建设的实施效果进行分析并指出，加强法律宣传和教育和加强农村基层组织建设是推进农村法治化的重要举措。② 李蕊提出，农村法治建设直接影响中国依法治国的实施进程，要改变农村法治建设薄弱、农民法律意识落后的现状，必须从加强农村执法、推进村民自治以及加大普法教育方面着手。③ 武敏分析了 20 世纪初期农村法治建设的现状并指出，改变普法宣传的方式应从过去的简单说教转变为关注农民的日常生活，加强农村法治教育制度的建设，在农村形成对法治的信仰。④ 李春火分析了中国农村法治建设面临的问题并指出，中国农村法治精神的匮乏为农村法治建设带来了诸多问题，推进农村法治建设必须加强法治精神的培育。⑤ 张学亮分析了农村村民的法律信仰状况并指出，村民法律信仰的缺失既有历史、文化的原因，也有法律运行和社会管理的原因，因此，要加强多渠道培育农村村民法律信仰，使法律成为农民的必需品。⑥ 罗晓霞从立法、执法、司法、法治宣传以及农民诉讼困难等方面分析了中国农村法治建设存在的问题，提出了完善农村法律体系、建设高素质执法和司法队伍、增强农村干部群众法律意识等方面的对策和建议。⑦ 秦华从农民法律意识的角度，结合实地调查和访谈进行实证研究并指出，农民的法律意识

---

① 辛丽燕，付晓岩. 转型时期的农村法治进程 [J]. 行政论坛，1999 (2)：60 – 62.
② 黄晓明，吕艳利. 法律移植的现实分析 [J]. 社会科学家，1999 (2)：52 – 57.
③ 李蕊. 农村法治建设与现代法律意识 [J]. 山东社会科学，2000 (3)：57 – 59.
④ 武敏，周红格. 邓小平法制教育思想与农村法治观念的形成 [J]. 前沿，2001 (12)：27 – 30.
⑤ 李春火. 农村法治建设亟需法治精神的培育 [J]. 安徽农业大学学报 (社会科学版)，2002 (4)：58 – 59.
⑥ 张学亮. 依法治国与农村法律信仰危机 [J]. 长白学刊，2002 (6)：33 – 36.
⑦ 罗晓霞. 关于农村法治建设的思考 [J]. 湖南农业大学学报 (社会科学版)，2002 (2)：55 – 57.

在农村法治化进程中具有核心的地位和作用，农民法律意识从国家立法、农民守法、农村用法三个环节影响农村法制运作。① 贾丽分析了农民法治意识淡薄的原因并指出，推进农村法治建设需要全面提高农民素质、整合法律与农村传统理念的规制力、构建并坚持良好的司法环境、加强农村普法宣传教育。② 王西阁指出，农村法治建设既是社会法治变革，也是文化变革，因此，要加快培育农民的法治文化，既要扬弃中国传统法文化，也要发挥政府的主导作用。③

　　有学者指出，农村法治建设必须缩小城乡发展差距，加快农村经济发展。蔡彰提出，加大法治要素在农村的投入不仅有利于农村社会生产力的解放和发展，也有利于推进农村基层民主建设。④ 吴瑞坚分析了农村现状并指出，中国农村，特别是边缘地区农村法治化是一个长期的历史过程，实现农村法治化必须提升农业经济发展水平、农民生活水平和法律意识。⑤ 李育全在分析中国农村社会法治化进程中存在的问题和产生的原因后提出，加快农村经济发展、加强农村基层组织建设，加强法治宣传教育，以推动农村社会法治化的构建。⑥ 程宗彰研究了农村行政法治建设的进程并指出，在实践中必须消除在农村行政法治建设推进过程中的城乡差别格局。⑦ 易虹指出，农村法治建设是一个系统工程，应加大农业和农村的立法力度，加大农村普法力度，树立民主法治观念，改革农业行政执法体

---

① 秦华. 农民的法律意识与农村法治化进程：对丰明黑山嘴镇农民法律意识的实证研究 [D]. 北京：中国农业大学，2003.
② 贾丽. 刍议我国农民法律意识淡薄的原因及改善途径 [J]. 商丘师范学院学报，2010，26 (2)：114－116.
③ 王西阁. 法治文化：新农村建设的文化底蕴和支撑 [J]. 东岳论丛，2010，31 (9)：136－138.
④ 蔡彰. 加大法治要素投入改善农村经济和社会发展环境 [J]. 人民司法，1999 (3)：6－8.
⑤ 吴瑞坚. 农村法治化：我国法治建设的艰难历程 [J]. 理论观察，2000 (5)：23－24.
⑥ 李育全，马雁. 我国农村社会法治化的发展与构建 [J]. 华中农业大学学报（社会科学版），2000 (3)：55－59.
⑦ 程宗璋. 中国农村行政法治建设研究 [J]. 湖南农业大学学报（社会科学版），2001 (2)：44－47.

制，依法减轻农民负担。① 周丽分析了农村法治化的障碍并指出，农村经济落后、传统文化影响、农村传统权力模式以及法律的不完善是妨碍农村法治化的主要原因。②

有学者就农村法治建设的具体实施步骤和实现路径进行了研究。石柏林通过对农村法治建设的步骤和构成要素及其相互关系进行分析并指出，农村法治建设第一要有党的领导，第二要有安定的政治环境和社会环境，第三要有村民和村干部法律意识的提高。③ 李昌麒等从国外农业和农村法治的经验和启示、依法保障和促进农村改革、发展与稳定农村建设三个方面，论述了加强农村法治建设的重要性。④ 薛刚凌对中国农村法治发展进行了分析和研究并指出，加强农村法治建设应该从农村的现实情况出发，发挥政府的主导作用，健全农村治理制度，完善农村经济法治和兼顾国家与村民利益。⑤ 李长健指出，中国是传统农业大国，农村法治在社会整体转型时期面临的法治困境需要从整体性和差异性的角度寻找适合现代农村法治的解决方略。⑥ 刘潇潇从社会系统论角度分析了农村法治化的制约因素并指出，农村法治化的五种制约因素是落后的经济状况、农村传统权力模式、三农法制缺位、法律文化素养制约、乡村发展不平衡。⑦ 孟庆瑜指出，农村法治建设应当遵循统一、公平、适度干预等原则，通过农业市场化改革获得农民对农村法治的普遍认同，发展和完善基层民主与自治制

---

① 易虹. 我国农村法治建设中存在的问题及其对策 [J]. 江西社会科学, 2003 (9): 171 - 172.

② 周丽, 于丽. 浅谈农村法治化的障碍 [J]. 山东农业 (农村经济), 2003 (8): 19.

③ 石柏林. 依法治国的基石: 农村法治建设步骤与要素分析 [J]. 中南工业大学学报 (社会科学版), 2001 (4): 365 - 368.

④ 李昌麒, 许明月, 卢代富, 等. 农村法治建设若干基本问题的思考 [J]. 现代法学, 2001 (2): 26 - 34.

⑤ 薛刚凌, 王文英. 农村法治发展之思考 [J]. 湖南社会科学, 2003 (5): 60 - 62.

⑥ 李长健. 我国农村法治的困境与解决方略研究 [J]. 武汉大学学报 (哲学社会科学版), 2005 (5): 622 - 626.

⑦ 刘潇潇. 农村法治化制约因素的系统论思考 [J]. 产业与科技论坛, 2006 (2): 26 - 28.

度。① 乌洗尘分析了在农村法治建设过程中的困境及其产生的原因并指出，推进农村法治建设必须完善村民自治制度、建立健全土地流转法律法规以及农村社会保障制度。② 宋靖指出，农村纠纷解决机制的建设应该在维护公共利益的基础下，通过国家、社会的多元治理格局推动。③ 丁同民分析了影响农村法治建设的因素并指出，应从培育法治主体、夯实法治基础、健全法治体系、营造法治文化、完善法治秩序、优化法治环境等方面着手。④ 李昌麒从宏观角度探讨了农村法治建设要解决的主要问题，其中包括由依靠党的政策向依靠法律转变，深刻认识农村建设中的法治问题，建立和完善农村法治运行机制，加快建设和完善涉农法律法规体系。⑤ 胡建华提出，加强和完善农村民主管理制度法治化要建立健全村民民主权利体系，完善民主决策、民主管理、民主监督的法治规范和约束机制，全民协调推进农村民主管理制度的法治化建设。⑥ 黄信瑜提出，农民参与农村法治建设需要实现制度化、民主化、科学化。⑦ 王雅彬通过对涉农犯罪进行研究后指出，在农村法治建设过程中预防和减少涉农犯罪案件应通过加大普法力度、强化调解工作、延伸法律职能来预防涉农案件的发生。⑧ 黄芹指出，农村法治建设是社会主义现代化建设的必由之路，需要从文化启蒙、制度设计、政治推进、经济发展以及教育事业等方面实施。⑨

有学者从不同角度的专业法律问题研究了如何在农村进行法治建设。

①　孟庆瑜. 农村法治的运行机制探讨 [J]. 国家行政学院学报, 2006 (1): 72 - 75.
②　乌洗尘, 于延晓. 新农村建设面临的法治困境及出路 [J]. 长白学刊, 2006 (4): 41 - 44.
③　宋靖. 新农村法治进程中多元纠纷解决机制建设的模式 [J]. 福建行政学院学报, 2009 (3): 72 - 77.
④　丁同民. 新农村法治建设的路径探析 [J]. 中州学刊, 2009 (2): 78 - 82.
⑤　李昌麒. 当前推进新农村法治建设必须着力解决的几个问题 [J]. 经济法论坛, 2010 (7): 1 - 10.
⑥　胡建华. 论农村民主管理制度法治化建设面临的困境与对策 [J]. 河南师范大学学报 (哲学社会科学版), 2011, 38 (5): 47 - 51.
⑦　黄信瑜. 农民参与农村法治建设需实现 "三化" [J]. 求索, 2012 (8): 57 - 59.
⑧　王雅彬. 由涉农犯罪看农村法治建设 [J]. 法制与经济, 2012 (6): 77 - 78.
⑨　黄芹. 从 "五四" 启蒙到农村法治 [J]. 理论观察, 2015 (11): 55 - 57.

张鸿霞以系统论的方法对农村法治建设的现实起点和价值追求进行了分析并指出，农村法治建设要使立法、司法、执法有机结合。① 石海分析了山区农村"私了"现象背后的原因及其对农村法治建设产生的消极影响。② 王少杰分析了中国"三农"问题形成的原因并指出，解决"三农"问题必须从法律制度建构入手，通过推进农村法治建设确保农民的基本国民权利得以实现。③ 曹建民分析了中国农村的法治需求和供给并提出，从制度建设、人才培养、宣传教育、法律援助等方面推进农村法治进程。④ 陈上海指出，在农村法治进程中，宪法层面的重视与相关问题的解决至关重要。⑤ 陆作人指出，中国社会主义新农村建设进程也是农村法治化的进程，因此，扩大对农村的法律援助并保护他们的合法权益对于维护农村的稳定具有重要意义。⑥ 赵新龙分析了"三农"问题的历史动因并提出，权利扶贫是消除贫困的现实选择，应通过制定法律实现农村法治建设的新突破。⑦ 杨连明指出，在农村法治建设进程中，作为司法体系的检察机关应该发挥更重要的作用。⑧ 许蓓蓓提出，可通过国家立法和普法教育的互动推进农村法治化。⑨ 柯楠指出，农村养老是一个法治问题，只有加强农村养老保

---

① 张鸿霞，宋改平．中国农村法治建设的现实起点和价值追求 [J]．广西政法管理干部学院学报，2000（1）：57 - 60.

② 石海．山区农村"私了"现象透析 [J]．湖南公安高等专科学校学报，2000（3）：19 - 21.

③ 王少杰．权利的贫困与"三农"问题：给予"三农"问题的法治思考 [J]．西北第二民族学院学报（哲学社会科学版），2004（1）：84 - 90.

④ 曹建民．中国农村的法治需求与供给：以法律援助为视角 [J]．中国司法，2005（12）：80 - 81.

⑤ 陈上海，王书成．宪政视野下的农村法治建设 [J]．中国市场，2006（40）：18 - 19.

⑥ 陆作人．浅析法律援助进农村与新农村法治环境的构建 [J]．特区经济，2006（9）：311 - 313.

⑦ 赵新龙．权利扶贫：农村扶贫突围的一个法治路径 [J]．云南财经大学学报，2007（3）：88 - 92.

⑧ 杨连明，覃文光．检察机关服务新农村法治建设理念研究 [J]．中共四川省委省级机关党校学报，2007（1）：73 - 75.

⑨ 许蓓蓓．立法、教育互动推进农村法治化 [J]．农村工作通讯，2011（24）：43.

障的法治建设才能推进农村法治建设。① 李佳穗提出，农村法治建设可以参考同时期已经发展比较完善合理的城市的法治环境和制度。② 李靖指出，农村纠纷解决的途径与机制在农村法治化进程中应该发挥调解制度的作用。③ 张之光从农村环境法治建设的角度进行研究并指出，农村环境法治建设要从法律制定、执法、司法制度、环境普法教育等方面实施。④ 杨淑瑛等论述了乡镇司法所在农村法治建设中的先锋作用。⑤ 闫斌指出，在农村精准扶贫进程中，必须完善相关法律法规，运用法治思维解决问题，强化法律监督。⑥ 有学者从保障村民民主权利的角度研究了农村法治建设。闻立军对宁夏某自然村社会生活进行实证考证后指出，农村社会生活与农村法治的关联，主张从农村社会生活本身理解农村法治建设。⑦ 李小红探讨了在市民社会理念复兴的全球化浪潮中，中国农村市民社会的构建对农村法治建设的意义重大。⑧ 常紫星通过对甘肃省农村民主选举的实证分析并指出，只有实现农村民主选举法律制度与乡土文化的重新链接与融合，才能促进基层法治的发展。⑨ 何绍辉分析了湖南省农村个案并指出，实现农村现代化与法治化，应该重塑农村社会整合机制，匡正农民用法律维权的行为。⑩

① 柯楠. 保障和改善农村养老的法治向度 [J]. 广西社会科学, 2009 (11): 43-46.

② 李佳穗. 农村法治问题与农业经济的可持续发展 [J]. 农村经济, 2011 (6): 24-26.

③ 李靖. 农村纠纷解决途径与机制: 关于当代中国农村法治问题的研究 [J]. 河北学刊, 2011, 31 (3): 143-145.

④ 张之光, 张鑫. 农村环境法治建设研究 [J]. 山西农业大学学报 (社会科学版), 2013, 12 (11): 106-111.

⑤ 杨淑瑛, 田雅敏, 王小兰. 乡镇司法所在农村法治建设中的先锋作用探究 [J]. 中国市场, 2016 (21): 253-254.

⑥ 闫斌, 牛嫱. 农村精准扶贫的法治化研究 [J]. 中共山西省委党校学报, 2018, 41 (1): 78-81.

⑦ 闻立军, 李蓝天. 生活情境中的农村法治 [J]. 法制与社会, 2009 (35): 287-288.

⑧ 李小红. 论农村市民社会建构对农村法治建设的价值意蕴 [J]. 商业时代, 2010 (3): 15-17.

⑨ 常紫星. 乡土文化中的法治实践: 基于农村民主选举的实证分析 [J]. 甘肃农业, 2011 (4): 8-11.

⑩ 何绍辉, 黄海. "拿起法律的武器": 法律何以下乡?: 湘中四个个案的比较研究 [J]. 中国农村观察, 2011 (1): 84-95.

朱思文指出，建设法治新农村是维护农村社会稳定和促进城乡一体化发展的根本路径。① 刘晓春指出，发挥大学生村干部在基层农村的优势和作用可以对农村民主法治建设起到重要的推动作用。②

（三）乡村振兴角度的农村法治建设研究

乡村振兴战略规划指出，要完善农村地区的基层村民自治，实现自治、德治和法治的结合。在乡村振兴战略提出前，学界对于"三治"结合的探讨比较少，学者们多聚焦农村基层民主和村民自治等具体领域实践的法治研究。"三治"最早出现在 2003 年叶晓彬结合自治与法治进行的研究中。学者们从不同方面研究了村民自治制度及其与法治结合的问题。叶晓彬研究了村民自治制度并指出，村民自治既需要法治的保护，也需要法治的制约，在推行村民自治的同时必须加强法治，推行农村村民自治的过程也是实现农村法治化的过程。③ 肖洪泳提出，村民自治是实现中国农村法治的关键，必须妥善解决村民自治、政府领导、党的领导三者关系的协调问题。④ 肖方扬指出，村民自治是我国农村政治文明与法治建设的基点，加强农村法治建设需要加大对农村建设投资，加强村民自治制度建设，理顺村民自治与乡镇之间关系。⑤ 谢晓玲指出，法律只是在原则上规定了中国农村实行村民自治，并没有具体规定如何规范村民自治行为，因此，村民自治的法律建设必须从完善和落实村民自治制度的具体问题入手。⑥ 彭澎指出，坚持党的领导和发展基层民主二者相辅相成，是党在基层实行民

---

① 朱思文. 新农村法治建设途径研究：基于城乡一体化的视角 [J]. 中共贵州省委党校学报，2011（2）：112 – 113.

② 刘晓春. 大学生村干部（官）在农村民主法治建设中的优势与作用 [J]. 淮海工学院学报（人文社会科学版），2014, 12（10）：113 – 116.

③ 叶晓彬. 论法治与村民自治 [J]. 西南民族大学学报（人文社科版），2003（11）：378 – 380.

④ 肖洪泳. 村民自治的法治意义及难题解决 [J]. 前沿，2004（9）：106 – 108.

⑤ 肖方扬. 论我国农村政治文明与法治建设：以村民自治为基点 [J]. 安徽大学法律评论，2004, 4（1）：162 – 170.

⑥ 谢晓玲. 村民自治法律制度的完善与实施 [J]. 湖南行政学院学报，2008（3）：36 – 37.

主自治的制度特色，坚持和完善党的领导是发展基层民主自治制度的根本前提，创新理念和制度是村民自治制度发展的根本出路。^① 丁德昌指出，优化村民自治需要完善村民自治立法、健全村民自治组织体系，重塑乡级与村级之间相互的法治关系。^② 韦少雄认为，村民自治的法治化需要从完善立法、提升农村治理能力、利用农村内生机制、构建权利保障机制等方面推进。^③

　　有学者从农村普遍存在的礼治与法治矛盾、正式规则与非正式规则、民间法与国家法的关系进行了研究。朴海锦提出，加快农村法治建设必须在"正式规则"和"非正式规则"的动态平衡中逐步推进，实现农村的法治化要依靠"以德治村"。^④ 高中建等分析了农村传统观念具有的顽固性和缓慢演进性并指出，把握农村传统观念的现状及其与农村法治进程的冲突，有助于更好地推动中国农村法治进程。^⑤ 魏红卫分析了国家推进法治模式与农村社会现实存在的差异并指出，真正实现农村法治化需要将国家的主导力量和社会的基础力量结合起来形成双轨驱动模式。^⑥ 喻晶分析了农村习惯法和国家制定法的适用问题，从社会学、法学、管理学等角度分析了农村习惯法存在的原因和未来的发展，并指出，中国农村法治建设要寻找到法治与文化的契合点。^⑦ 王明霞以凉山彝族地区的农村法治建设为研究对象并指出，该地区在农村法治建设中的问题是习惯法与国家法的冲

① 彭澎. 坚持和完善党的领导与转型期农村基层自治的发展 [J]. 湖南省社会主义学院学报, 2011, 12 (4)：76-79.
② 丁德昌. 村民自治与农民法治意识的培育 [J]. 理论观察, 2014 (10)：85-88.
③ 韦少雄. 我国村民自治法治化的演进逻辑及其制度创新 [J]. 江汉大学学报 (社会科学版), 2015, 32 (3)：38-43.
④ 朴海锦. 关于文明治村的现实难题与主要对策 [J]. 延边党校学报, 2004 (2)：35-36.
⑤ 高中建, 李立众, 韩新荣. 农村传统观念与现代法治进程之互补与冲突 [J]. 河南师范大学学报 (哲学社会科学版), 2005 (6)：110-113.
⑥ 魏红卫, 陈洪宗. 试论我国农村法治化模式的选择 [J]. 中共青岛市委党校青岛行政学院学报, 2005 (5)：94-96.
⑦ 喻晶, 焦翔. 农村习惯法与现代法治 [J]. 台声·新视角, 2005 (12)：39-40.

突与断裂，必须处理好二者的关系，将习惯法与国家法进行整合。① 韩学
平分析了农村法治建设中非正式制度的影响并指出，农村非正式制度影响
农村法治资源的绩效，产生了二元的制度结构，需要对非正式制度加以引
导，使其成为推动农村法治建设的积极因素。② 吴振宇研究了宁波市村民
自治实践并指出，虽然村规民约和村民自治章程的制定得到政府的鼓励和
提倡，但在国家法与民间法的互动中出现了复杂局面，因此，实现二者之
间的良性互动和适宜的调试路径对农村法治建设意义重大。③ 姜裕富指出，
民间习惯是在乡土社会中自发形成的秩序规则，在农村法治进程中必须承
认民间习惯存在的合理性，构建科学机制，促使民间习惯司法化，保证司
法行为在农村获得正当合理的地位。④ 刘典金研究了中国农村宗族势力对
村民自治的影响并指出，应通过完善村民自治制度、完善村民权利救济机
制、增强民主监督等方面的农村法治建设，实现村民自治和农村法治的整
合。⑤ 赵丽敏指出村规民约与村民自治制度相辅相成，要想发挥村规民约
的积极作用就必须进行现代化、法治化的转换，使村规民约适应现代法治
社会的需求。⑥ 马成乾指出，礼治与法治是构成中国农村权力二元制的两
个因素，推进农村法治建设必须实现由礼治向法治的过渡。⑦ 曾玉婷指出，
乡规民约与农村地区法治的紧张关系影响了农村法治化进程，需要整合农

---

① 王明雯. 新农村建设中凉山彝族地区的法治问题探讨：以凉山彝族习惯法和国家法的关系为视角 [J]. 西南民族大学学报（人文社会科学版），2007（8）：71-74.
② 韩学平，刘兆军. 非正式制度对当前农村法治建设的影响 [J]. 科学社会主义，2007（3）：74-76.
③ 吴振宇，俞洁. 在民间法与国家法之间博弈：论宁波新农村建设中的村规民约 [J]. 宁波经济（三江论坛），2008（10）：21-24；17.
④ 姜裕富. 论民间习惯的司法导入机制 [J]. 南京航空航天大学学报（社会科学版），2009，11（4）：26-30.
⑤ 刘典金. 中国农村宗族势力对村民自治的影响及法律对策 [D]. 桂林：广西师范大学，2010.
⑥ 赵丽敏. 村规民约在新农村法制建设中的现代化和法治化转换 [J]. 公民与法（法学版），2010（3）：26-28.
⑦ 马成乾. 礼治与法治：中国农村权力结构之二型 [J]. 新远见，2010（7）：49-53.

村的法治资源，推动农村法治保障，规范村民自治共同协调推进。①

有学者对农村中基层权力运行和制约的问题进行了研究。王志礼分析了村干部权力的自治权力和行政权力二重性并指出，中国社会发展的差异导致无法用统一的标准去衡量农村发展，研究以村民自治为核心的农村法治要对村干部权力的构成及其运作进行研究并加以技术性调整。② 李欢分析了中国村民自治进程中农村基层政权存在的问题并指出，乡镇基层政权与村民自治组织间的错位关系制约了农村的整体发展，并提出提高现行法律可操作性、革新村民自治组织文化理念、使人民群众充分享有民主权利三个方面的措施。③ 有学者从农民权利的保障和救济等方面进行了研究。王彩芳从农民维权的角度分析了公力救助和私力救助两种方式并指出，农村法治建设的目的就是要改变农民维权的方式，应多采取私力救助的方式，因此，要建立完善的法律制度，加强农村法治主体的培育，完善农村法治的维护机制。④ 涂玲指出，法治是预防和处置农村群体性事件的根本之策，预防和处置农村群体性事件需要提高基层政府管理社会的能力，推进农村民主化管理，把握农村民情，正确处理法治和德治的关系。⑤ 胡译戈研究了费孝通的《乡土中国》并指出，要走中国农村现代法治之路，必须在重视农村传统和保护农民利益的情况下结合中国法治建设进行探索。⑥ 赵鲲鹏研究了村民自治制度的运行机制并指出，完善村民自治权司法救济必须在尊重农村地区实际的情况下，从规范村规民约合法性、扩大行政诉

---

① 曾玉婷. 农村地区法治与村民自治的健康发展 [J]. 沈阳工业大学学报（社会科学版），2015，8（6）：563－566.

② 王志礼. 略论农村法治中的村干部（官）权力 [J]. 甘肃政法学院学报，2003（5）：12－15.

③ 李欢，沈烨. 法治视野下的新农村建设：以农村基层政权建设为中心 [J]. 湘潮，2007（12）：11－12.

④ 王彩芳. 农民私力救助维权途径之思考 [J]. 改革与战略，2006（10）：84－86.

⑤ 涂玲. 农村群体性事件处置的法治方式探析 [J]. 党史文苑，2007（24）：67－68.

⑥ 胡译戈. 从"文字下乡"到"法律下乡"：从《乡土中国》看中国农村的现代法治之路 [J]. 中外企业家，2009（22）：206；208.

讼和民事诉讼受案范围等方面推进。①

　　有学者从农村德治和法治相结合的角度进行了研究。贾孔会分析了新农村建设背景下培养农民法律素质的必要性与可行性并指出，农民法律素养不高的原因在于传统文化的禁锢以及经济条件的制约，应对措施是加快农村经济发展、加强村民自治、培养农民法律意识。② 杨光华分析了农村初中道德与法治教学的实际问题并指出，加强农村初中道德与法治教育需要改进教学思路、组织探究性学习、融入情感教育。③ 孙永智指出，加强农村民主法治建设，完善在村民自治中的村民旁听、村民议政、决策公示、通报反馈四项制度具有重要意义。④ 宁海县司法局的研究报告指出，"说事制度"培养了村民的参与意识、规则意识，提高了村干部的责任意识，使党群干部关系更加密切，"说事制度"为村民自治和农村法治建设提供了有效载体。⑤ 覃杏花指出，发展农村经济、加强农村文化建设，实现农村伦理建设对教育农民具有重要意义。⑥ 扶庆松指出，造成农村法治建设困境的原因在于农村受传统礼治秩序影响，因此，构建符合中国国情的农村现代法治秩序，需要整合法治与礼治，培育农民的法律信仰。⑦ 易国锋指出，传统孝文化是中国传统文化的核心，它既有积极意义也具有消

---

　　① 赵鲲鹏. 村民自治权司法救济的完善：对中部地区乡土社会的调查与反思 [C] //中共宜州市委、宜州市政府、河池学院、华中师范大学中国农村问题研究中心."村民自治暨合寨村村民委员会成立30周年"研讨会论文集. 中共宜州市委，宜州市政府，河池学院、华中师范大学中国农村问题研究中心，2010：6.

　　② 贾孔会，殷仁胜. 论新农村建设背景下的农民法律素质培养 [J]. 农村经济，2007 (9)：113 - 115.

　　③ 杨光花. 浅析新课程背景下的农村初中道德与法治课教学 [J]. 课程教育研究，2017 (10)：76.

　　④ 孙永智，崔兆商."四制"：深化新农村民主法治建设的有效载体 [J]. 中国司法，2007 (8)：71 - 73.

　　⑤ 浙江省宁海县司法局普法办."说事"制度是建设农村民主法治的有效载体 [J]. 中国司法，2007 (2)：107.

　　⑥ 覃杏花. 农村伦理：构建农村和谐社会的内在维度 [J]. 广西师范大学学报（哲学社会科学版），2008 (1)：6 - 10.

　　⑦ 扶庆松. 农村社会法治秩序的构建 [J]. 法制与社会，2009 (36)：293 - 294.

极因素，对于农村法治建设应该注意传统孝文化的二重性作用。① 王永明指出，法治意识是实现法治的根本和内在驱动力，改革开放以来农民的法治意识虽然有很大提高，但仍相对薄弱，轻法意识、轻诉避讼意识、重情意识、重权力轻权利意识、清官意识等仍需要通过培育农民法治意识来改变。② 赵霞提出，农村德育工作要培养农民的文化自觉意识，使农民在核心理念上达到深层次的文化认同，进而树立乡村社会共同的理想信念，最终维护农村的稳定、团结和发展。③ 叶国平提出，农村法治教育的路径，应该是政府普法教育和农民根据需求自发学习结合的模式。④ 席书旗指出，农村法治化进程应该围绕村民自治实践，集合农村社会秩序多元化的特点，按照文化变迁的规律，逐渐将私法文化理念引入民俗观念中并完成建构。⑤ 刘丹指出，农村建设应充分发挥法治与德治的优势，相互配合、取长补短，实现农村的科学管理。⑥ 杜彬武指出农村发展离不开法治，也不能忽视道德规范的力量，在农村治理中应促使法治和德治有机结合。⑦ 自乡村振兴战略出台后，有学者就自治、法治、德治"三治"的融合进行了研究。徐永伟指出在实施乡村振兴战略中，健全自治、法治、德治相结合的乡村治理体系，需要发挥新乡贤的作用，推动新时代中国农村法治建设。⑧ 李佳富指出，健全自治、法治、德治相结合的乡村治理体系是中国

① 易国锋．传统孝文化对农村法治建设的影响 [J]．江汉论坛，2009 (5)：139 - 143.
② 王永明，李丽．社会主义新农村建设中农民法治意识现状及原因探析 [J]．学术交流，2010 (1)：57 - 61.
③ 赵霞．乡村文化的秩序转型与价值重建 [D]．石家庄：河北师范大学，2012.
④ 叶国平．"送法下乡"还是"迎法入乡"：农村法治教育路径研究 [J]．学理论，2014 (33)：73 - 75.
⑤ 席书旗．中国法治化进程中农村私法文化的建构问题 [J]．山东社会科学，2014 (11)：172 - 176.
⑥ 刘丹．社会主义新农村建设中的法治与德治 [J]．旅游纵览 (下半月)，2014 (4)：353.
⑦ 杜彬武．农村治理中法治与德治相结合探讨 [J]．人才资源开发，2018 (3)：19 - 20.
⑧ 徐永伟，潘溪．发挥新乡贤作用推进新时代农村法治建设 [J]．中国司法，2017 (12)：45 - 49.

农村现代化建设的新任务和新目标。① 袁金辉指出改革开放 40 多年来，中国乡村治理经历了从村民自治到乡政村治再到乡村共治的过程，未来乡村共治需要健全自治、法治、德治相结合的乡村治理体系。②

总的来说，国内对于农村法治建设的研究已经有了不少的学术积淀。但是普遍存在专业割裂、缺乏实证研究与个案研究等情况。对于法治在实现农业和农村发展现代化中的作用、农村法治建设和乡村振兴战略的实施相结合等问题，还需要进一步的研究和探索。

四、研究思路和研究方法

（一）研究思路

本书的研究思路是首先对研究的背景进行简要的梳理，其次，通过对本书研究意义涉及的理论和现实意义分别进行阐述，最后，界定法治、农村法治建设和乡村振兴等本书涉及的相关概念。对乡村振兴战略实施前后，我国学界对于农村法治建设的研究情况进行简要梳理。通过马克思主义理论关于农业农村农民和法治的相关理论和思想的梳理，作为对本书的理论支撑。对乡村振兴实施前，包括中华人民共和国成立以来、改革开放和社会主义新农村建设时期的农村法治建设进行分析和论述。结合在农村法治建设过程中存在的问题，探讨在我国乡村振兴战略实施过程中对我国农村法治建设的要求。突出在农村法治建设中党对农村工作的全面领导，包括实现依规治党和依法治国的结合等。从农村法治建设的具体内容，如农村立法、执法、司法和守法等方面的理论和实践进行探讨。结合乡村振

---

① 李佳富. 健全自治、法治、德治相结合的乡村治理体系是农村现代化建设的新任务 [J]. 实践（党的教育版），2018（1）：25.

② 袁金辉，乔彦斌. 自治到共治：中国乡村治理改革 40 年回顾与展望 [J]. 行政论坛，2018（6）：19 - 25.

兴中具体领域的振兴和发展与农村法治之间的互动和联系，探讨乡村振兴
对农村法治建设的作用、农村法治建设对乡村具体领域振兴和进一步发展
的保障。通过乡村振兴战略实施中的中央层面、省级层面和基层农村个案
三个层面的实践案例研究，论证农村法治建设在乡村振兴战略实施中的地
位和作用。对今后乡村振兴战略的进一步实施和农村法治建设的进一步推
进，进行了相关的理论思考和发展展望。

（二）研究方法

1. 文献研究法

农村法治建设是一个不断发展变化的问题，在查阅大量的著作、报
纸、杂志和调查报告，了解前人相关文献资料的基础上，进行创新，提出
自己的观点。

2. 比较分析法

纵横比较过去的农村法治建设与现在正在实施的有哪些不同，同时比
较当前不同地区农村法治建设现状，分析是哪些不同造成了当代农村法治
建设的困境，并据此得出对策。这部分将采用比较分析法。

（三）创新点

本书的创新之处在于通过结合全面依法治国和乡村振兴战略这两个新
时代中国特色社会主义建设的重要战略任务和决策，从法治建设的角度，
论证了农村法治建设在乡村振兴战略中发挥的作用，以及农村法治建设对
我国全面建成小康社会、实现"两个一百年"奋斗目标、实现社会主义现
代化和实现中华民族伟大复兴的中国梦发挥的作用。通过梳理中华人民共
和国成立以来的农村法治建设历程，结合乡村振兴战略的实施对农村法治
建设提出的要求，从法治建设的角度论证了农村法治建设对农业和农村现

代化、农村治理现代化和城乡融合的作用，突出了农村法治建设在乡村振兴战略实施中的作用。从法治建设的角度，以法治建设中涉及的立法、执法、司法和守法等领域的具体探索和实践，研究和论证了对于乡村振兴战略实施过程中的保障和促进。创新性地对已有的农村法治建设进行研究，加强了农村法治建设研究中党的建设和农村法治建设的结合，在法治建设的研究中把党的文献和党内法规对于农村法治建设的支持放在重要的位置。

第一章　农村法治建设的理论基础

马克思主义理论内容博大精深、体系科学完整，是人类社会科学理论和思想的精华。马克思主义自诞生以来，经过马克思恩格斯的创立以及列宁的实践和发展丰富，在同中国具体实际相结合后形成了马克思主义中国化的理论成果，毛泽东、邓小平、江泽民，胡锦涛和习近平等都对马克思主义理论进行了不断的研究和实践，不仅丰富了马克思主义，而且在与我国无产阶级所处的时代和社会的实际和特点相结合的过程中不断丰富和发展了马克思主义理论。当前，我国在乡村振兴战略的实施和农村法治建设的推进过程中需要汲取来自马克思主义理论的指导。推动我国农村法治建设的目的是实现我国的乡村振兴，马克思主义理论关于农业、农村和法治的思想是本书重要的理论基础。本章将以马克思主义理论关于农业、农村和法治的理论和思想进行归纳和整理。希望通过对马克思主义相关理论和思想的整理，为乡村振兴战略的实施和农村法治建设的推进找到切实可行的实践和发展路径。

一、马克思主义理论关于农业的思想

马克思主义理论对于农业的思想是我国实施乡村振兴战略的重要理论基础和思想来源。马克思和恩格斯创立了马克思主义理论，列宁在领导俄国无产阶级革命中丰富和发展了马克思主义理论,我国将中国具体实际同马克思主义理论相结合,实现了马克思主义中国化。马克思主义理论和思想以及马克思主义中国化的理论成果,对于今天我国的乡村振兴战略实践具有极为重要而且深远的意义。

(一) 马克思和恩格斯关于农业的思想

马克思和恩格斯的著作中有关农业和农村建设及发展的思想大多分布在不同的著作和论述中,笔者尚未找到完整意义上直接阐述农业和农村建设及发展的马克思和恩格斯相关著作。马克思和恩格斯关于农村建设和发展的观点及论述,在《法德农民问题》《资本论》《法兰西内战》《哥达批判纲领》以及《给查苏利奇的复信》等著作中有过相关论述,其关于农村问题最为重要的理论,如农村土地问题、农业集体化问题等相关的农村建设和发展理论也大多形成于上述著作中。但是马克思和恩格斯主要的论述焦点都集中在宏观而整体的问题上,如资本主义社会如何向共产主义社会过渡这样的内容。对于农业和农村的建设及发展,马克思和恩格斯主张通过合作社的方式对资本主义社会中的小农经济进行改造,进而实现资本主义社会中小农经济逐步向共产主义社会的社会化大生产的过渡。马克思在《哥达批判纲领》中对未来社会进行了展望并提出"各尽所能,按需分配"[①]。尽管在马克思和恩格斯的著作中没有对农业和农村建设及发展的具体内容,对农村法治建设也没有完整而充分的论述,但是通过研究马克思和恩格斯涉农的相关著作和论述,其中深邃的思想和严谨的理论体系对今天我国正在实施的乡村振兴战略和农村法治建设,具有重要的理论价值和现实意义。马克思和恩格斯关于农业和农村发展的研究,可以将其概括为以下五个方面的内容。

---

① 马克思恩格斯文集:第三卷 [M]. 北京:人民出版社,2009:436.

1. 人类社会生存和发展的基础是农业

从生产的角度来看，农村的建设和发展归根结底还是要服务于农业的发展和生产。纵观人类历史发展，没有任何一个国家或政权可以完全达到放弃农业和农村的建设及发展。相反地自人类有历史记载以来，几乎所有的国家或政权都对农业生产和农村建设投入了大量的精力。马克思对农业在人类生存和发展中的作用进行论述时指出，超越任一劳动者所需的农业劳动生产率是整个人类社会存在和发展的基础。① 马克思在分析了人类社会的发展历史后指出，最文明的民族也必须先保证自己有充足的食物，在此基础上才可以去考虑获取别的东西。② 这就说明人类的生产和发展必须依赖农业的生产和发展，如果没有农业的生产和发展，人类社会所有的生产和发展将无从谈起。马克思在《1844年经济学哲学手稿》中指出，食物的生产是一切生产的首要条件，③ 因为在人类社会中，除人自身的生产外，人类赖以生存的食物生产直接关系到整个人类社会的生产和其他相关的活动。马克思借此论述了人类劳动的地位和价值，指出人类劳动是推动人类生产和发展的根本动力。

人类由于自身劳动的发展进而推动了人类农业生产的发展。在早期人类社会的分工中，由于没有手工业和工业的出现，人的劳动等同于农业生产中的劳动。马克思的论述指出，最先进和文明的种族同最落后和愚昧的种族一样，都必须先保证自己有食物。④ 因此，在人类社会发展进程中，任何发展阶段的物质财富与精神财富的增长都与当时人类社会的农业生产以及农业生产劳动的进步有着紧密的联系。在《家庭、私有制和国家的起源》中恩格斯指出，农业是整个古代世界决定性的生产部门。⑤ 即使人类

---

① 马克思恩格斯文集：第七卷［M］. 北京：人民出版社，2009：1024 – 1025.
② 马克思恩格斯全集：第十二卷［M］. 北京：人民出版社，1998：354.
③ 马克思恩格斯全集：第二十五卷［M］. 北京：人民出版社，2001：715 – 716.
④ 马克思恩格斯全集：第九卷［M］. 北京：人民出版社，1961：347.
⑤ 马克思恩格斯全集：第二十一卷［M］. 北京：人民出版社，2003：169.

社会进入了工业时代，农业在整个国民经济中的地位依然没有发生改变。恩格斯认为，资本主义社会中的工业生产劳动者为了维持自身的生存和发展，也不得不依赖于农业生产劳动者的劳动产品和劳动生产率，这是社会大众皆知的经济事实。①

2. 人类社会分工的必要条件是农业生产率的提升

通过对人类社会发展历史的大量研究，马克思指出，农业生产和发展是贯穿人类社会始终的。不论是在原始社会阶段还是在封建社会阶段，甚至是在资本主义社会阶段，农业的发展都是人类社会产生和逐渐实现社会分工的必要条件。在人类处于原始社会阶段时，部族中的所有成员都要参与农业生产和劳动，以此获得赖以生存和发展的食物。尽管在当时极端落后的生产力条件的限制下，人类通过劳动和生产获得的劳动果实只能勉强满足人类自身最基本的生存需要。但是通过参与劳动和生产，人类社会已经完全被纳入组织化的农业生产和发展的过程中。随着人类社会的发展，尤其是生产力的发展，人类社会逐渐过渡到了奴隶社会，因为生产力的发展以及生产水平、生产效率的提高，在人类社会中逐渐产生了劳动产品的剩余。这就意味着在人类社会的劳动生产率提高之后，部分个体劳动者的劳动果实不仅可以满足自身生存和发展需要，还可以提供一定数量的劳动产品用于与其他人进行交换。因此，农业生产中劳动生产效率的提高是剩余劳动产品出现的决定性因素。基于人类社会中剩余劳动产品的出现，人类社会中的手工业和商业等行业才真正开始同农业分离。马克思指出，农业是手工业、商业等一切产业能够独立存在的自然基础，② 人类社会得以生存和发展的基础是超过劳动者个人需要的农业劳动生产率的不断提高。③ 农业劳动生产率的不断提高导致体力劳动和脑力劳动的分离，这也是物质

---

① 马克思恩格斯全集：第三十五卷 [M]. 北京：人民出版社，2013：130.
② 马克思恩格斯全集：第二十六卷 [M]. 北京：人民出版社，2014：28 - 29.
③ 马克思恩格斯全集：第二十五卷 [M]. 北京：人民出版社，2001：855.

劳动与精神劳动相互分割的条件和根源。马克思指出，如果教育、科学技术以及文化等非物质生产的产业和部门没有剩余劳动产品，毫无疑问这些产业和部门将无法生存和发展，而产生农业生产中剩余劳动产品的前提是农业劳动生产率的不断提高。因此，马克思得出这样的结论，如果人类社会从事小麦、牲畜等生产耗费的劳动时间越来越少的话，不管是从事那些属于物质方面的生产还是那些属于精神方面的生产，那么人类社会从事其他生产的时间就将会越来越多。①

随着生产力的不断发展，人类社会逐渐过渡到资本主义社会。尤其是以英国为代表的国家开始进行工业革命，社会化大生产成为当时人类社会先进生产力的最典型代表。社会化大生产又被称为生产的社会化，最基本的特征是生产中的分工和协作。关于社会化大生产，马克思和恩格斯指出，合理的农业发展方式是必定选择，跟那些过时的、落后的生产方式残余一样，小农经济在不可挽回地走向灭亡。② 在《路易·波拿巴的雾月十八日》中，马克思对小农生产的描述是，任何单一的个体农户都可以通过自己的农业生产满足自身的需要，这些农户都处于一种自给自足的状态。而他们日常生活所需的物质生产资料大多数靠交换，且这种交换是与自然交换，而非社会交换。③ 马克思指出，这种自给自足的小农生产方式之所以将在历史发展中被淘汰，其原因在于小农生产本身的缺陷，如生产方式和生产工具落后、与社会其他生产部门和要素相孤立、生产存在分散性等因素。在《剩余价值论》中，马克思指出，那些个体手工业者或农民，在工业文明时代，他们的命运或是逐步成为资本家，成为统治阶级，或是逐渐沦落为雇佣工人，成为被统治阶级。这显然表明人类社会的发展趋势是逐步走向资本主义生产方式占支配地位的工业文明社会。④ 恩格斯指出，

---

① 马克思恩格斯全集：第四十六卷 [M]. 北京：人民出版社，2003：120.
② 马克思恩格斯全集：第二十六卷 [M]. 北京：人民出版社，2014：28-29.
③ 马克思恩格斯文集：第二卷 [M]. 北京：人民出版社，2009：479.
④ 马克思恩格斯全集：第二十六卷 [M]. 北京：人民出版社，2014：441.

好比火车将独轮手推车压碎那般，过时的小农生产被先进的资本主义大生产压得粉碎，这是毫无疑问的。①

3. 农业集体化将改变劳动生产与资本的关系

在《反杜林论》中，恩格斯指出，人类社会在生产力不断发展的情况下，生产资料公有制必然取代生产资料私有制，这是生产社会化的结果。恩格斯在论述农业生产和发展时指出，毫无疑问，在同过去封建的、分散的小农生产的比较中，资本主义大农业生产显示出了一定的优越性，是一种历史进步。随着土地私有制的逐渐发展，人类社会发展到更高层次、更高水平的农业发展阶段，土地私有制又反过来束缚了农业产业的兴旺，当农业发展进入更高阶段的时候，就需要将私有制彻底否定并革新为公有制。② 在马克思和恩格斯有关农业的著作和论述中，土地问题是核心内容。在人类社会的发展过程中，经过长期社会生产实践，人们发现土地，尤其是与农业生产联系最紧密的耕地，是决定农业生产的基本要素。

在《土地国有化》中，马克思指出，随着人类社会的发展，土地国有化是必然结果。土地国有化的产生将彻底化解无产阶级劳动和资产阶级资本的对立冲突，而在土地国有化的进程中，农民土地所有制将成为土地国有化的一大障碍。未来共产主义社会的生产，包括农业生产在内都将采取公有制，这是由生产社会化和经济效益等因素决定的。随着人类社会生产力和经济的不断发展，劳动人口将逐渐从农业等生产部门转移到工业等劳动生产率高的生产组织和部门，这就使得土地国有化成为一种社会必然。③

马克思指出，农业合作劳动倘若发生在资本主义制度下，无论它存在多么优越的原则和条件，也不管它在实际上是如此有利，都无法减轻工人

---

① 马克思恩格斯文集：第十卷 [M]．北京：人民出版社，2009：376．
② 马克思恩格斯文集：第九卷 [M]．北京：人民出版社，2009：109．
③ 马克思恩格斯全集：第十八卷 [M]．北京：人民出版社，1964：64－65．

阶级贫困的重担。① 因此工人阶级只有首先将政权夺过来，才能使资本与劳动间的关系得到彻底改变，因为土地巨头和资本巨头一直以来总是用自身固有的政治特权维护和保持经济垄断。② 无产阶级登上历史舞台、掌控政权之后，他们要想实现自身的解放和全人类的解放，土地国有化便成为促成这种解放的必然途径——它彻底改变了资本与劳动之间的关系，③ 资本主义生产方式在土地国有化之后将最终走向衰败和消亡，这是人类社会生产和发展带来的必然结果。

4. 社会主义将引导农民走向合作化生产

马克思在晚年曾倾注了大量精力和心血，着重研究了俄国的社会形态，尤其是俄国的农业制度和农业生产。马克思指出，俄国社会中的农业制度和农业生产都是围绕俄国本身的农业形态运行的。俄国曾在彼得一世以及叶卡捷琳娜二世等多位君主的领导下进行了工业化和推行资本主义生产制度，但是直到 19 世纪后期，俄国仍然是一个农奴制、小农在社会中占有绝对优势的国家。如果在俄国发生无产阶级领导的革命，并且国家政权被无产阶级夺取的话，那么在俄国社会中占有绝对优势的小农，在性质上将发生根本性的转变。俄国的小农占有的土地将由广泛存在于俄国社会的私人占有转变为合作社的集体占有。

马克思指出，曾经存在于整个欧洲大陆的土地公社占有制，在国土广袤而人烟稀少的俄国得以保存下来。在俄国历史发展中，劳动组合的生产方式早已被俄国农民接受并不断发展，并成为俄国农民熟悉和习惯的生产方式。俄国处于高纬度地区，国土以大面积的平原和高原为主，气候主要以温带大陆性气候为主，这种天然的地理条件在客观上推动了合作劳动，大规模组织人力进行农业生产的模式在俄国得到了发展。马克思认为，资

---

① 马克思恩格斯文集：第七卷 [M]. 北京：人民出版社，2009：697.
② 同①。
③ 马克思恩格斯文集：第三卷 [M]. 北京：人民出版社，2009：185 – 186.

本主义社会的私有制生产方式不一定要在俄国的农村实施。相反，俄国的农业发展却可以是对资本主义生产的一切积极成果的直接占有。① 马克思曾指出，俄国的小农经济时代已经一去不复返了，俄国农民需要的是大规模组织起来的合作劳动式的农业生产方式。②

马克思和恩格斯指出，人类社会在经过生产力的不断发展后，未来的共产主义社会应该采用合作生产的方式推动农业发展。而这种合作劳动必须有两个前提条件：一是在物质上，有实现此种改造之条件；二是在经济上，有此种改造之需求。③ 恩格斯进一步指出，虽然这种合作社的利益很特殊，但无法超越人类社会的整个利益。④ 虽然实现土地私有制向集体所有制转变只是历史的发展趋势，但是它同样需要一个过渡阶段，并且在这个过渡时期内，千万不可实施开罪农民的措施。⑤ 恩格斯认为，为了实现土地所有制的转变而采用的方式应该在不影响农民合理利益的情况下，让农民自发地、主动地完成。

5. 农村发展将带动城乡差别的消除

马克思和恩格斯指出，人类生活中存在三大差别，即脑力劳动和体力劳动的差别、城乡差别以及工业和农业的差别。这三大差别在私有制社会中长期对立。随着人类社会生产力的不断发展，人类进入共产主义社会时，阶级对立、劳动分工将会在根本上消除。因为在共产主义社会，人类社会是自由人的联合体，生产力会快速发展，进而带动整个社会生活水平的普遍提高，三大分工和对立的基础也将彻底消除。但是马克思和恩格斯也指出，人类社会由资本主义社会发展到共产主义社会是一个漫长而艰辛的过程。因为无论哪一种社会形态，在它所能容纳的全部生产力发挥出来

---

① 马克思恩格斯全集：第二十五卷 [M]. 北京：人民出版社，2001：456.
② 同①，第 465 页。
③ 同①，第 456 页。
④ 马克思恩格斯文集：第四卷 [M]. 北京：人民出版社，2009：571.
⑤ 同④，第 407 页。

以前是决不会灭亡的；而新的、更高的生产关系，在它的物质存在条件在旧社会的胚胎里成熟以前是决不会出现的。①

在人类社会从资本主义逐步过渡到共产主义的这段时间中，国家政权终将掌握在无产阶级手中。如果无产阶级最终掌握了国家政权，那么无产阶级国家的一个主要任务就是从国家层面推动城乡差别、工农差别以及脑力劳动和体力劳动的差别的缩小，直至消灭。只有消灭了长期存在于资本主义社会中的三大差别，人类社会才有可能推动农业生产力的进一步发展。恩格斯指出，在由资本主义过渡到共产主义的特殊时期，消除城乡差别和工农差别必须采取农业合作生产的方式。为此国家政权应该积极介入生产和发展中，为农业合作生产创造尽可能的条件，包括物质和精神两个层面的条件。恩格斯认为，无产阶级政党应该成为乡村社会的一股力量。②同时，国家的银行机构理应主动援助农村合作经济的发展。③

马克思和恩格斯关于农业和农村建设及其发展的著作与论述是马克思主义理论体系的重要组成部分。马克思和恩格斯在 19 世纪欧洲资本主义社会的历史发展进程中，通过自身长期的研究和实践，形成了一系列有关农业和农村建设及发展的理论。马克思和恩格斯在总结人类社会的发展规律后，得出了很多重要的理论和结论。马克思和恩格斯对农业和农村建设及其发展问题的论述对于今天我国实施乡村振兴战略以及推进农村法治建设，依然具有十分重要的理论价值和非常深远的现实意义。

（二）列宁关于农业的思想

俄国无产阶级革命者通过结合俄国的实际情况和马克思主义理论的普遍真理，经过长期艰苦不懈的斗争，终于在 1917 年 11 月建立了人类历史上第一个无产阶级领导的政权。苏维埃俄国的建立是马克思主义理论进一

---

① 马克思恩格斯文集：第二卷［M］. 北京：人民出版社，2009：592.
② 马克思恩格斯文集：第十卷［M］. 北京：人民出版社，2009：329.
③ 同②，第 374 页。

步发展的重要成果，列宁领导俄国人民在探索和实践俄国农业和农村的建设及发展过程中，进一步丰富了马克思主义理论关于农业和农村的相关理论和思想，也为后来马克思主义中国化的相关理论和实践奠定了坚实的基础。

1. 保证农业生产是俄国解决一切问题的重要基础

列宁在领导俄国无产阶级革命的过程中一直非常重视俄国农业生产的问题。他在1906年就对粮食问题作出重要指示，他指出，俄国国民经济发展和进步的基础始终是农业，因此，保证俄国农业的生产关乎整个俄国社会的稳定和发展。

随着俄国十月革命的胜利，1917年11月以后俄国遭受了来自国内外全方位的武装干涉和反革命暴乱。在内外交困的形势下，俄国的社会经济濒临崩溃。当时的社会形势严重影响了农业生产，俄国产生了严重的粮食问题。粮食匮乏使全国城市和农村居民经常受冻挨饿。列宁指出，务必首先促进粮食的增收，因为粮食是破解全部困难的根源。[1] 列宁领导的俄国无产阶级政党彻底粉碎了国内外的反革命势力和武装干涉，列宁指出，应该把党和国家的工作重心集中到农业生产上来，尤其是保证粮食的生产。[2] 列宁还进一步指出，如果没有粮食，就没有国家政权了。[3]

列宁强调，俄国无产阶级政权面临的根本问题是粮食储备问题，因为在苏维埃政权与国内外反动势力和武装干涉的斗争中，粮食问题成为主要矛盾。在革命发展的某些阶段，由于没有处理好政府与居民的粮食分配问题，甚至引发了数次严重的政治和经济危机。在俄共（布尔什维克）第十次全国代表大会召开期间，列宁在大会报告中指出，俄国农业的发展是国民经济发展和进步的基础，要不断地对小农经济进行改善和发展，否则现

① 列宁全集：第四十一卷 [M]. 北京：人民出版社，2017：252.
② 列宁全集：第三十七卷 [M]. 北京：人民出版社，2017：348.
③ 同②.

阶段俄国的一切计划无论多么宏大都会落空。① 列宁指出，俄国农业发展的关键就是要大力提高农业生产的效率，生产尽可能多的粮食供应全国城市和农村的居民需求。列宁在 1921 年 11 月的会议中强调，要进一步提高俄国农业生产率，② 逐步改善俄国人民的生活，逐步创造条件夯实工农联盟的基础，③ 最终实现巩固俄国无产阶级政权和国家的目的。

2. 建立农业合作社是俄国实现社会主义的重要途径

第一，俄国实施农村土地平均分配制度。列宁在俄国十月革命胜利后就开始思考如何实现俄国由生产力落后的农业国向生产力发达的社会主义国家过渡的方式。列宁认为，俄国经济的重要基础是农业，俄国农业向社会主义过渡的方式和过程将决定俄国社会主义建设的成败。

俄国十月革命胜利后，随着俄国无产阶级政权的建立，列宁领导的苏维埃政府实施将土地平均分配给农民的政策。列宁指出，将俄国每一寸土地交给俄国每一个农民是理所应当的，这使得俄国广大农民得到了安慰与满足。④ 在列宁的努力下，苏维埃俄国在 1917 年 11 月由列宁签署了《土地法令》。该法令规定，俄国地主的一切土地都必须主动上缴所在地的农村土地委员会进行重新分配，农村土地委员会将按照平均主义的原则把地主的土地平均分配给当地农民耕种。

在国内战争时期，面对国内外严峻的政治和经济形势，苏维埃政府不得不采取战时共产主义政策。这一时期列宁主张以集体农庄的方式推动俄国农业的发展。列宁在 1918 年的论述中明确指出，在马克思主义创始人看来，同小农经济相比，共耕制是俄国当时最先进的农业生产方式。唯有共耕制才是俄国农业发展模式的选择，因为它能让农民过上幸福文明的生

---

① 列宁全集：第四十三卷 [M]. 北京：人民出版社，2017：461.
② 列宁全集：第四十二卷 [M]. 北京：人民出版社，2017：284.
③ 列宁选集：第四卷 [M]. 北京：人民出版社，2012：501.
④ 列宁全集：第三十三卷 [M]. 北京：人民出版社，2017：90.

活。① 苏维埃政府推行的战时共产主义政策虽然在一定程度上保证了农业生产的发展，为粉碎俄国国内外反动势力的武装干涉和暴动提供了重要的物质基础，但是这种绝对的平均主义损害了俄国广大农民的利益。针对当时俄国社会以及农业和农村的现状，列宁在 1920 年指出，从俄国实际出发，现阶段不应向集体化过渡、向社会主义过渡。② 列宁认为，在当时的社会经济条件下，俄国的农业生产和发展还必须依靠俄国个体农民和小农生产推动，相关政策的制定和实施不能操之过急。

　　苏维埃政府实施的战时共产主义政策存在诸多的缺陷与弊端，在推行过程中使俄国农民的利益受到了极大的损害，也使得俄国工商业和农业的发展在 1921 年年初陷入停顿。面对这种情况，列宁指出，要及时采取真正有效的农业生产方式改善俄国农民的生活状况。③ 此后，苏维埃政府在列宁的倡议和推动下，经过反复的论证和研究，在 1921 年 3 月开始实施新经济政策。作为向社会主义过渡的重要经济制度，新经济政策废除了战时共产主义政策有关余粮收集制和粮食税征收制等规定。新经济政策的推行使俄国贸易、商业以及农业生产等领域加速发展，广大农民因为新经济政策拥有了自由分配个人劳动产品的权利，减轻了俄国农民的负担，有力地促进了俄国农业生产的发展。

　　第二，小农生产向社会主义过渡的最佳方式是建立农业合作社。列宁领导的苏维埃政府在俄国国内战争时期实行的战时共产主义政策的主要内容包括国内贸易的国有化、余粮收集制、食物配给制、义务劳动制、工业国有化等措施。战时共产主义政策在俄国的实践表明，这种政策只能是临时性的，不能长期执行。列宁之所以提出战时共产主义政策，除当时俄国国内的严峻形势外，与马克思和恩格斯的农业相关理论及思想有很大的关系。马克思和恩格斯在著述中认为，社会主义社会将实现完全的土地国有

---

① 列宁全集：第三十五卷 [M]．北京：人民出版社，2017：357．
② 列宁全集：第四十卷 [M]．北京：人民出版社，2017：177．
③ 列宁全集：第四十一卷 [M]．北京：人民出版社，2017：207．

化。在共产主义社会中，生产资料与劳动商品都可以实行各尽所能、各取所需的原则。列宁通过战时共产主义政策在俄国的实践指出，不论是俄国向社会主义的过渡还是俄国农业的集体化，都必须考虑俄国的国情，并从俄国农业和农村的现状出发。列宁认为，由于俄国的广大农民阶级局限性，在经济和生活上，甚至在心理上，都不可能马上实现马克思和恩格斯论述的真正意义上的农业集体化。在面临俄国向社会主义过渡的紧迫和现实形势下，列宁指出，务必对俄国的广大农民进行改造。他认为在一个像俄国这样有着特殊国情、小农生产者占人口大多数的国家里，必须采取一系列特殊的过渡办法建立社会主义，① 而过渡的最佳方式就是采取国家资本主义形式。

列宁在晚年完成了重要著作《论合作社》。《论合作社》全面总结了苏维埃俄国在社会主义建设中的经验和教训，主要内容包括合作社的伟大意义、合作化的基本原则、合作社的性质、对社会主义看法的根本改变以及无产阶级政党面临的两个划时代的主要任务等。在《论合作社》一书中列宁指出，那种认为能在短短的三年内把小农经济基础与根基彻底从根本上改造过来的想法，充其量只是一厢情愿，只是一种幻想罢了！持有这种思想的那些人，也只是空想家而已，理应受到批评，甚至批判。② 不仅如此，列宁还强调，将一切私人的和非国营的交换与发展彻底堵塞和制止简直是一件不可思议的事，也是根本不可能的。③ 国家的政党如果执意执行此类政策，那么它就是在干蠢事，就是在自杀。

列宁在领导俄国无产阶级革命和社会主义的实践中，逐渐认识到资本主义在俄国的存在和发展具有一定的合理性。列宁指出，只有通过农业合作社的形式，才能使俄国的广大农民由小农生产过渡到社会主义生产。由此可以看出，合作社是推动俄国社会主义成为现实的必要方式和手段。建

---

① 列宁全集：第四十一卷 [M]. 北京：人民出版社，2017：50 - 51.

② 同①，第53页。

③ 同①，第210页。

立和发展合作社，有利于促进俄国工业和农业产业的兴旺，满足俄国社会主义社会建设所需的一切，① 有利于苏维埃政权的进一步巩固。因此，俄国的合作社同俄国社会主义社会是一致的。② 列宁进一步指出，在生产资料公有制基础上无产阶级取得的胜利和文明的合作社工作者的制度就是社会主义制度。③

　　第三，俄国农业合作社的建立必须尊重俄国农业和农村的现实。列宁领导的无产阶级革命和社会主义建设先后经历了由战时共产主义政策到新经济政策的发展过程。值得注意的是，由列宁倡导和发展的俄国合作社同马克思和恩格斯构想的共产主义合作社有很大的区别。马克思和恩格斯构想的共产主义合作社的形成条件主要包括三个方面：一是社会生产力的高度发达；二是一切资本主义的私有制条件下的生产方式和分配方式都已经被取代，商品、货币以及贸易等都已不复存在；三是生产资料归全民所有，劳动产品实行统一分配。通过俄国无产阶级革命和建设的实践，列宁指出，俄国占国家人口大多数的是小农，俄国的生产力建立在落后的农业国基础上。在人类社会由资本主义向共产主义过渡的初级阶段，即社会主义社会阶段，商品经济对社会生产力，尤其是农业的生产和发展，将起到促进和推动作用，而非阻碍和滞后作用。

　　列宁在领导苏维埃政府实施新经济政策的过程中逐渐意识到，俄国广大农民走上社会主义道路的方式是让他们感受到自己的利益得到国家和政府的保护。正是由于列宁发现了私人利益服从、服务于共同利益的合适程度，④ 才使得新经济政策在俄国顺利实施。对于有些人认为的俄国的无产阶级应该立即采用马克思和恩格斯关于共产主义合作社构想，带领农民走向社会主义，列宁表示反对。他指出，那种为了建设社会主义而幻想出来

---

① 列宁全集：第四十三卷 [M]. 北京：人民出版社，2017：362.
② 同①，第 366 页。
③ 同①，第 365 页。
④ 同①，第 362 页。

的各种各样的工人联合体，与鼓励在实践探索中推进社会主义建设，最终形成所有小农都参加的合作社，根本就不可能是一回事。① 列宁指出，不可强制俄国农民走上社会主义的道路，合理的方式就是要在俄国农业经济发展基础上，将俄国广泛的小农联合起来发展合作社，从而把俄国农业发展至更高阶段。② 列宁在晚年告诫俄共（布尔什维克）党和广大党员，俄国的社会主义建设单凭热情是远远不够的，不仅要靠俄国任何个人利益，而且要靠与俄国任何个人利益的相互结合，更要靠俄国的经济核算。③ 要在社会主义建设实践中不断激发俄国农民的主动性、积极性、创造性，巩固农业在俄国社会主义经济中的基础地位。

3. 扶助农民是俄国发展农业和农村的重要方式

第一，俄国应将小农经济与社会主义生产相结合。列宁在领导俄国无产阶级革命和建设的过程中，对俄国的农民阶级有着深刻的思考和认识。他指出，俄国小农是一个特殊阶层，不仅成为资本主义剥削的对象，而且还是私有者。④ 俄国农民面临着两种命运：一是使自己沦为雇农；二是使自己成为小商品生产者。⑤ 正是由于列宁对小农的二重性有着深刻的认识，早在十月革命胜利后，列宁就强调，必须制约小资产阶级的自发势力，苏维埃俄国政府必须采取国家资本主义的方式调控劳动产品的生产和分配。由于小资产阶级和小农在俄国落后的经济现状中处于优势地位，所以一切国家干涉、计算与监督的方式对于小资产阶级而言都是行不通的，必将遭到他们的抗拒。列宁要求苏维埃的主要斗争都是基于此展开的。⑥

列宁在反思战时共产主义政策的失败原因时指出，在俄国走向社会主

---

① 列宁全集：第四十三卷［M］. 北京：人民出版社，2017：362.
② 列宁全集：第四十二卷［M］. 北京：人民出版社，2017：177.
③ 同②，第 176－177 页。
④ 列宁选集：第三卷［M］. 北京：人民出版社，2012：817.
⑤ 列宁选集：第三卷［M］. 北京：人民出版社，2012：129.
⑥ 同④，第 522 页。

义的过程中，无产阶级政党和政权忽视俄国农民的利益，企图将国家的一切劳动产品的生产和分配方式完全按照共产主义的合作社进行，无疑是死路一条。列宁指出，俄国仍然是一个小农国家，要实现向社会主义的过渡注定要面临着更多的难题和更为严峻的挑战，要想实现这样的过渡，理当需要俄国农民的参加，① 毕竟农民是决定因素，是真正的主体，显然这是谁也不能怀疑的。② 列宁认为，建设俄国社会主义的关键是要调动和吸引农民参与其中，无产阶级政党和政权对待农民的态度非常重要。列宁指出，余粮收集制被实物税替代，最根本的实质是无产阶级对待农民的态度。③ 对于无产阶级政党和政权对待农民的态度和方式，列宁认为只凭热情是不够的，更需要考虑俄国农民的个人利益，要依靠俄国经济的核算，④ 采取国家资本主义的形式，在社会主义建设中不断激发农民的主动性。列宁在《论合作社》一书中明确指出，俄国社会主义建设不应该将无产阶级政党的主张强加于农民，千万不可以从那些在俄国农民看来似乎是遥远的、幻想的事情入手，而应当从那些对俄国农民而言熟悉而且能理解的事情做起，无产阶级政党要实实在在地帮助俄国农民。无产阶级政党在俄国推行的新经济政策的全部意义就在于此，无产阶级政党要么证明这一点，要么被俄国农民撵走。如果能够实现制定的目标，那么无产阶级的功绩就在这里。⑤

第二，俄国应大力扶持农民。俄国时期经济的落后和文化的禁锢导致俄国国民总体识字水平和文化水平偏低，大量文盲严重阻碍了俄国农业和农村的发展与进步。列宁指出，占俄国总人口大多数的农民由于文化程度的限制，严重制约了俄国合作社的建立和发展。列宁在《青年团的任务》中指出，俄国在现代大工业生产中推进文化建设的重大意义在于不认识字

---

① 列宁全集：第四十卷［M］. 北京：人民出版社，2017：144.
② 列宁全集：第四十三卷［M］. 北京：人民出版社，2017：280.
③ 列宁全集：第四十一卷［M］. 北京：人民出版社，2017：50.
④ 列宁选集：第四卷［M］. 北京：人民出版社，2012：569－570.
⑤ 同④，第768页。

的人根本完成不了电气化。① 列宁还进一步指出，认识文字还是不够的，更为关键的是，需要掌握一定的技术，将电力运用到俄国工农业的生产中去。因此，列宁强调，在俄国广大的农民中推进文化工作已经成为布尔什维克党必须完成的时代任务之一②，包括以下三个方面的内容。

一是广泛开展全俄境内的义务教育，提高全民识字水平。列宁在论述推广义务教育的意义时指出，只有这样的利好政策才能使俄国人民摆脱，即便是局部地脱离当前此种愚昧无知状态。③ 列宁在带领俄共（布尔什维克）党起草党纲时指出，只要是俄国的公民，在16岁以前都可以获得免费的义务教育，包括普通教育和综合技术教育，日常生活用品和教育费用均由国家免费提供。二是开展大规模的扫盲运动，提高包括农民在内的广大人民的文化水平。列宁指出，共产主义绝不可能在一个文盲和半文盲的国家里建成。新经济政策让俄国民众都自觉地参与合作社，并最终过渡到社会主义。④ 在向社会主义过渡的过程中，唯有让俄国的所有劳动者都具备一定的文化知识，俄国才能真正完成社会主义建设。列宁提出的文化革命规模宏大、范围宽广，他希望通过教育使俄国农民掌握农业技术，⑤ 在全民教育中让俄国农民都能搞懂和掌握做文明商人的本领。⑥ 三是加大对俄国农村教育的投入力度。列宁指出，俄国国家的预算最先就是要满足俄国国民接受教育的需要。⑦ 为了使俄国的教育工作得到改善，列宁提议应使俄国教师的社会地位和收入水平逐步得到提高。列宁指出，如果不把俄国国民教师的现实地位提升到应有的高度，⑧ 那么对整个俄国而言就根本谈不上任何文化。列宁强调，要把俄国教师的身份和地位提高到从来没

① 列宁全集：第三十九卷 [M]. 北京：人民出版社，2017：301.
② 列宁全集：第四十三卷 [M]. 北京：人民出版社，2017：367.
③ 列宁全集：第七卷 [M]. 北京：人民出版社，2013：150.
④ 同②，第364页。
⑤ 列宁全集：第三十六卷 [M]. 北京：人民出版社，2017：198.
⑥ 同④，第364页。
⑦ 同②，第357-358页。
⑧ 同⑦，第357页。

有、也不可能有的高度。①

4. 消除城乡对立是实现俄国现代化的重要手段

列宁在研究了俄国资本主义和社会发展现状后指出，俄国农业和农村要实现发展，必须依靠城市的帮助和扶持，俄国的城市应该给农村提供发展的帮助。在沙皇俄国时期，城市对农村起的是坏作用，在无产阶级政权领导下的俄国，城市带给农村的这一礼物正是相反的东西，② 是有利于俄国农村发展的东西。

列宁指出，俄国城乡之间的差异是俄国资本主义社会历史发展的必然结果。俄国农业存在封闭性和狭隘性，这是由俄国农村土地的不可移动性决定的。③ 俄国农业生产劳动效率低下，因此，在俄国的资本主义经济发展过程中，俄国工商业的发展速度要快于农业的发展速度。列宁指出，在整个社会经济制度中，工商业的比重大、作用较大，④ 工商业和农业的差异使俄国的农业人口在经济发展中逐渐转向工商业领域，造成了俄国工商业人口增加较快，⑤ 反过来又导致俄国农村和农业的发展越来越落后。俄国农村逐渐走向衰落，城市和农村的差距不断扩大。针对俄国存在的城乡差距，列宁指出，解决的最好办法是大力发展农业生产，提高俄国农业生产的效率和水平，促进俄国农业人口的生活水平接近和达到非农业人口的生活水准，只有这样才能为彻底清除俄国的城乡对立创造条件。⑥

列宁认为，资本主义发展过程中的城乡差距是实际存在且不可避免的，这种差距会随着资本主义的发展而逐渐扩大。俄国在发展社会主义时同样存在城乡差距的问题，列宁在领导无产阶级取得十月革命胜利，直至

---

① 列宁全集：第四十三卷 [M]. 北京：人民出版社，2017：358.
② 同①，第 359 – 360 页。
③ 同①，第 282 页。
④ 列宁全集：第四十二卷 [M]. 北京：人民出版社，2017：178.
⑤ 同④。
⑥ 同④，第 196 – 197 页。

粉碎国内外反动势力的入侵时，苏维埃俄国面对的仍然是国内农业和农村落后、城乡差距不断扩大的现状。列宁指出，目前俄国最薄弱的环节无疑就是农民经济。[①] 列宁对此深入分析并指出，俄国的宗法式小农经济实际上就是以落后的技能与陈腐的生产方式为根源的，在这种经济体制里面，根本不存在可以引发生产技术变革的因素。[②] 俄国保守的农业生产方式加重了农民的负担，使他们不得不经常挨饿，只能通过工作日的不断延长等方式勉强维持最基本的生活。[③]

列宁认为，解决俄国城乡差距和对立的情况，必须彻底铲除那种愚昧的、落后的、贫困的、疾病丛生且粗野的状态。[④] 只有从根本上改变小农经济的状况，才能消除旧日那种工农业之间的矛盾及其隔绝状态。[⑤] 为此，列宁论证并提出了以下四个方面的措施：一是促使俄国农业生产率提升，推进灌溉工程与电气化工程。[⑥] 二是合理构建俄国工业布局和规划。列宁认为，俄国工业的合理布局应着眼附近的原料生产基地，尽可能削减原料在加工过程中的损耗，提升俄国农业在销售环节的生产效率。[⑦] 三是大力发展俄国的交通运输业，切实改善俄国落后的交通状况。列宁认为，俄国穷乡僻壤的存在从根本上说是运输问题导致的。[⑧] 四是切实合理地分布好俄国的城乡人口。列宁认为，变革俄国城乡二元经济结构就是要重新分布俄国的城乡人口，打破俄国人口向大城市不断涌流的反常现象，[⑨] 改变俄国农村日渐荒芜的趋势。

纵观列宁的农村理论和思想，列宁领导的无产阶级政党和政权在全面

---

① 列宁全集：第四十一卷 [M]. 北京：人民出版社，2017：146.
② 列宁全集：第四十三卷 [M]. 北京：人民出版社，2017：199 - 200.
③ 列宁选集：第二卷 [M]. 北京：人民出版社，2012：4.
④ 列宁全集：第三十八卷 [M]. 北京：人民出版社，2017：177.
⑤ 同④。
⑥ 同④。
⑦ 列宁全集：第三十四卷 [M]. 北京：人民出版社，2017：212.
⑧ 列宁全集：第四十二卷 [M]. 北京：人民出版社，2017：330.
⑨ 同③，第440页。

剖析了俄国社会和农村发展现状后，针对俄国自身的情况提出了相应的农业改造和发展的措施，探索了在生产力落后国家进行社会主义农业改造和发展的先例。列宁的理论是对马克思和恩格斯理论的进一步丰富和发展，对中国同样有着重要的借鉴意义和深远的影响。

（三）毛泽东关于农业和农村的思想

自古以来，中国就是农业大国，历朝历代对农业和农村的建设与发展都倾注了大量的精力。马克思主义中国化的理论对此也给予高度的重视。中华人民共和国成立后，党和国家领导人始终关注马克思主义理论同中国具体国情的结合，努力探索适合中国农业和农村发展的道路。毛泽东对此提出了走工农业并举的民族独立和振兴的道路。在发展农业和农村的过程中，毛泽东的思想充分体现了为人民服务的根本宗旨。毛泽东关于农业和农村发展的理论和思想，对于我国推进乡村振兴战略有着深远的指导意义。

1. 社会主义工农业的发展要齐头并进

针对党内有些同志提出的在小农经济基础上建立社会主义的主张，毛泽东在 1944 年 8 月 31 日进行了批判。他指出，新民主主义社会之根基在于合作社和工厂，而非分散的个体经济。[①] 此后，毛泽东还论证了实现中国工业化的重要意义。他指出，日本帝国主义之所以可以欺负中国，根源是中国没有雄厚的工业基础作为保障。中国想要实现自身的富强、民主、独立就必须大力发展工业，实现国家工业化，这是中华民族的根本任务。[②] 中华人民共和国成立时依托的经济基础非常薄弱，毛泽东对此曾形象地指出，中国究竟能造什么？种粮？磨粉？还是造纸？显然，除此之外，中国无法造出一架飞机和一辆坦克，就连一辆汽车，甚至一辆拖拉机

[①] 中共中央文献研究室. 毛泽东书信选集 [M]. 北京：中央文献出版社，2003：215.
[②] 中共中央文献研究室. 毛泽东年谱：中册 [M]. 北京：中央文献出版社，2013：514 - 515.

都不能造。① 为了尽快改变中国经济的落后状况，毛泽东为中华人民共和国的经济制定了全新的发展计划，要使中国的轻重工业在若干年内逐步建立，促使中国实现由农业国向工业国的转变。②

中华人民共和国成立后，通过中国共产党的领导和全国人民的不懈努力，在短时间内国家经济得以恢复和发展。针对国内发展的情况，毛泽东强调，中国共产党在过渡时期的总路线是在一个相当长的历史时期内大体上实现"一化三改造"。③ 毛泽东认为，为了实现中华人民共和国的工业化，必须在一化三改造完成后，建立和巩固中华人民共和国的社会主义基础。只有完成了农业、手工业、资本主义工商业的社会主义改造，才能避免他们与社会主义工业化发生种种矛盾，④ 最终实现中华人民共和国的社会主义工业化。

尽管毛泽东一直坚持工业是国民经济的支柱这种看法，但是在 1957 年以后，毛泽东同样提出了"以粮为纲"的口号，并指出农业才是中华人民共和国国民经济的基础所在。毛泽东强调，中国自古以来就是农业大国，工业和农业的发展可以同时并举。⑤ 他指出，在重工业获得优先发展的前提下，务必推进农业发展与工业发展的并举，而这就是所谓的中国式工业化道路。⑥ 之所以提出工农业并举的发展，是因为毛泽东对中国的工业化发展进行了详细论证，他指出，工业的发展能为农业的发展提供充足的生产资料和生产工具，而农业的发展也可以为工业的发展提供所需原料、市场、资金积累，从这个意义上说，农业就是工业。⑦ 毛泽东提出的四个现代化，除科学技术现代化、农业现代化、国防现代化和工业现代化外，在

---

① 毛泽东文集：第六卷 [M]．北京：人民出版社，1999：329．
② 毛泽东选集：第三卷 [M]．北京：人民出版社，1991：1081．
③ 中共中央文献研究室．建国以来重要文献选编：第四册 [M]．北京：中央文献出版社，1993：349．
④ 同③，第 701 - 702 页。
⑤ 毛泽东文集：第七卷 [M]．北京：人民出版社，1999：241．
⑥ 同⑤，第 310 页。
⑦ 同⑤，第 199 - 200 页。

工业现代化的内容中也包括了以工业实现"农业的现代化"的深刻含义。①

2. 实现农业现代化的路径是推进社会主义建设

毛泽东在领导中华人民共和国进行社会主义建设和发展的过程中，始终在思考如何在经济、文化极其落后的中国实现包括农业在内的现代化。毛泽东认为，推进社会主义农业的发展最根本的是要把农民组织起来。他指出，发展合作社是使广大农民脱离贫困的必然选择。早在 1943 年 11 月 29 日中共中央的一次会议中毛泽东就曾指出，走个体经济道路会让农民群众陷入恒久的贫困状态，而破解的办法就是经过合作社逐渐实现农业集体化，② 这个观点在《组织起来》中进行了详细阐述。毛泽东在中华人民共和国成立后指出，国家农业发展的根本方向是建立合作社，也就是要求个体农民务必发展互助合作。③ 毛泽东认为，只有通过农业的合作化才能够进一步促进社会主义农业的大发展。④ 毛泽东对于农业合作化有着清晰的认识，他在 1949 年 6 月 30 日发表的《论人民民主专政》中指出，按照苏联农业发展的经验，社会主义国家实现合作化不能一蹴而就，中国也一样，需要很长时间才能较好地做到农业社会化。⑤ 当中国的土改政策刚开始实施时，毛泽东就对农村的合作社发展进行了深入的思考。他指出，如果任由土改之后形成的新资本主义农业形式在农村发展，我国乡村将产生两极分化现象，并且情况必定会一天天地严重起来。⑥ 毛泽东认为，防止中国乡村因土地改革产生新的两极分化的最有效的办法就是走农业合作社道路。通过大合作社带动整个农业的发展，使农村出现的两极分化问题从

① 毛泽东文集：第七卷 [M]. 北京：人民出版社，1999：310.
② 毛泽东选集：第三卷 [M]. 北京：人民出版社，1991：885.
③ 毛泽东文集：第六卷 [M]. 北京：人民出版社，1999：299.
④ 当代中国农业合作化编辑室. 中国农业合作史资料[M]. 北京：中国农业出版社，1989：1.
⑤ 毛泽东选集：第四卷 [M]. 北京：人民出版社，1991：1477.
⑥ 同③，第457页。

根本上得到解决。①

毛泽东在研究实现中国农业现代化的方式和路径时,曾深刻地指出,中国的现代化不仅包括工业现代化,也包括农业的现代化,推进工业、农业协调发展,需要通过机械化提升我国的农业生产率。毛泽东指出,中国农业的根本出路在于机械化。② 农业的机械化的根本目标并非仅限于提升中国的农业劳动生产率。希望通过农业的机械化能够掀起一场中国人自己的农业和技术革命,最终满足人民群众的需求,最大限度地巩固国防力量,最大限度地巩固工农联盟的人民政权。③ 毛泽东认为,农业机械化要分为三个阶段展开:一是先坚持农业合作化,之后才能进行"使用大机器"④ 的机械化;二是中国农村的改革要坚持社会和技术改革的同时进行;三是农业技术改革要在全国范围内推广。⑤

3. 教育农民是实现农村发展的当务之急

毛泽东认为,中国的农民存在鲜明的两重性。一方面是革命性。毛泽东多次指出,广大农民是中国革命的中坚力量,遗忘了他们就谈不上所谓的革命。⑥ 另一方面是保守性。毛泽东认为,过去中国农民因为天生的小生产特性,导致自身存在诸多的落后思想。⑦ 毛泽东指出,中国农村发展的关键就是要教育农民。关于教育农民的方式和方法,毛泽东指出,"一化三改造"最重要的就是要改造农民的传统生产和生活方式,使他们从根本上与过去落后的生产和生活方式决裂。毛泽东指出,存在了几千年的封建旧思想和旧制度在中国农民的头脑中不可能轻易消失。⑧ 因此,中

---

① 毛泽东文集:第六卷 [M]. 北京:人民出版社,1999:299.

② 毛泽东文集:第八卷 [M]. 北京:人民出版社,1999:49.

③ 同①,第316页。

④ 同①,第342页。

⑤ 同①,第48页。

⑥ 毛泽东文集:第三卷 [M]. 北京:人民出版社,1996:305.

⑦ 同⑥,第849页。

⑧ 同①,第450页。

国共产党必须宣传好社会主义的优越性，有力地批判封建主义的落后性。中国的无产阶级政党要耐心细致地完成宣传工作，千万不能采取简单的方法和粗暴的态度。①

毛泽东多次强调，中国革命的成功在很大程度上是因为中国广大农民的推动。因此，在推进农业合作社和农民的组织化过程中，应切实处理好农民的个人收入、国家的税收以及合作社的积累这三方的利益关系，② 兼顾各方利益，保护好农民的利益。毛泽东指出，社会主义国家实施工业化战略需要农业支持工业，但必须把握好一个度，毛泽东以剪刀差进行举例。他指出，如果在现实中剪刀差过大就会造成农业缺乏积累，最终将影响工业的发展。③ 因此，工农剪刀差要在不对国家积累产生负面影响的条件下逐步缩小，直至消除。④ 毛泽东多次指出，要将国家和农民二者的关系处理好，中国的农业合作社发展要吸取苏联的经验和教训，不能一边要马儿跑得好，另一边又要马儿不吃草，⑤ 不能像苏联那样对待本国的农民群众。

毛泽东指出，在过去的封建社会，中国的大多数农民不能享有受教育的权利，因此，造成了他们文化水平的普遍低下。毛泽东非常赞同列宁的观点，即共产主义社会不可能建立在一个文盲充斥的国家里。因此，只有通过农业合作化才能解决提升农民素养的问题。只有提升了农民的文化水平，才能实现农民公社的群众监督，真正实现中国农村基层组织的民主集中制。⑥ 毛泽东指出，应通过举办各种适合农村的识字扫盲班、小学、中学，安排农村电影放映队和农村广播等，组织多种文化娱乐，⑦ 切实提高

---

① 毛泽东文集：第六卷 [M]. 北京：人民出版社，1999：450.
② 毛泽东文集：第七卷 [M]. 北京：人民出版社，1999：221.
③ 同②，第200页.
④ 农业部政策研究会. 毛泽东与中国农业：专家学者纪念毛泽东诞辰100周年文集 [M]. 北京：新华出版社，1995：188.
⑤ 毛泽东文集：第五卷 [M]. 北京：人民出版社，1996：274.
⑥ 毛泽东文集：第八卷 [M]. 北京：人民出版社，1999：35.
⑦ 毛泽东文集：第六卷 [M]. 北京：人民出版社，1999：475.

广大农民群众的文化素质。

4. 以城乡互助推动农业和农村发展

中华人民共和国成立后，为摆脱我国经济落后的面貌，早在党的七届二中全会上毛泽东就曾指出，国家的重心在于城市，全党的工作重心应该由农村转移到城市。① 毛泽东指出，自从有了城市，城市变成了中心，② 农村应该自觉地接受城市的领导，农业也要服从工业的领导。在我国社会主义的建设中，首要的事情是推动重工业和国防工业的建设，同时引导农业和轻工业的进一步发展。③ 但这并不意味着毛泽东只重视城市和工业而忽视农村和农业，相反地，毛泽东经常对全党说，谁将农民、农业忽视了，谁就要犯错误。④ 正是因为毛泽东对城市和农村的相互关系有着极为深刻的认识，他才提出了城市与农村的兼顾和互助。⑤ 毛泽东指出，务必让城乡工作和工人、农民以及工农业密切联系起来。⑥ 针对其他国家在现代化过程中出现的农村凋敝的现象，毛泽东强调，决不允许只搞城市而丢掉农村，⑦ 要在新的基础上将被战争摧毁的城市与农村之间的经济联系逐步恢复起来。⑧

纵观毛泽东对农业和农村的相关理论，毛泽东始终坚持以马克思、列宁的农业和农村建设及发展的理论作为指导，借鉴苏联的相关理论和实践经验，结合中国农村的具体实际，带领全党和全国人民进行长期的理论思考和实践探索，最终形成了毛泽东关于农业和农村建设及发展的理论。

---

① 毛泽东文集：第六卷 [M]. 北京：人民出版社，1999：25.
② 毛泽东文集：第七卷 [M]. 北京：人民出版社，1999：142.
③ 同①，第 207 页.
④ 中共中央文献研究室. 建国以来重要文献选编：第一册 [M]. 北京：中央文献出版社，1992：80.
⑤ 中共中央文献研究室. 毛泽东传：第四卷 [M]. 北京：中央文献出版社，2011：1447.
⑥ 毛泽东选集：第四卷 [M]. 北京：人民出版社，1991：1472.
⑦ 同⑥，第 1472 页。
⑧ 毛泽东文集：第八卷 [M]. 北京：人民出版社，1999：123.

毛泽东的这些理论和思想，是对马克思主义关于农村理论的进一步深化，对于今天的乡村振兴战略仍然具有十分重要的作用和意义。

（四）邓小平、江泽民和胡锦涛关于农业和农村的思想

1. 邓小平关于农业和农村的思想

党的十一届三中全会以后，中国共产党人继续探索和实践符合中国国情的农业和农村发展道路。邓小平关于农业和农村的思想体现了"有利于民"[①] 的特点，是对马克思列宁主义和毛泽东思想的继承与发展。

邓小平十分重视农业在国民经济中的地位和作用，他指出，应该将农业放到一个恰当的位置上。[②] 早在 20 世纪 70 年代，邓小平就明确强调，农业的现代化是四个现代化的关键。要实现农业的现代化，必须注意到中国农村"底子薄"和"人口多、耕地少"[③] 这两个基本情况。邓小平在 1987 年提出了"三步走"发展战略。他指出，中国经济发展和衡量的根本尺度首先要看农村的经济是否得到了发展，农村人口的大多数能不能达到"生活好起来"的目标。[④] 邓小平指出，要规划好农业的发展蓝图，不仅要把能源交通的发展看成国民经济发展的重点，也要把农业的发展看成国民经济的重点。[⑤] 邓小平强调，农业是根本，这点是千万不能忘掉的。[⑥] 即使国家粮食产量在 1984 年得到较大提升时，邓小平仍然指出，如果农村富起来容易的话，那么农村贫困下去也极其容易。[⑦] 邓小平指出，决不能懈怠农村问题的解决，因为农业是国民经济的基础，倘若农业发展出现波折，

---

① 邓小平文选：第二卷 ［M］．北京：人民出版社，1994：342．
② 邓小平文选：第三卷 ［M］．北京：人民出版社，1993：159．
③ 同①，第 164 页。
④ 同②，第 77 - 78 页
⑤ 同②，第 17 页。
⑥ 同②，第 23 页。
⑦ 同②，第 355 页。

那么三五年转不过来。① 面对改革开放中城乡发展差距的扩大，邓小平指出，缺乏农村稳定的基础，城市弄得再漂亮也是徒劳的。② 他指出，要切实解决广大农民群众的吃饭问题，保证农业的稳定。

邓小平非常关注农业的改革与发展，早在改革开放初期，邓小平就指出，中国的改革开放应该从农村开始。他强调，促进农业的发展要找到两座靠山，一靠政策，二靠科学。③ 邓小平在提出废除人民公社、实行家庭联产承包为主的责任制后，又提出适度规模经营的重大构想，④ 形成了农业集体经济发展的新思路。邓小平在全国各地的调研中发现，中国的农村有着大面积的贫穷和落后，这引起了邓小平的高度重视。他指出，贫穷不是社会主义，倘若在改革中，广大农民连饭都吃不饱，又如何表现我国社会主义的先进性和优越性呢?⑤ 邓小平强调，农村改革可以促进农业发展，而农村改革要靠政策和科学这两个法宝。⑥ 当安徽省凤阳县小岗村实行包产到户后，邓小平对此表示认可。他指出，实行包产到户起到的良好效果使某些人担心会影响国家的集体经济，这种担心是多余的、不必要的。⑦ 同时，邓小平还指出，人民公社体制适应不了现阶段大部分极其落后的农村生产力。⑧ 因此，包产到户对于农村的发展有着重要的作用。邓小平对于包产到户的态度进一步解放了农民的保守思想，促成了我国农村改革的良好氛围。⑨ 家庭联产承包责任制在我国的农村地区得以落实和推进后，邓小平又进一步指出，单靠家庭联产承包责任制是不够的。农业的发展归根到底还要依靠科学，现阶段我国农业可做的文章很多，但是我们依然还

① 邓小平文选：第三卷 [M]．北京：人民出版社，1993：159．
② 同①，第65页。
③ 同①，第17页。
④ 同①，第355页。
⑤ 同①，第255页。
⑥ 同①，第17页。
⑦ 邓小平文选：第二卷 [M]．北京：人民出版社，1994：315．
⑧ 中共中央文献研究室．邓小平年谱（1975—1997）：下 [M]．北京：中央文献出版社，2004：909．
⑨ 同⑧，第767页。

没有破题。① 邓小平强调，我国在农业方面缺乏科学技术，而农业生产中农作物产量的增加等方面都需要科学。② 邓小平指出，推动我国农业科学技术的发展需要做好两点，一是要靠教育，倡导科学种田，将培养出的农业科学、科技人才变成农技专家；③ 二是要靠攻关，学习国外发达资本主义国家的生物技术，依靠尖端技术，④ 通过集体攻关，促进我国农业的发展。

针对人民公社体制存在的问题，邓小平指出，我国改革开放的总方向是发展集体经济。只有农村的生产力发展了，农村兴旺了，农业的集体化才能实现更高水平的发展，关键是发展生产力，在这个前提下才能实现集体化。⑤ 邓小平认为，小农耕作如果没有转向集体化和集约化，就不可能实现国家的农业现代化。⑥ 邓小平就我国农业的发展趋势指出，我国农业的发展需要经历两次飞跃，一是废除人民公社制度，转而推行农村家庭承包为主的责任制；二是实行适度规模的农业经营，顺应科学种田和生产社会化的需求。⑦ 他强调，家庭联产承包责任制不动摇，待条件成熟时应选择走集体化和集约化的道路，但是千万不能着急，更不能一股风。⑧

邓小平高度重视农业、农村、农民问题，他指出，在中国农村实施的家庭联产承包责任制的诞生是归功于中国农民的。⑨ 当大多数人对包产到户的做法表示质疑时，邓小平给予安徽省凤阳县小岗村和当地实施改革的农民大力支持，并指出让事实教育那些持观望态度的人。⑩ 在南方谈话中，

---

① 邓小平文选：第三卷 [M]. 北京：人民出版社，1993：23.
② 建设有中国特色的社会主义：增订本 [M]. 北京：人民出版社，1987：11.
③ 中共中央文献研究室. 邓小平年谱（1975—1997）：下 [M]. 北京：中央文献出版社，2004：949.
④ 同①，第275页。
⑤ 邓小平文选：第二卷 [M]. 北京：人民出版社，1994：315.
⑥ 同③，第1349-1450页。
⑦ 同①，第355页。
⑧ 同③，第1349-1450页。
⑨ 同①，第382页。
⑩ 同①，第238页。

邓小平指出，改革开放的政策就是允许看，① 不搞争论，大胆地闯，不仅
农村改革是这样，城市改革也是这样。② 邓小平的农村改革之所以取得巨
大的成功，其根本原因在于赋予农民更多的自主权，激发了农民生产的主
动性和积极性。③ 邓小平认为，中国的社会主义建设要从中国的国情出发，
中国的基本国情是"耕地少""人口多"，尤其是农民特别多，④ 因此，中
国经济的发展首先就要看中国农村的发展。⑤ 邓小平指出，推进中国农村
的改革与发展，首先就是要从根本上破解农民问题，如果农民没有任何积
极性，那么国家就发展不起来。⑥ 邓小平反复强调，在改革中如果对广大
群众只讲牺牲而不谈物质利益，那是不行的。⑦ 邓小平在回顾中国的农村
改革历程时指出，搞责任制，不吃大锅饭，最终激发了广大农民的主动性
和积极性。⑧ 他指出，大包干的根本性质是让企业和生产队拥有自主权，
让社员和干部睡不着觉，总是开动脑筋想办法。⑨ 因此，在农村的改革和
发展中，要逐步深化农村政治改革，既要考虑农民的基本物质利益也要考
虑他们的基本政治权力。⑩ 邓小平强调，中国农村地区要把权力下放给农
民，这是农村的最大民主。⑪ 邓小平对于教育问题也非常重视，他指出，
世界上任何一个国家经济的强弱及其发展后劲主要取决于该国劳动者素质
的情况。⑫ 因此，邓小平提出，要把我国经济发展转变为依靠国家科学技
术的提升与国民劳动者素养的提高。⑬ 在农村教育方面，邓小平指出，农

① 邓小平文选：第三卷 [M]. 北京：人民出版社，1993：374.
② 同①，第371页。
③ 同①，第117页。
④ 邓小平文选：第二卷 [M]. 北京：人民出版社，1994：164.
⑤ 同①，第77－78页。
⑥ 同①，第213页。
⑦ 同①，第115页。
⑧ 同①，第213页。
⑨ 同①，第242页。
⑩ 同④，第146页。
⑪ 同①，第252页。
⑫ 同①，第120页。
⑬ 同①，第23页。

村的精神文明建设搞不好，物质文明建设也要走弯路。① 只有通过教育好农民，提升他们的科学文化素养，② 才能为我国农业的发展培育出新型农民，继而推动我国农业实现现代化。

邓小平指出，正确处理城乡之间、工农之间的关系，是关乎中国经济发展的关键性问题。一方面，没有农业发展就形成不了工业的市场；另一方面没有工业的发展，农业也不会快速发展。③ 因此，邓小平强调，现阶段我国工业的重大任务就是促进农业的现代化。④ 要把工业支援农业的思路落实到政策和实践中去。⑤ 经过改革开放的实践和发展，我国的乡镇企业取得了很大的成就。邓小平指出，农村改革最大的收获就是乡镇企业的异军突起，这是我们未曾预料到的。⑥ 邓小平指出，乡镇企业不仅可以吸纳大量的农村剩余劳动力，解决一大半剩余劳动力的生计难题，⑦ 还使我国农村生产水平和生产效率进一步提升，不但推动了我国农业的现代化发展，还推动了我国工业的发展和进步。⑧ 邓小平在20世纪80年代调研江苏省时发现，当地农民不再往大城市跑，转而开始主动留下来建设新型乡镇。⑨ 通过调研，邓小平指出，坚持以乡镇企业为骨干，以小城镇发展为载体的建设之路，是我国经济发展的必由之路。⑩ 邓小平在南方谈话中指出，总结改革开放的经验，农村的改革带来工农业之间、城乡之间的互相影响和互相促进。⑪ 邓小平强调，在改革开放的过程中，中国的社会主义

① 邓小平文选：第三卷［M］. 北京：人民出版社，1993：144.
② 同①，第213页。
③ 中共中央文献研究室. 邓小平年谱（1975—1997）：上［M］. 北京：中央文献出版社，2004：419.
④ 邓小平文选：第二卷［M］. 北京：人民出版社，1994：28.
⑤ 邓小平文选：第一卷［M］. 北京：人民出版社，1994：326.
⑥ 同①，第238页。
⑦ 同①，第238页。
⑧ 同①，第78页。
⑨ 同①，第238页。
⑩ 同①，第213－214页。
⑪ 同①，第376页。

道路和性质决定了我们必须清除城乡之间的较大差别。城乡差距总是存在的，然而不能太大。① 邓小平早在 20 世纪 80 年代就指出，我国农村的改革已经取得阶段性胜利，全国的改革任务要转到城市，② 如果城市不进行改革，会妨碍农村的继续改革和发展。他强调，推动改革开放的进一步深化就是要把改革从农村转移到城市，③ 使城市的改革为今后国民经济的持续发展打下坚实的基础。④ 邓小平在会见外宾时曾指出，城市的改革与农村的改革紧密联系，⑤ 中国的改革就是要促成工农结合和城乡协调的局面。

中国共产党人在马克思列宁主义和毛泽东思想的基础上，通过改革开放的实践形成了中国特色的农村建设和发展理论，为中国今天的进一步建设和发展奠定了坚实的基础。江泽民曾指出，如果没有邓小平，就没有当下我国改革开放的崭新局面，就不会有社会主义现代化的光明前景。⑥

2. 江泽民关于农业和农村的思想

进入 20 世纪 90 年代，中国共产党人继续借鉴吸收马克思列宁主义、毛泽东思想、邓小平理论，在马克思主义基本原理的指导下，结合中国改革开放现状和具体国情，实现了中国农业和农村的新发展。

20 世纪 90 年代，随着改革开放的深入，农业在国民经济中所占的比重越来越低，农业、农村、农民的问题日益突出。针对这一现象，江泽民指出，市场经济越是发展，就越要重视保护和加强农业。⑦ 长远来看，"三农"问题关系到我国国民经济持续发展的全局，⑧ 是国民经济持续发展的

---

① 中共中央文献研究室. 邓小平年谱（1975—1997）：下 [M]. 北京：中央文献出版社，2004：196.
② 邓小平文选：第三卷 [M]. 北京：人民出版社，1993：117.
③ 同②，第 65 页。
④ 同②，第 131 页。
⑤ 同①，第 1116 页。
⑥ 江泽民文选：第一卷 [M]. 北京：人民出版社，2006：628.
⑦ 江泽民. 要始终高度重视农业、农村和农民问题 [N]. 人民日报，1993 - 10 - 18（001）.
⑧ 江泽民. 要始终高度重视农业、农村和农民问题 [N]. 人民日报，1993 - 10 - 18（001）.

首要问题。① 要始终不渝地把农业放在国民经济工作的首位,② 即使将来现代化建设完成时,也要坚持农业的基础地位不变。③ 江泽民强调,农业的发展始终是一项长期而艰巨的任务,因此,务必将农业放在国民经济的首位。④ 江泽民指出,农业是稳民心、安天下的战略性产业,如果农业发生严重问题,就会影响整个经济的发展和社会的稳定。⑤ 只有妥善解决好中国的农民问题,中国才能进一步发展,社会主义的各项事业才能顺利推进、快速发展。⑥ 一旦农业和农村发展的各项工作出现问题,整个国家的经济发展就会陷入不稳定,甚至困难的境地。⑦ 只有维持好我国农村的稳定,才能进一步维持我国社会发展全局的稳定。⑧ 江泽民强调,发达国家的经验告诉我们,市场经济越是发达,工业化程度越高,越要扶持好、保护好农业的基础地位。⑨ 所以我们一定要建立健全国家对农业的支持和保护体系,⑩ 加大对农业的投入力度。

江泽民针对家庭联产承包责任制曾指出,虽然当下的家庭联产承包责任制还不健全和完善,但是因为它适合农村生产力发展的需求,能够激发农民的积极性,可以大大推动农村地区的经济和社会全面发展。⑪ 因此,深化农村改革,首先就是坚定不移地坚持以家庭联产承包经营为基础的双

---

① 江泽民文选:第一卷 [M]. 北京:人民出版社,2006:464.

② 中共中央文献研究室. 十四大以来重要文献选编:上 [M]. 北京:中央文献出版社,1996:424.

③ 同①,第260页。

④ 江泽民文选:第三卷 [M]. 北京:人民出版社,2006:122.

⑤ 江泽民文选:第二卷 [M]. 北京:人民出版社,2006:104.

⑥ 江泽民文选:第一卷 [M]. 北京:人民出版社,2006:260.

⑦ 同①,第261页。

⑧ 中共中央文献研究室. 十三大以来重要文选选编:中[M]. 北京:中央文献出版社,1991:1158.

⑨ 中共中央文献研究室. 江泽民论有中国特色社会主义:专题摘编[M]. 北京:中央文献出版社,2002:129.

⑩ 江泽民. 中共中央关于农业和农村工作的若干重大问题的决定 [N]. 人民日报,1998 - 10 - 14 (001).

⑪ 中共中央文献研究室. 江泽民论有中国特色社会主义:专题摘编 [M]. 北京:中央文献出版社,2002:125 - 126.

层经营体制，在任何时候这个基本制度都不能动摇。① 随着我国社会主义市场经济体制的建立和成功加入世界贸易组织，我国的农业生产面临新的风险与挑战。江泽民指出，要完成建立健全社会主义市场经济体制的目标，② 毫不动摇地将我国农村改革引向深入。他强调，农村的改革不能侵犯农民的合法权益，要促进和提高我国的农业经济效益，提升我国农业的市场化程度。③ 农业基本经营制度除家庭联产承包经营制度外，还应推行统分结合的双层经营体制，④ 共同构成中国特色社会主义的农业发展思路。⑤ 江泽民指出，经过实践的反复验证，家庭承包和统分结合两项政策的落实是实现我国农业现代化的有效途径。⑥

江泽民始终关注农民的税收负担问题，他指出，卸下农民身上的负担是一个重大的问题，或激发或打击农民的积极性，或增强或丧失广大民众对中国共产党的信任与拥护，⑦ 因此，任何单位和个人都不能打着各种旗号增加农民的负担。⑧ 江泽民强调，要切实减轻我国农民的负担，要从根本上推进农村税费改革。他指出，农村税费的改革关乎我国三农的发展，一定要办好。⑨ 伴随中国改革开放的不断扩大，世界经济发展也在发生变化。资本主义发达国家的农业劳动力转移不断扩大，以美国和日本为例，两国的农业劳动力在各自国家的劳动力比重中出现巨大的下滑趋势。为应对农业和农村劳动力的转移，江泽民指出，我国应该结合自身的国情，坚

---

① 江泽民文选：第一卷 [M]. 北京：人民出版社，2006：212 - 213.

② 江泽民文选：第二卷 [M]. 北京：人民出版社，2006：212.

③ 江泽民. 中共中央关于农业和农村工作的若干重大问题的决定 [N]. 人民日报，1998 - 10 - 14 (001).

④ 中共中央文献研究室. 江泽民论有中国特色社会主义：专题摘编 [M]. 北京：中央文献出版社，2002：121.

⑤ 同②。

⑥ 同③。

⑦ 江泽民. 加强农业基础，深化农村改革，推进农村经济和社会全面发展 [N]. 人民日报，1996 - 06 - 04 (001).

⑧ 同①，第 264 - 265 页。

⑨ 同③。

定不移地走中国特色的城镇化发展道路，吸引和转移农村剩余劳动力就业。早在1992年江泽民就指出，推进我国社会主义农村市场经济的发展，要打造一座座社会主义性质的新型小城镇。[①] 他强调，农村的发展一方面要支持乡镇企业发展壮大，另一方面要积极建设新型小城镇。这两个方面的发展不仅能够使农业和农村实现发展，还能为国家经济发展提供持续动力，刺激国内消费。[②] 江泽民指出，小城镇是我国国民经济结构中必不可少、最富活力的重要组成部分。

江泽民的农业理论和思想经过改革开放的不断深入和实践，在"三个代表"重要思想的指导下，形成了我国农业和农村新的发展思想和理念，对于我国农村的发展有着重要的意义。

3. 胡锦涛关于农业和农村的思想

党的十六大之后，胡锦涛提出了推进社会主义新农村建设的宏大战略构想，对于实现中国农业和农村的进一步发展具有深远的意义。

党的十六大报告指出，经过不断努力，人民生活总体上达到小康水平。但是这样的小康是低水平的、不全面的、发展很不平衡的，要实现全面建成小康社会的目标，重中之重就是要解决好"三农"问题。在全面建设小康社会的过程中，全党要自觉地把工作重点聚焦在农村。[③] 胡锦涛指出，"三农"问题的破解是全党工作的重中之重，[④] 问题的重要性在于农业丰则基础强，农民富则国家盛，农村稳则社会安。[⑤] "三农"问题始终是关

---

① 中共中央文献研究室. 江泽民论有中国特色社会主义：专题摘编 [M]. 北京：中央文献出版社，2002：134.

② 同①，第135-136页。

③ 中共中央文献研究室. 十六大以来重要文献选编：上 [M]. 北京：中央文献出版社，2005：114.

④ 中共中央文献研究室. 十七大以来重要文献选编：上 [M]. 北京：中央文献出版社，2009：18.

⑤ 胡锦涛. 扎扎实实规划和推进社会主义新农村建设 [N]. 人民日报，2006-02-14(001).

乎党和人民事业发展的根本性和全局性问题。2008 年后，扩大内需成为我
国实施的一项重要举措。胡锦涛指出，扩大国内需求的关键仍然在农村，
只有把握了这个重点，才能驱动国家经济和社会的新一轮发展和进步。①

在统筹新农村建设的过程中，胡锦涛指出，建设社会主义新农村要在
工业化和城镇化过程中推动农业现代化的实现。② 要从根本上改变我国农
村的生产和生活条件。③ 加大对农业的投入，不断提升农业综合生产能
力。④ 要保障种粮农民的切身利益，激发农民种粮的主动性和积极性。⑤
胡锦涛同时指出，要利用科学技术提高土地的产出率，提升农业劳动生产
率和资源利用率。在农村创建和扶持各类专业合作组织，使农业的生产和
经营实现规模化、标准化、专业化、集约化。⑥ 胡锦涛指出，实现农业经
营体制制度的创新是推动我国农业结构战略性调整的根本选择，是一项切
实有效的举措。⑦ 胡锦涛强调，为了适应农业市场化和国际化的需要，要
培育多层次和多元化的市场流通主体，⑧ 适应社会发展的需要。

推进新农村建设要依靠农民，这不仅是维护农民合法权益的关键，也
是解决"三农"问题、化解矛盾的重中之重。⑨ 党和国家不断推进农村的
补贴和减免税收工作。2006 年 1 月 1 日《中华人民共和国农业税条例》废
止。延续了两千余年的种粮纳税政策成为历史。除税收和补贴政策外，国
家对于农村人才的培训也逐渐加强。自 2006 年 5 月起，国家开始实施农村

① 中共中央文献研究室. 十七大以来重要文献选编：上 ［M］. 北京：中央文献出版社，
2009：694.
② 中央经济工作会议在北京举行 ［N］. 人民日报，2010－12－13（001）.
③ 中共中央文献研究室. 十六大以来重要文献选编：下 ［M］. 北京：中央文献出版社，
2008：114.
④ 中央水利工作会议在北京举行 ［N］. 人民日报，2011－07－10（002）.
⑤ 胡锦涛. 把科学发展观贯穿于发展的整个过程 ［J］. 新华文摘，2005（6）：3.
⑥ 中央经济工作会议在北京举行 ［N］. 人民日报，2010－12－13（001）.
⑦ 中共中央文献研究室. 十六大以来重要文献选编：上 ［M］. 北京：中央文献出版社，
2005：118.
⑧ 胡锦涛. 坚定不移走中国特色农业现代化道路　全力保持农业农村经济持续稳定发展
［N］. 人民日报，2009－01－25（001）.
⑨ 庞道沐. "三农"问题的核心是农民问题 ［N］. 人民日报，2003－05－16（008）.

实用人才培训工程,为新农村建设培养大批生产能手、经营能人、能工巧匠、科技人员①,真正提升了我国农村劳动力的就业能力。②

推进我国的新农村建设和城乡一体化还需要进一步完善"三农"的各种体制和制度。胡锦涛指出,一方面在工业化初期要坚持农业为工业提供积累,农业支持工业这样的普遍趋势。③另一方面当工业化发展到一定程度后,应强调城市支持农村,工业反哺农业,工农业与城乡之间实现协调发展。在党的十七大上,胡锦涛明确提出推进我国社会主义新农村建设的构想。他指出,建设社会主义新农村是中共中央和国务院依据国内外形势,在深刻分析国民经济发展特征的基础上,最终确定的一项关于我国"三农"发展的重大历史任务。④然而,在新农村建设的推进过程中,虽然我国的农村基础设施得到进一步提升,但是城乡之间、工农业之间的差距仍然存在。对此胡锦涛指出,要按照科学发展观的要求,始终以人为本,实现我国城乡之间的统筹发展,彻底根除城乡二元结构的不合理性,最终实现社会主义的现代化。胡锦涛关于农村的理论和思想有着长远的战略眼光,凸显了中国共产党人的与时俱进和开拓创新的思维与眼界,对推进我国乡村振兴战略具有重大的启示意义。

二、马克思主义理论关于法治的思想

马克思主义理论中的法治思想是我国实施乡村振兴战略、推动农村法治建设的重要理论基础和思想来源,马克思恩格斯创立了马克思主义理

---

① 中华人民共和国国民经济和社会发展第十一个五年规划纲要 [N]. 人民日报,2006 - 03 - 16 (003).

② 宋洪远. 中国农村改革三十年 [M]. 北京:中国农业出版社,2008:185 - 186.

③ 岑乾明. 胡锦涛"两个趋向"论断及其政策实践 [J]. 吉首大学学报(社会科学版),2011,32 (6):121 - 125.

④ 胡锦涛. 扎扎实实规划和推进社会主义新农村建设 [N]. 人民日报,2006 - 02 - 14 (001).

论，列宁在领导俄国无产阶级革命中丰富和发展了马克思主义理论。中国将具体实际同马克思主义基本原理相结合，进一步丰富和发展了马克思主义理论，对于我国在乡村振兴战略中推进农村法治建设有着非常重要的意义和作用。

（一）马克思和恩格斯关于法治的思想

马克思主义理论博大精深，马克思主义法治理论和思想是马克思主义理论的重要组成部分。马克思主义法治理论和思想实现了人类法治思想的伟大变革，是一种全新的、科学的法治观。马克思主义法治理论和思想对于我国的法治建设具有重要的指导作用。

1. 法的根源

马克思主义法治理论和思想阐明了法的起源和运动规律。马克思指出，法的关系就像国家的形式一样，既不能从其本身来理解也不能从所谓人类精神的一般发展来理解。相反地，法根源于物质的生活关系，法是这种物质的生活关系的总和。[①] 马克思认为，人类社会中的法不是自然产生的。因此，对于法律关系的认识，不能从法律自身来理解，也不能以人的主观认识作为依据，而应该从事物发展的客观规律中去探究。马克思指出，物质生活的生产方式制约着整个社会的物质生活、政治生活、精神生活的过程。[②] 因此，马克思认为，法没有自己独立发展的历史，[③] 法只是表明和记载经济关系的要求而已。[④] 法律关系，实际上是经济关系的反映，是一种反映经济关系的意志关系，法律关系的实质是由这种经济关系本身

[①]　马克思恩格斯文集：第三卷 [M]. 北京：人民出版社，2009：41.

[②]　同①。

[③]　马克思恩格斯文集：第一卷 [M]. 北京：人民出版社，2009：585.

[④]　马克思恩格斯全集：第三卷 [M]. 北京：人民出版社，1960：121 – 122.

决定的。① 法的内容随着经济和社会的发展不断变化，法律根源于旧的社会关系中，不可避免地随着生活条件的变化而变化。② 法律是以社会存在为基础的，应当是社会共同的、一定的物质生产方式产生的利益和需要的表现，而非个人的恣意横行。③ 对于法与经济的关系，恩格斯指出，经济是推动法的发展的最强大动力。马克思和恩格斯很早就关注法对经济和社会的影响及其反作用，他们指出，一个社会即使探索到了运动本身的自然规律，也不能跳过或者用法令取消自然发展的过程，只是可以缩短和减轻分娩的痛苦。④ 恩格斯在深入研究了法与经济的关系后指出，政治、哲学、宗教、文学、艺术的发展都是以经济发展为基础的，它们又相互作用。⑤ 因此，经济与法律之间是相互作用的，任何片面地、孤立地看待它们二者中的任何一个的看法都是不科学的。

2. 法的本质

马克思主义认为，法的本质是统治阶级意志的集中体现。马克思指出，在阶级社会，法律是由统治者的共同利益决定的，是统治者意志的表现，⑥ 它体现的是统治阶级的整体意志和根本利益。资产阶级国家的法不可能反映无产阶级的意志。马克思分析了资产阶级法律的本质后指出，你们的法不过是被奉为法律的你们这个阶级的意志，而这种意志的内容是由你们这个阶级的物质生活条件决定的。⑦ 马克思还进一步指出，统治阶级的意志并不能直接转化成法律，只有通过国家给予资产阶级的、由这些特定关系决定的意志，以国家意志，即法律的一般表现形式确定，⑧ 才能成

---

① 马克思恩格斯文集：第五卷 [M]. 北京：人民出版社，2009：103 - 104.
② 马克思恩格斯全集：第六卷 [M]. 北京：人民出版社，1961：292.
③ 同②，第291页。
④ 同①，第54页。
⑤ 马克思恩格斯文集：第四卷 [M]. 北京：人民出版社，2009：575.
⑥ 马克思恩格斯全集：第三卷 [M]. 北京：人民出版社，1960：378.
⑦ 马克思恩格斯文集：第二卷 [M]. 北京：人民出版社，2009：48.
⑧ 同⑥。

为具有国家强制力的法律。马克思主义关于法的阶级性的论述使我们能够通过复杂的法律现象，挖掘出不能靠直观认识的法的本质。马克思指出，当某一阶级的意志上升为国家意志和法律时，阶级意志就必须既调整一切社会的性质产生的各种公共事务，又调整由政府同人民大众相对立而产生的各种特殊职能。[①]

3. 法的价值

从价值论的意义上说，法的价值意味着一定的社会主体对法律现实的评价、选择以及价值取向。法的价值包括法的秩序价值、自由价值、正义价值、终极价值。

法的秩序价值是基本的，也是最初的。马克思指出，法治之所以存在的首要目的就是建立法律秩序。恩格斯指出，在社会发展的早期阶段产生了这样一种需要，把每天重复的生产、分配、交换产品的行为用一个共同的规则概括起来，设法使个人服从生产和交换的一般条件，这个规则首先表现为习惯，后来变成了法律。[②] 法律的产生源于维护社会秩序的需要，秩序构成人类社会生存和发展的基础，秩序是构成人类理想的要素和社会活动的基本目标。任何社会的法律都要追求和保证社会的有序状态。

自由的存在形式是法律，自由只能存在于法律之中。马克思指出，法律是肯定的、明确的、普遍的规范，在这些规范中，自由获得了一种与个人无关的、理论上的、不取决于个别人的、任性的存在。[③] 马克思认为，自由是天生的。他指出，没有一个人反对自由，如果有的话最多也是反对别人的自由，可见各种自由向来就是存在的，不过有时表现为特权，有时表现为普遍权利而已。[④] 自由作为普遍的权利，需要通过国家制定的行为

---

① 马克思恩格斯全集：第二十五卷 [M]. 北京：人民出版社，2001：432.
② 马克思恩格斯文集：第三卷 [M]. 北京：人民出版社，2009：270.
③ 马克思恩格斯选集：第一卷 [M]. 北京：人民出版社，1995：176.
④ 同③。

规范来界定，法的价值就在于实现人的自由。马克思指出，法典就是人民自由的圣经。① 法律只有在自由的、无意识的自然规则变成有意识的自然规则时，才能成为真正的法律，哪里的法律成为真正的法律，哪里的法律就真正实现了人的自由。② 法律如果能够像圣经那样为人的生活提供指引和依靠，法律的信仰就有望形成。

在马克思和恩格斯的法治思想中，正义占据着重要的地位。恩格斯曾这样指出，在马克思的理论研究中，对法权的探讨完全是次要的。相反地，对特定时代的、一定制度的占有方式，社会阶级产生的历史正当性的探讨占据着首要位置。③ 正义具有阶级性，没有适合一切阶级的普遍正义。马克思指出，希腊人和罗马人的公正观认为奴隶制是公正的，资产阶级的公正观则要求废除被宣布为不公正的封建制度。因此，关于永恒公平的观念不但因时、因地而变，有时甚至也因人而异。④ 恩格斯在批判蒲鲁东的永恒公平时指出，这个公平始终只是现存经济关系的或者反映其保守方面的、或者反映其革命方面的、观念化的、神圣化的表现。⑤ 马克思和恩格斯用翔实的论述揭露了资本主义所谓正义的虚伪性，批判了资本主义的非正义性，建立了无产阶级的有关正义的理论。

马克思对于法的终极价值的探索非常重视。马克思在描述共产主义社会时指出，共产主义将是这样一个联合体，在那里，每个人的自由发展是一切人的自由发展的条件。⑥ 共产主义的社会形式是以每个人的全面自由发展为基本原则的。⑦ 由此可以看出，人的全面自由发展是马克思主义认为的法的终极价值。马克思指出，一个人的发展取决于和他直接或间接进

---

① 马克思恩格斯选集：第一卷 [M]. 北京：人民出版社，1995：167.
② 同①，第176页。
③ 马克思恩格斯全集：第二十一卷 [M]. 北京：人民出版社，2003：557.
④ 马克思恩格斯全集：第十八卷 [M]. 北京：人民出版社，1964：319.
⑤ 马克思恩格斯文集：第三卷 [M]. 北京：人民出版社，2009：272.
⑥ 马克思恩格斯文集：第二卷 [M]. 北京：人民出版社，2009：53.
⑦ 马克思恩格斯全集：第二十三卷 [M]. 北京：人民出版社，1972：649.

行交往的其他一切人的发展。① 只有当现实的个人把抽象的公民复归于自身，并且作为个人，在自己的经验生活、自己的个体劳动、自己的个体关系中间成为类存在物的时候，只有当人认识到自己的原有力量，并把这种力量组织成社会力量，因而不再把社会力量跟自己分开的时候，只有到了那个时候，人类解放才能完成。② 马克思始终坚持人才是法的目的，法必须为人服务，法的产生、发展以及消亡，要以人的存在为基础，人的全面发展是法的根本目的。

马克思和恩格斯关于法的观点对于中国的法治建设具有导向和指引作用。我国正在进行的法治建设和法制创新必须在结合中国国情的基础上，进一步发展马克思主义关于法治的理论和思想。只有在理论和思想进一步成熟的前提下，我国的法治建设才能够顺利推进。

（二）列宁关于法治的思想

列宁在领导俄国无产阶级革命和实践的过程中，在继承马克思和恩格斯有关法治的理论和思想的基础上，提出了有关社会主义法治的学说。列宁将马克思主义关于法治的理论和思想同俄国的具体实际相结合，丰富和发展了马克思主义关于法治的理论和思想。

1. 民主与法治的关系

马克思指出，民主制是作为类概念的国家制度，民主是一切国家制度的实质。③ 列宁认为，民主是国家形式和形态的一种，民主意味着在形式上承认公民一律平等，承认大家都有决定国家制度和管理国家的平等权利。④ 但列宁指出，资产阶级不得不伪善地把实际上是资产阶级专政，是

---

① 马克思恩格斯全集：第三卷［M］. 北京：人民出版社，1960：515.
② 马克思恩格斯文集：第一卷［M］. 北京：人民出版社，2009：46.
③ 马克思恩格斯选集：第一卷［M］. 北京：人民出版社，1995：280 - 281.
④ 列宁全集：第三十一卷［M］. 北京：人民出版社，2017：96.

剥削者对劳动群众的专政的民主共和国说成是全民政权，或者一般民主、纯粹民主。① 列宁经过长期的革命实践指出，社会主义社会的民主意味着形式上承认公民的一律平等，承认大家都有决定国家制度和国家管理的平等权利。② 社会主义的民主不仅是形式上的，也是实质上的。马克思指出，民主是法治的基础。法律必须成为人民意志的自觉表现，法律应该同人民意志一起产生，并由人民的意志创立。③ 列宁在革命实践中也认识到法治对社会主义建设的重要意义，他指出，应以法律和宪法保证全体公民直接参加国家的管理，保证全体公民享有自由集会、自由讨论，通过各种团体和报纸影响国家事务的权力。④ 公民的自由和权利需要通过宪法和法律予以保护，只有这样才能真正实现社会主义。只有通过社会主义的法制，才能保证人民群众自上至下参加全部国家民主建设的权利。⑤

2. 无产阶级政党与法的关系

列宁认为，执政党的活动必须严格限定在法律的框架内。马克思指出，人民遵守法律的首要条件是其他权力机关不越出法律的范围。⑥ 马克思明确强调，领导革命政权的政党也必须遵守法律。他指出，所有通过革命取得政权的政党和阶级，就其本性来说，都是要求由革命创造的新的法治基础得到绝对承认，并被奉为神圣的东西。⑦ 因此，在革命成功后，无产阶级政党首先要承认和遵守自己的法律，然后才能要求人民也遵守法律。随着俄国社会主义建设的推进，对于党和政府的关系，列宁指出，党

---

① 列宁全集：第三十一卷 [M]. 北京：人民出版社，2017：384－385.
② 同①，第96页.
③ 马克思恩格斯选集：第一卷 [M]. 北京：人民出版社，1995：184.
④ 列宁全集：第二卷 [M]. 北京：人民出版社，2013：90.
⑤ 列宁全集：第二十九卷 [M]. 北京：人民出版社，2017：162.
⑥ 同③，第91页.
⑦ 马克思恩格斯全集：第三十六卷 [M]. 北京：人民出版社，2015：238.

领导苏维埃工作，但不是代替苏维埃。① 列宁强调，党不能直接制定法律，在党的代表大会上是不能制定法律的。② 他指出，应当通过苏维埃机关在苏维埃宪法的范围内贯彻党的决定。③ 党的活动也必须限制在宪法的范围内，只有这样才能确定苏维埃宪法的权威。

列宁认为，党的领导主要体现在政治上，无产阶级专政必须要由无产阶级政党领导，社会主义国家的建设也必须坚持和拥护无产阶级政党的领导。他指出，党组织应当对苏维埃机关和经济机关实行坚定的领导。④ 列宁多次强调，我们的党是一个执政党，党的代表大会通过的决定，整个社会和俄国都必须遵守，我们应当在原则上解决这些问题。⑤ 列宁认为，党的领导不是干涉一切。他指出，不能进行过分频繁的、不正常的、琐碎的干预。⑥ 列宁指出，党的中央委员会的任务只是规定原则和路线并提出口号，无产阶级专政就是无产阶级对政治的领导。作为一个领导阶级和统治阶级，无产阶级应善于指导政治，⑦ 同时也要善于解决政治问题。⑧ 列宁论述了党对法治的领导，他指出，党的立法领导是将党的政策经过法定程序上升为国家意志，但不能直接代替立法机关制定法律。党的司法领导是通过影响人民审判员和法庭的其他工作人员改进和加强审判工作，加紧惩治，⑨ 而不是代替司法机关进行审判。

列宁在论述党内处罚时指出，对共产党员的处罚必须严于非党员。对

---

① 中共中央编译局．苏联共产党代表大会、代表会议和中央全会决议汇编：第一分册[M]．北京：人民出版社，1964：571.

② 列宁全集：第四十一卷 [M]．北京：人民出版社，2017：246.

③ 中共中央编译局．苏联共产党代表大会、代表会议和中央全会决议汇编：第一分册[M]．北京：人民出版社，1964：571.

④ 中共中央编译局．苏联共产党代表大会、代表会议和中央全会决议汇编：第一分册[M]．北京：人民出版社，1964：181－182.

⑤ 同②，第55页。

⑥ 列宁全集：第四十三卷 [M]．北京：人民出版社，2017：64.

⑦ 同②，第207页。

⑧ 列宁全集：第三十八卷 [M]．北京：人民出版社，2017：266.

⑨ 列宁全集：第四十二卷 [M]．北京：人民出版社，2017：425.

于苏维埃政权中某些共产党员利用执政党的地位规避法律的现象，对共产党员的惩办应比对非党员加倍严厉，这是起码的常识。① 列宁认为，要用法律规范限制共产党员的行为，共产党员应该严格遵守法律。列宁的观点对我国推进全面依法治国和建设社会主义法治国家具有重要的借鉴意义。

3. 社会主义国家与法的关系

对于社会主义国家的法治建设，列宁指出，不要被那些昏庸的资产阶级旧法学家愚弄，不要因陈旧的资产阶级法治概念而要创造新的。② 列宁强调，苏维埃俄国各地的法治工作要具体情况具体分析。他指出，各地苏维埃可以因地因时制宜，修改和扩充政府制定的基本条例。③ 列宁强调立法的民主时指出，保证人民群众既能参加国家法律的讨论，也能参加选举自己的代表，参加执行国家的法律。因为在社会主义国家，人民的利益是最高的法律。④ 列宁认为法律制度应该统一，不能像工农业生产那样各搞各的，因为法治只能有一种。⑤

关于法治建设中司法权、立法权、行政权的问题，列宁主张三权应当分开设立。他指出，立法权、行政权、司法权应由不同的国家机关承担相应的任务，其中，司法权必须独立于立法权和行政权。列宁强调，苏维埃的司法机关应当严格依法审判。他指出，不仅要认真对待共产主义法律的条文，而且要认真对待它的精神，不得有一丝一毫违背。列宁强调，无产阶级政党的模范带头和领导作用以及全民守法是社会主义法治建设的基础。如果没有无产阶级政党和广大群众的普遍守法，苏维埃的事业就毫无希望。列宁特别指出，在社会主义法治建设中，守法的关键是执政党的守法，执政党必须在宪法和法律范围内活动。同时，严厉追究执政党的党员

---

① 列宁全集：第四十二卷［M］. 北京：人民出版社，2017：426.
② 同①。
③ 列宁全集：第三十三卷［M］. 北京：人民出版社，2017：52.
④ 同③，第189页。
⑤ 列宁全集：第四十三卷［M］. 北京：人民出版社，2017：195.

尤其是党的领导干部的违法行为。通过执政党的模范守法为普通的苏维埃公民作出榜样。

（三）毛泽东关于法治的思想

早年在湖南自治运动中，毛泽东围绕省宪运动发表了多篇文章，集中阐述了有关民族主义的法律思想。随后，毛泽东在同陈独秀会晤并认真阅读了《共产党宣言》等马克思主义著作后，逐渐确立了对马克思主义的信仰，最终为毛泽东的马克思主义法律观奠定了基础。

在革命战争年代，毛泽东通过理论和实践进行了马克思主义中国化的法治建设探索。早在土地革命时期，毛泽东就在井冈山的革命根据地召开了工农兵代表大会，制定了《中华苏维埃共和国宪法大纲》，以法律的形式确立了中华苏维埃共和国的行政权和组织领导权。抗日战争时期，毛泽东领导并制定了《陕甘宁边区宪法原则》《陕甘宁边区施政纲领》等法律文件，其中《陕甘宁边区保障人权财权条例》在1942年颁布实施，确立了延安革命根据地带有无产阶级特色的司法原则和法律制度。毛泽东还重视农村的法治建设，他亲自主持、制定并颁布了一系列旨在解决农村和农民土地问题的相关法律法规。[①]

毛泽东在1949年6月发表的《论人民民主专政》中，为中华人民共和国的政权与法治建设奠定了最初的理论基础。同时，毛泽东领导新民主主义向社会主义进行变革实践，通过召开全国人民政治协商会议的方式，在条件尚不成熟的过渡期间，以《中国人民政治协商会议共同纲领》的方式代行宪法，并以此确立了中华人民共和国的一系列基本的政治和法律制度。毛泽东的法律思想可以概括为以下四个方面：一是实事求是。实事求是是毛泽东思想的灵魂。毛泽东多次指出，马克思主义让我们看问题不是

---

① 李仲达. 历史地全面地评价毛泽东的法律思想及其法制实践 [J]. 理论导刊，2004（2）：31-33.

从抽象的定义出发，而是从客观存在的事实出发，从分析事实中找出方针、政策、办法。① 中华人民共和国成立后，在起草宪法时毛泽东的指导方针就是以事实为根据，不能凭空臆造②。二是走群众路线。从群众中来到群众中去是毛泽东一生的思想和工作原则。在主持并参与制定宪法的过程中，毛泽东一直要求各界人士广泛参与讨论，在提交全国深入讨论并修改后才能制定完成 1954 年宪法。毛泽东主持和领导法治建设的过程中，凸显了人民群众既是无产阶级政党法治建设的服务对象，也是法治建设推进的各个环节要依靠的对象。③ 三是坚持宪政原则。毛泽东在《新民主主义的宪政》中指出，英国、美国、苏联都是在革命成功后才颁布的根本大法，去承认它，这就是宪法。④ 人民民主专政是中国特色的国家政权形式，人民民主专政制度是毛泽东对生产力不发达国家的无产阶级政权组织形式的创造性实践。经过《中国人民政治协商会议共同纲领》的确认，人民代表大会制成为我国的基本政权组织形式。四是立法坚持原则性与灵活性相结合。毛泽东指出，中华人民共和国成立后，总体上国家法律不能承袭民国时期的六法，要将其彻底废除，同时要建立全新的社会主义法制体系。毛泽东在《论十大关系》中指出，虽然宪法规定立法权集中在中央，但是在不违背中央基本方针的情况下，地方可以根据实际情况制订一些章程、条例或者办法等。⑤ 五是坚持法律面前人人平等。毛泽东很早就意识到，作为无产阶级革命政党的共产党必须坚持依法治党，在法律面前，共产党员和普通群众都是平等的，都没有任何特权。毛泽东在 1953 年起草的《关于反对官僚主义、反对命令主义、反对违法乱纪的指示》中指出，典型的命令主义、官僚主义、违法乱纪等事例要在报纸上进行揭发，严重者

① 毛泽东选集：第二卷 [M]. 北京：人民出版社，1991：663.
② 中共中央文献研究室. 毛泽东传：第四卷 [M]. 北京：中央文献出版社，2013：320.
③ 毛泽东著作选读：下 [M]. 北京：人民出版社，1986：824.
④ 同①，第 663 页。
⑤ 北京内燃机总厂工人理论组，哲学社会科学部经济研究所计划经济组.《论十大关系》的学习参考纲要 [M]. 北京：人民出版社，1977：13.

还必须接受法律的制裁。这清楚地表明了毛泽东关于人人平等的法律思想和原则。

（四）邓小平、江泽民和胡锦涛关于法治的思想

1. 邓小平关于法治的思想

邓小平的法治思想是在新的历史条件下，将马克思主义法治的理论和思想同中国实际国情相结合进一步发展的理论和思想，既是对马克思列宁主义的继承，也是对毛泽东思想的进一步发展，对于我国的民主法治建设有着重要的作用。

早在革命根据地时期，邓小平就指出"三三制"抗日民主政权原则是未来中华人民共和国应采取的政权组织形式。邓小平指出，把党的领导解释为党权高于一切，甚至把党权高于一切发展为党员高于一切，长此以往，党和政府在群众眼里就没有威信了。[①] 邓小平指出，党内领导制度应该规范化，实行集体领导。邓小平强调，应避免大民主，但要让群众有说话和申诉的地方。[②] 要建立必要的规章制度，增强组织性、纪律性，执行规章制度宁可严一些。[③] 要有分工，从上到下建立岗位责任制，这样工作才能有秩序、有效率，才能职责分清、赏罚分明。[④]

邓小平在1978年12月中央工作会议上的报告《解放思想，实事求是，团结一致向前看》中指出，中国的治国方略是任何人不得侵犯宪法和党章规定的各项公民权利。邓小平提出，加强民主制度化和法律化建设，应避免制度和法律因领导人的改变而改变。领导制度和组织制度问题带有根本性、全局性、稳定性、长期性，制度问题关系到党和国家是否改变颜色，

---

① 邓小平文选：第一卷 [M]. 北京：人民出版社，1994：12 – 15.
② 同①，第273页。
③ 邓小平文选：第二卷 [M]. 北京：人民出版社，1994：89.
④ 同③，第97页。

必须引起全党的高度重视。① 安定团结的政治局面是社会建设最重要的保障，一切反对和妨碍我们走社会主义道路的东西都要排除，一切导致中国混乱和动荡的因素都要排除，稳定和秩序对中国的发展起着关键作用。②

邓小平的法治思想内容丰富，可以概括为以下四个方面，一是正确处理党政关系。邓小平指出，不从根本上处理好党政关系，尤其党政不分、以党代政等问题，权力过分集中和随之而来的一系列问题就难以解决。③ 二是民主与法制的关系。邓小平多次指出，发展社会主义民主，健全社会主义法制，是党的十一届三中全会以来中央坚定不移的基本方针，决不允许有任何动摇。④ 邓小平强调，民主和法制两方面都要加强，没有广泛的民主固然不行，没有健全的法制也无法保障民主制度的运行。⑤ 三是坚持推进民主的制度化和法律化。鉴于中国的封建专制历史较长，邓小平指出，为了保障人民民主，必须加强法制。使民主制度化、法律化，使这种制度和法律不因领导人的改变而改变，不因领导人的看法和注意力的改变而改变。⑥ 四是建立完备的法律体系。针对改革开放初期我国立法严重不足的问题，邓小平指出，现在工作量大、人力不足，法律条文可以逐步完善，有的法规地方可以先试搞，然后再制定全国通行的法律，修改补充法律，成熟一条就修改一条，不要等待。总之，有比没有好，快搞比慢搞好。⑦ 五是坚持法律面前人人平等。邓小平指出，公民在法律和制度面前人人平等，党员在党章和党纪面前人人平等。不管谁犯了法，都要由公安机关依法侦查，司法机关依法办理，任何人都不许干扰法律的实施，任何犯了法的人都不能逍遥法外。⑧

---

① 邓小平文选：第二卷 [M]. 北京：人民出版社，1994：137.
② 邓小平文选：第三卷 [M]. 北京：人民出版社，1993：284 – 285.
③ 邓小平文选：第二卷 [M]. 北京：人民出版社，1994：329.
④ 同③，第 359 页。
⑤ 同③，第 189 页。
⑥ 同③，第 146 页。
⑦ 同③，第 147 页。
⑧ 同③，第 332 页。

2. 江泽民关于法治的思想

随着改革开放的加快，党和国家面临新的历史发展机遇和挑战。中国共产党人在坚持马克思主义基本原理、毛泽东思想、邓小平理论的基础上，继续开拓创新，不断推进我国社会主义法治建设的理论和实践探索。

江泽民的"三个代表"重要思想突出了共产党执政就是领导和支持人民当家做主，最广泛地动员和组织人民群众依法管理国家和社会事务，管理经济和文化事业，维护和实现人民的根本利益。[1] 针对依法治国和以德治国的结合，江泽民指出，实行和坚持依法治国就是使国家各项工作逐步走上法治化的轨道，实现国家政治生活、经济生活、社会生活的法治化和规范化，就是广大人民群众在党的领导下，依照宪法和法律的规定，通过各种途径和形式管理国家事务，管理经济文化事务和社会事务，就是逐步实现社会主义民主的制度化和法律化。[2] 江泽民强调，加强社会主义法治建设要同加强思想道德文化建设紧密结合起来。[3] 在 2001 年 1 月的全国宣传部部长会议上，江泽民指出，对于一个国家来说，法治和德治从来都是相辅相成、互相促进的，二者缺一不可。法治属于政治建设，属于政治文明；德治属于思想建设，属于精神文明。二者虽范畴不同，但地位和功能都非常重要，我们应该始终注意把法治建设与道德建设紧密结合起来，把依法治国与以德治国紧密结合起来。[4] 江泽民的法治思想为加强党的自身建设、依法治党提供了新的理论支持，为中国社会主义现代化提供了法治建设的精神动力，丰富和发展了中国共产党关于法治建设和治国方略的理论和思想。

---

[1]　江泽民文选：第三卷 [M]. 北京：人民出版社，2006：553.
[2]　江泽民文选：第一卷 [M]. 北京：人民出版社，2006：511.
[3]　同[2]，第 643 页。
[4]　同[1]，第 200 页。

3. 胡锦涛关于法治的思想

21世纪初我国改革开放进入了新的发展阶段，胡锦涛等党和国家领导人高度重视我国法制领域出现的新矛盾和新问题，以科学发展观为依托，理论和系统地提出了社会主义法治建设的新内容和新举措。胡锦涛在2003年10月党的十六届六中全会上指出，坚持以人为本，树立全面协调、可持续的发展观，促进经济、社会、人的全面发展。① 科学发展观的提出，为中国特色社会主义法治建设指明了前进方向。胡锦涛指出，在党和国家的法治建设工作中，宪法最为重要，宪法以法律的形式确认了我国各族人民奋斗的成果，规定了国家的根本制度、根本任务以及国家生活中最重要的原则，具有最大的权威性和最高的法律效力。② 胡锦涛多次强调，要把宪法教育作为党员干部教育的重要内容，使各级领导干部和国家机关工作人员掌握宪法的基本知识，树立忠于宪法、遵守宪法以及维护宪法的自觉意识。③ 在党的十六届三中全会讨论并通过了《关于完善社会主义市场经济体制若干问题的决定》，胡锦涛指出，全面推进经济法治建设，按照依法治国的基本方略，着眼于确立制度、规范权责、保障权益，加强经济立法。④ 同时，胡锦涛强调，推进司法体制改革，维护司法公正。⑤ 在党的十六届四中全会上通过的《中共中央关于加强党的执政能力建设的决定》中指出，以保证司法公正为目标，逐步推进司法体制改革，形成权责明确、相互配合、相互制约、高效运行的司法体制，为全社会实现公平和正义提供法制保障。⑥ 胡锦涛在2005年2月全国省部级领导干部研修班的会议上

---

① 中共中央文献研究室.十六大以来重要文献选编：上［M］.北京：中央文献出版社，2005：465.
② 同①，第68页。
③ 同①，第73页。
④ 同①，第479页。
⑤ 同①，第480页。
⑥ 中共中央文献研究室.十六大以来重要文献选编：中［M］.北京：中央文献出版社，2006：281.

阐述了关于构建社会主义和谐社会的相关理论和内容。他指出，根据马克思主义基本原理和我国社会主义建设的实践经验，根据21世纪、新阶段我国经济社会发展的新要求和社会中出现的新趋势、新特点，我们要建设的社会主义和谐社会，应该是民主法治、公平正义、诚信友爱、充满活力、安定有序、人与自然和谐相处的社会。① 胡锦涛的法治思想进一步发展了马克思主义的法治理论和思想，进一步丰富了中国特色社会主义法治建设的道路和模式，进一步彰显了中国特色社会主义制度的优越性。

---

① 中共中央文献研究室. 十六大以来重要文献选编：中 ［M］. 北京：中央文献出版社，2006：706.

第二章　乡村振兴战略实施前的
农村法治建设沿革

乡村振兴战略实施前，我国的农村法治建设经历了过渡时期的探索、全面社会主义建设时期的曲折探索和实践、改革开放前期村民自治的发展、社会主义新农村建设等几个时期，形成了一整套关于农村法治建设的理论和实践经验，这对于在乡村振兴战略实施中农村法治建设的推进具有重要的参考和借鉴作用。

一、改革开放前的农村法治建设

中华人民共和国在 1949 年 10 月 1 日成立标志着广大人民群众真正成为国家和社会的主人，中国的农村发展和法治建设也拉开了新的篇章。①中华人民共和国成立初期，由于国家正处于恢复调整中，政权建设和社会主义需要改造，我国对农村地区的政权和法治建设投入了较大的精力。尽管当时正处在由新民主主义社会向社会主义社会过渡的过程中，我国农村地区的组织制度和法律等都比较薄弱，但是通过中国共产党在农村地区领导广大农民群众恢复经济和农业生产，消灭封建剥削制度，不断实践和探

---

① 荣尊堂. 参与式发展：一个建设社会主义新农村的典型方法 [M]. 北京：人民出版社，2006：7.

索建设社会主义和建立社会主义制度，我国的农村法治建设、探索和实践不仅拉开了序幕，还取得了不小的成就。

（一）过渡时期的农村法治建设探索

中华人民共和国成立后，从 1950 年冬至 1953 年春，我们党领导广大农民群众进行了新解放区的农村土地制度改革。[①] 我们党强调，在农村土地制度改革的工作中，要贯彻党的群众路线，充分发挥广大农民群众的作用。广大农民群众通过对地主的斗争和实践，提高了自身的觉悟和组织程度，实现了当家做主的重大转变。通过我国农村的土地改革，巩固了工农联盟和农村的基层政权。[②] 土地革命后，我国广大农民群众获得了安身立命的土地，在经济上成为土地的真正主人。

1. 依法实施农村土地改革

中华人民共和国为了巩固政权和土地改革成果，也为了加快由新民主主义社会向社会主义社会的过渡，在中国共产党的领导下，各地成立了农民协会，全国各地的农民协会发展迅速。1950 年 6 月颁布了《中华人民共和国土地改革法》，[③] 明确规定省各级农民代表大会及选出的农民协会委员会为改革土地制度的合法执行机关。[④] 为保障土地改革的一切措施符合绝大多数人民群众的利益，各级人民政府负责切实保障广大人民群众的民主权利，广大农民群众及其代表有在各种会议上自由批评及弹劾各级工作人员的权力。周恩来在 1950 年《为巩固和发展人民的胜利而奋斗》的报告中指出，在纯洁可靠的农民积极分子领导下的农民协会保证了农村土地改

---

① 邸敏学. 毛泽东邓小平若干经济理论问题研究［M］. 北京：人民出版社，2017：231.
② 俞志霞，俞婉君. 荷湖村志［M］. 北京：人民出版社，2011：185.
③ 《中国共产党 100 年奋斗历程》编写组. 中国共产党 100 年奋斗历程［M］. 北京：人民出版社，2021：75.
④ 中共中央党史和文献研究院. 中华人民共和国大事记（1949 年 10 月—2019 年 9 月）［M］. 北京：中央文献出版社，2019：6.

革工作的顺利完成。1950 年 9 月底，大部分的区县和农村都召开了人民代表大会、人民代表会议以及农民代表会议，这些代表会议和代表大会团结了人民群众中的各阶层、各党派、各民族，使政府能够听到广大人民群众的意见，使人民群众了解和监督政府的工作。代表会议和代表大会的召开是我国农村地区开始实现法治建设的一个重要标志。①

　　农民协会的广泛建立为改造我国乡村政权，确立农村组织和制度，实现农村各项工作的有规可依、有法可查打下了坚实的基础。广大农民群众对过去国民党实施的保甲制度深恶痛绝，纷纷要求废除保甲制度，建立乡村两级人民政权。政务院在 1950 年 7 月 14 日第四十一次会议上通过了《农民协会组织通则》，②明确指出农民协会是广大农民群众自愿结合的群众组织，是农村改革土地制度的合法执行机关。农民协会的主要任务是团结贫苦中农及农村中的一切反封建分子，遵照人民政府的政策和法令，有步骤地施行反封建的社会改革，保护农民利益，组织农民生产，举办农村合作社，发展农业和副业，改善农民生活，保障农民的政治权利，提高农民的政治和文化水平，参加人民民主政权的建设工作。农民协会的组织原则是民主集中制，行使权力的机关是各级农民代表大会，农民协会的基层组织是乡农民协会。《农民协会组织通则》还规定了农民协会会员的条件、会员的权利和义务，规定了农民协会的各级组织产生办法及经济来源等。《农民协会组织通则》以法律的形式将农民协会的制度和组织等确定下来，体现了农民协会的自愿、民主和互助的农民自治原则。

2. 依法组建农村基层政权

　　中华人民共和国在 1953 年实行了第一次人民代表普选，建立健全了全国范围内的乡人民代表大会制度。内务部在 1954 年 1 月颁布了《关于健全

---

① 李昌麒. 中国农村法治发展研究 [M]. 北京：人民出版社，2006：42.
② 中共中央党史和文献研究院. 中华人民共和国大事记（1949 年 10 月—2019 年 9 月）[M]. 北京：中央文献出版社，2019：7.

乡政权组织的指示》,① 规定了为加强与人民联系,便于推进工作,乡以下工作单位应根据不同情况划分工作单位。以自然村和选区为工作单位,必要时在自然村和选区下划定若干村民组。居住在县乡人民政府的可直接领导村民进行工作,地区辽阔、居住分散的县乡以下工作单位,可由若干自然村分别组成,行政村以下按自然村划定居民组进行工作。自然村选区和行政村设代表主任,必要时设副主任,由自然村选区和行政村内的乡人民代表互相推荐产生。1954 年 9 月《中华人民共和国宪法》颁布并实施,按照《中华人民共和国宪法》《中华人民共和国地方各级人民代表大会组织法》《中华人民共和国地方各级人民政府组织法》② 规定,取消行政村建制。农村基层政权为乡、民族乡和镇,农村中的区一律改为县政府的派出机构,乡政府仅承担指导和检查责任。由此,依照宪法和法律,我国农村的基层组织架构基本确定下来。③

3. 依法开展农村调解工作

中华人民共和国成立之初就在全国的一些城乡建立了人民调解委员会。人民调解委员会是由我国广大人民群众创造的持续时间最久、范围最广、最普遍的基层群众性自治组织。人民调解委员会的建立对于及时调解民间纠纷、促进广大人民群众的团结和生产、减轻人民法院的负担发挥了重要作用。政务院在 1954 年 3 月 22 日颁布实行了《人民调解委员会暂行组织通则》,规定人民调解委员会是群众性的调解组织,在基层人民政府与基层人民法院指导下进行工作。同时,《人民调解委员会暂行组织通则》规定,调解委员会的任务是调解民间一般的民事纠纷和轻微刑事纠纷,具体规定了在调解工作中应遵守的工作原则、工作方法以及工作制度。《人

---

① 中共中央党史和文献研究院. 中华人民共和国大事记（1949 年 10 月—2019 年 9 月）[M]. 北京:中央文献出版社,2019:15.

② 韩长斌. 社会主义新农村建设 [M]. 北京:人民出版社,2011:24.

③ 廖胜平. 重建与嬗变:新中国成立初期西南地区的社会改造研究 [M]. 北京:人民出版社,2020:171.

民调解委员会暂行组织通则》颁布后，人民调解工作有了新的发展。到 1955 年年底，70% 的乡已经建立了人民调解委员会。刘少奇在 1957 年对人民调解委员会进行评价时指出，人民调解委员会是政法工作的第一道防线，必须加强。① 中华人民共和国成立之后，生产资料私有制的社会主义改造伴随整个社会民主和法治建设进程的始终。在中国共产党的领导下，我国农村建立了多种基层群众性自治组织。通过制定法律法规，这些基层群众性自治组织获得了坚实的法律地位，基层群众自治活动有法可依、有章可循。农村基层群众性自治组织的建立和发展是这一时期农村法治建设的有益尝试，② 这些探索为我国发展社会主义民主、进行农村法治建设和农村发展作出了贡献，也为我国农村的改革和农村法治建设的进一步发展奠定了坚实的基础。

（二）全面建设社会主义时期的农村法治建设实践

中华人民共和国在完成了生产资料私有制的社会主义改造、建立了社会主义制度后，我国农村的发展和农村法治建设也开始逐步向深层次推进。但是由于我国的经济基础薄弱，各项事业百废待兴，同时我们党对于领导全国人民进行社会主义建设的经验还不够丰富，因此，在当时的社会和经济条件及其国内外形势的影响下，我国农村的发展和法治建设出现了一些曲折。③

党的八届六中全会在 1958 年 12 月通过了《关于人民公社若干问题的决议》，④ 指出人民公社是我国社会主义社会结构的基层单位，是社会主义政权组织的基层单位。人民公社制度实行统一领导、分级管理，公社的集体所有制经济实行三级架构，既具有管理生产的经济职能又具有管理生活的社会职能，还有管理政权的政治职能。人民公社改变了我国广大农民群

① 刘雅珍，安孝义. 中国乡村法治通论 [M]. 北京：中国政法大学出版社，1993：98.
② 李建伟. 我国乡村治理创新发展研究 [M]. 北京：人民出版社，2020：106.
③ 张金才. 中国法治建设 40 年（1978—2018）[M]. 北京：人民出版社，2018：37.
④ 中共中央党史和文献研究院. 中华人民共和国大事记（1949 年 10 月—2019 年 9 月）[M]. 北京：中央文献出版社，2019：24.

众世代沿袭的生活方式、人际关系以及社会结构。在人民公社的体制下，生产计划、劳动管理以及经营分配都实行集中管理，农民参加统一劳动和分配，改变了中华人民共和国成立初期农村基层组织的结构和制度基础。随着人民公社运动的不断探索和实践，我们党也逐渐认识到在人民公社的发展中存在的"左"倾错误。1961年5月21日至6月12日中共中央在北京召开会议，通过了《农村人民公社工作条例（修正草案）》，① 对人民公社的性质、体制、规模、职权、生产大队以及生产小队的自主权等作出了明确规定，并指出，中国共产党在人民公社各级组织中必须起领导和核心作用，但不应该包办、代替各级管理委员会的工作，人民公社生产队的业务工作应该由管理委员会处理。人民公社必须实行的各种制度，如社员代表大会制度、社员大会制度、监督会制度以及生产分配方面的管理制度等，核心是要加强民主管理，保障社员群众的民主权利和物质利益。② 生产大队的大队长和其他管理委员会监察委员，由大队的社员代表大会选举产生；生产队的队长、会计、其他管理委员、监察委员或者监察员由生产队的社员大会选举产生，任期一年。党的八届十中全会在1962年9月27日又通过了《关于进一步巩固人民公社集体经济，发展农业生产的决定》，③ 强调民主办社和民主办队的方针，要求一切农业耕作问题、经营管理问题、分配问题应该事先在广大农民群众中进行充分酝酿和讨论，不能由干部个人或者少数人擅自决定。中共中央在1964年发出《关于印发〈中华人民共和国贫下中农协会组织条例（草案）〉的指示》，④ 强调重视贫下中农协会的作用和建设，规定了一切重大事项在党内决定之前，应该

---

① 中共中央党史和文献研究院. 中华人民共和国大事记（1949年10月—2019年9月）[M]. 北京：中央文献出版社，2019：28–29.

② 刘友田. 村民自治：中国基层民主建设的实践与探索 [M]. 北京：人民出版社，2010：42.

③ 中央档案馆，中共中央文献研究室. 中共中央文件选集（一九四九年十月——一九六六年五月）：第41册 [M]. 北京：中央文献出版社，2013：57.

④ 同①，第33页.

同贫下中农组织商量。但是，对于贫下中农行使权利也作了限制。对于管理委员会的一切正确决定，贫下中农组织都应该积极支持、带头执行。

党中央针对人民公社的一些规定和制度的调整解决了人民公社在发展和实践中的一些问题，在一定程度上缓解了人民公社化运动对农村基层组织、农村社会关系、农村管理体制、农村法治建设带来的负面影响。① 但是，整个人民公社运动的偏差没有得到完全的纠正。总的看来，从人民公社化运动以后，至改革开放前，我国农村的法治建设发展比较迟缓。特别是在"文化大革命"中，农村基层群众性自治组织建设遭到严重破坏，使党的领导和依法办事原则没有得到遵循。农村基层民主逐渐发展和演变为农村群众运动，没有真正实现和保障广大人民群众的民主权利。相反，却造成了我国社会的一定混乱，给党和国家、人民都造成了严重的损失。尽管如此，在中华人民共和国成立初期，我们党领导广大农民群众对农村基层组织的建设、农村民主政治的发展、农村法治的建设进行了初步的探索，为改革开放后我国农村的改革和法治建设打下了必要的基础。

二、改革开放前期的农村法治建设

党的十一届三中全会的召开，实现了党和国家工作重心的转移。在党的十一届三中全会上，首次提出了关于健全社会主义民主和法制的任务。并指出，要解放思想、开动脑筋、实事求是、团结一致向前看。党的十一届三中全会的召开标志着党和国家的各项事业和工作事务步入发展的正轨，开启了改革开放的序幕。② 改革开放初期，我国制定了多项有关农业和农村的法律，为我国在改革开放初期的农村法治建设提供了坚实的基础。

---

① 刘雅珍，安孝义. 中国乡村法治通论 [M]. 北京：中国政法大学出版社，1993：48.
② 刘颖. 乡村社会民主法治建设理论与实践 [M]. 沈阳：东北大学出版社，2011：27.

（一）改革开放前期的农村法治建设探索

改革开放后，以农村家庭联产承包责任制为主的农村改革通过政策的推行改变了中国农村社会的经济基础，为我国农业和农村的发展创造了有利的条件。随着全国改革开放和农村改革的深入推进，全国的农村陆续撤销人民公社，恢复建立乡政府。在农村地区成立了村民委员会，村民委员会的建立改变了过去我国农村生产无人管、基层组织不健全等问题，解决了我国农村地区的基础设施落后、违法现象突出、耕地使用混乱等情况，维护了我国农村社会的安定和农业生产的有序进行。随着广西壮族自治区宜山县平南公社和寨大队果做自然村在 1980 年 2 月成立全国第一个村民委员会，① 随后在总结该村的村民委员会经验的基础上，全国陆续开始推进村民委员会的试点工作，这标志着我国农村的法治建设进入了一个新的时期。

农村法治建设的推进过程受到党和国家的高度重视。党的十一届六中全会在 1981 年通过了《关于建国以来党的若干历史问题的决议》，② 明确指出要在我国农村基层社会逐步实现人民的直接民主。并指出在农村基层实现民主的重要意义，强调在基层实现民主，继而推动社会主义民主法制发展的重要性。我国现行宪法在 1982 年讨论并表决通过时，对农村基层政权作出了宪法性的规定。③ 宪法明确指出，村民委员会是农村基层群众性自治组织，村民委员会主任、副主任和委员由农村居民选举产生。村民委员会设有人民调解、治安保卫、公共卫生等委员会，办理本居住地区的公共事务和公益事业，调解民间纠纷，协助党和政府维护社会治安，并向上级人民政府反映群众的意见、要求并提出建议。现行宪法以宪法条文的方

---

① 杨朝红. 农村法治教程［M］. 郑州：郑州大学出版社，2013：125.
② 中共中央党史和文献研究院. 中华人民共和国大事记（1949 年 10 月—2019 年 9 月）［M］. 北京：中央文献出版社，2019：57.
③ 李步云. 法治新理念：李步云访谈录［M］. 北京：人民出版社，2015：219.

式确立了村民委员会的法律性质，① 对村民委员会的产生、分工、职能都进行了明确的法律阐述和规定。彭真在第六届全国人大第一次会议上指出，广大农村要按照宪法的规定，有步骤地实行政社分开、召开乡人民代表大会、选举乡政府，这项改革要有利于加强农村基层党组织和乡政权的建设，有利于发展农村生产和生活。由此，我国农村的基层政权建设得到了宪法和法律上的规范和明确。各地农村通过召开乡人民代表大会选举产生乡政府，为我国农村地区基层的法治建设和发展提供了有益的实践经验和参考。中共中央、国务院在 1983 年 10 月发出了《关于实行政社分开建立乡政府的通知》，② 明确指出村民委员会是基层群众性自治组织，应该按村民居住情况设立村民委员会。村民委员会要积极办理本村公共事务和公益事业，协助乡人民政府搞好本村行政工作和生产建设，村民委员会主任、副主任和委员要由村民选举产生等。随着我国农村基层政权实现了由人民公社向"乡政村治"的过渡，③ 农村法治建设获得了较大的发展。经过几年的探索和实践，1985 年 6 月全国农村基层政权基本实现了人民公社的政社分开，建立了乡政府，农村基层政权建设工作有了较大的发展和变化。全国设置有 9.2 万个乡镇人民政府，原有的生产大队和生产小队改为村民委员会和村民小组。④

（二）改革开放前期的农村法治建设实践

1. 农村法治建设中相关法律的颁布和实施

第六届全国人大常委会第二十三次会议在 1987 年 11 月通过了《中华

---

① 李昌麒. 中国农村法治发展研究 [M]. 北京：人民出版社，2006：76.
② 中共中央党史和文献研究院. 改革开放四十年大事记 [M]. 北京：中央文献出版社，2018：23.
③ 蒋永甫. 农民组织化与农村治理研究 [M]. 北京：人民出版社，2019：37.
④ 刘雅珍，安孝义. 中国乡村法治通论 [M]. 北京：中国政法大学出版社，1993：52.

人民共和国村民委员会组织法（试行）》,① 规定村民委员会是村民实现自我管理、自我教育、自我服务的基层群众性组织，办理本村的公共事务和公益事业，调解民间纠纷，协助维护社会治安，向人民政府反映村民的意见、要求和提出建议。《中华人民共和国村民委员会组织法（试行）》以法律的形式确立了村民委员会的地位，标志着中国农村基层建设和发展进入了法治化的轨道。该法明确规定了乡政府与村民委员会的关系，指出乡政府不能用行政手段命令和领导村民委员会，要对村民委员会进行指导、支持和协助，发挥好村民委员会在农村事务中的重要作用和自治功能。经过试行和实践探索后，《中华人民共和国村民委员会组织法（试行）》在全国范围内的农村地区推行。② 《中华人民共和国村民委员会组织法（试行）》的实施从法律上明确了农村基层的民主选举、民主决策、民主管理和民主监督，完善了农村基层群众自治制度，为我国农村基层建设和发展提供了重要的法律保障。随着经济和社会的不断发展，民政部在 1990 年 9 月颁布了《关于在全国农村开展村民自治示范活动的通知》,③ 提出通过村民自治的典型示范，积累我国农村法治建设的经验，进一步健全我国农村基层的相关法律制度和体系，推动我国农村法治建设的进一步发展，更好地发挥农村基层村民自治在农业和农村生产、生活中的作用。中共中央在 1994 年 11 月发出《关于加强农村基层组织建设的通知》,④ 指出要从领导班子、干部队伍、农村经济发展路子、农村经营体制、农村管理制度五个方面确立农村基层组织的发展目标，更好地发挥村党支部的领导核心作用，推动农村各项事业全面进步。党的十五大报告在 1997 年 9 月首次提出，农村要

---

① 中共中央党史和文献研究院. 中华人民共和国大事记（1949 年 10 月—2019 年 9 月）[M]. 北京：中央文献出版社，2019：68.

② 刘友田. 村民自治：中国基层民主建设的实践与探索 [M]. 北京：人民出版社，2010：71.

③ 刘雅珍，安孝义. 中国乡村法治通论 [M]. 北京：中国政法大学出版社，1993：49.

④ 新华月报社. 中华人民共和国大事记（1949—2004）：下 [M]. 北京：人民出版社，2004：1032.

实施民主选举、民主决策、民主管理和民主监督，保障广大农民群众依法享有广泛的权力和自由。① 党的十五大报告突出了我国农村建设和发展的重要性和迫切性，对于推动农村法治建设的不断完善和发展起到了重要的作用。

2. 农村法治建设中相关法律的修改和完善

随着我国经济社会的不断发展和改革开放的不断深入，针对《中华人民共和国村民委员会组织法（试行）》实施以来农村法治建设和农村基层组织发展过程中存在的问题，第九届全国人大常委会在 1998 年对《中华人民共和国村民委员会组织法（试行）》进行了修订和完善。② 将党的十五大提出的四个民主以法律的形式固定下来，我国农村基层组织的建设和发展更加系统化、制度化、法治化。修订后的《中华人民共和国村民委员会组织法》标志着我国农村基层组织建设和发展、农村法治建设进入了一个新的时期。全国各地根据修订后的《中华人民共和国村民委员会组织法》结合本地农村的具体情况，相应地制定了地方性的法规。中共中央在 1999 年印发了《中国共产党农村基层组织工作条例》，对农村基层党的组织设置、职责任务、经济建设、精神文明建设、干部队伍建设、领导班子建设、党员队伍建设等作出了具体规定。条例突出了加强和改善党对农村工作的领导，促进了农村改革和发展目标的实现。《中国共产党农村基层组织工作条例》的制定和出台，使农村基层党支部成为农村法治建设的重要保障和战斗堡垒。③

中共中央办公厅、国务院办公厅在 2002 年 7 月联合印发《中共中央办

---

① 陈锡文，魏后凯，宋亚平. 走中国特色社会主义乡村振兴道路 [M]. 北京：中国社会科学出版社，2019：242.

② 中共中央党史和文献研究院. 中华人民共和国大事记（1949 年 10 月—2019 年 9 月）[M]. 北京：中央文献出版社，2019：91.

③ 韩长斌. 社会主义新农村建设 [M]. 北京：人民出版社，2011：16.

公厅、国务院办公厅关于进一步做好村民委员会换届选举工作的通知》,①明确指出要做到由村民会议或各村民小组民主推选产生村民选举委员会,保证村民的推选权;做好选民登记工作,不能错登、重登、漏登,以保证村民的选举权;做到由村民直接提名确定村民委员会成员候选人,不能用组织提名代替村民提名;做好选举的投票工作,保证村民投票权;完善罢免程序,保证村民罢免权。该通知全面规范了村民委员会的选举工作流程,保障了村民的推选权、提名权、投票权和罢免权,不仅推动了农村组织建设的进步,也实现了农村法治建设的深入和全面发展。党的十六大报告明确指出,要健全民主制度,丰富民主形式,保证人民依法享有各项权利,② 在农村实行民主选举、民主决策、民主管理和民主监督,完善村民自治,健全村党组织领导的、充满活力的村民自治机制。党的十六大报告以最高报告制度的形式,突出了我国农村法治建设对农村基层组织发展的重要作用,对保障广大农民群众的民主权利作出了重要指示,农村法治建设在农村各项工作中的地位更加凸显。中共中央和国务院在 2004 年 7 月联合颁布了《中共中央办公厅、国务院办公厅关于健全和完善村务公开和民主管理制度的意见》,③ 指出要通过完善村务公开的内容,规范村务公开形式、时间以及基本程序,设立村务公开监督小组,听取和处理群众意见,明确村级民主决策形式、规范村级民主决策程序,建立决策责任追究制度等,从制度上规范了农村基层组织建设和民主选举的程序,从法治上保障了农村的平稳有序和健康发展。

三、社会主义新农村建设时期的农村法治建设

党的十六届五中全会在 2005 年 10 月提出,建设社会主义新农村是我

① 杨海蛟. 回顾与展望:改革开放以来的中国政治发展 [M]. 北京:人民出版社,2008:119.

② 江泽民文选:第三卷 [M]. 北京:人民出版社,2006:439.

③ 中共中央党史和文献研究院. 中华人民共和国大事记(1949 年 10 月—2019 年 9 月）[M]. 北京:中央文献出版社,2019:103.

国现代化进程中的重大历史任务。① 要按照生产发展、生活宽裕、乡风文明、村容整洁、管理民主的要求，扎实稳步地加以推进。党的十七届五中全会在 2010 年 10 月提出，推进农业现代化，加快社会主义新农村建设;② 在工业化和城镇化的深入发展中，同步推进农业现代化是"十二五"时期的一项重大任务;要把解决好农业、农村、农民问题作为全党工作的重中之重;统筹城乡发展，坚持工业反哺农业、城市支持农村;加大强农、惠农力度，夯实农业、农村发展基础;提高农业现代化水平和农民生活水平;建设农民幸福生活的美好家园。我们党通过决议的形式，明确了加快社会主义新农村建设的基本方向和战略任务。

（一）社会主义新农村建设时期的农村法治建设背景

全面建成小康社会的任务和难点都集中在农村，没有农民的小康，就没有全国人民的小康;没有农村的现代化，就没有全国的现代化。党的十六大以来，党中央提出把解决好"三农"问题作为全党工作的重中之重。明确了统筹城乡发展的基本方略，作出了我国总体上已达到以工促农、以城带乡的发展阶段的基本判断。③ 中共中央依法制定了工业反哺农业、城市支持农村的基本方针，规划和建设了社会主义新农村的基本任务。提出加强农村法治建设，提升农村地区法治化水平。这些都充分表明中央统筹城乡发展，解决"三农"问题的决心和信心，深刻反映了落实科学发展观与构建社会主义和谐社会的时代要求和特征，具有重大的现实意义和深远的历史意义。

1. 社会主义新农村建设时期农村法治建设的紧迫性

中华人民共和国成立以来，特别是改革开放以来，我国农业和农村发

---

① 中共中央党史和文献研究院．中华人民共和国大事记（1949 年 10 月—2019 年 9 月）[M]．北京：中央文献出版社，2019：105.
② 韩长斌．社会主义新农村建设 [M]．北京：人民出版社，2011：2.
③ 同②，第 5 页。

生了历史性的巨变,农村经济社会发展取得了伟大成就。但是经济社会发展长期形成的功能失调、城乡失衡的局面并没有根本改变,农业基础脆弱、农村发展滞后、农民增收缓慢的问题依然突出,城乡经济社会发展差距依然很大。① 农村的法治化程度依然较低,涉及农村、农业、农民的相关法律、法规依然不太健全。改革开放以来,农民生活水平大幅提高,农民收入增长较快,但是低于同期城镇居民收入的增长速度,城乡居民收入差距不断扩大。农民的人均收入从 1978 年到 2004 年增长了 20 倍,但是同期城镇居民可支配收入增长了 26 倍,城乡居民收入之比由 1978 年的 2.655 : 1 扩大到 2004 年的 3.2 : 1。② 城乡社会事业发展存在巨大差异,上学难、看病贵、社保水平低等问题在农村中较为普遍和突出,农村文化事业相对落后,农民文化生活普遍较为贫乏,农村基础设施建设严重滞后。改革开放以来,随着经济、社会的不断发展,我国城市面貌日新月异,农村建设虽然稳步发展,但是建设水平明显落后城市。农村中生活污水直排、生活垃圾露天堆放等问题严重危害着广大农民群众的身体健康。③ 城乡之间存在的巨大反差,严重影响国民经济的平稳较快发展,严重影响全面建成小康社会和社会主义现代化建设的推进。城市居民和农村居民在法律权益保障方面仍然存在较大差距,广大农民群众依法维护自身合法权益的意识和能力仍然较弱。因此,依法加大对农业和农村的扶持,不断提高农民收入水平,扩大农村基本公共服务、改善农村落后面貌,是建设社会主义新农村的迫切要求。在依法推进工业化和城镇化的过程中,需要加强工业、农业和城乡的协调发展,推进新农村的建设,缩小城乡差距。只有形成工业和农业相互促进的局面,才能使城市和农村共同走向繁荣。

---

① 《社会学概论》编写组. 社会学概论 [M]. 北京:人民出版社,2020:259.
② 中共中央党史和文献研究院. 改革开放四十年大事记 [M]. 北京:中央文献出版社,2018:69.
③ 尚道文. 脱贫攻坚与乡村振兴衔接:生态 [M]. 北京:人民出版社,2020:68.

2. 社会主义新农村建设时期推进农村法治建设的意义

实现农业现代化是我国现代化建设的重点和难点，工业、农业协调和城乡协调发展是实现现代化的关键。通过国外的发展先例可以看到，一些国家由于较好地处理了工业、农业与城乡的关系，经济、社会得到了迅速发展，较快地步入了现代化国家行列，但也有部分国家，因为没有处理好这个关系，本国农村长期落后，农业基础地位不牢，城乡差距扩大，人口过度向城市集中，形成了数量庞大的城市贫困阶层，国民经济停滞，甚至倒退，国家现代化进程严重受阻。① 我国在推进工业化和城镇化的过程中，应该准确把握经济社会发展的普遍规律、农业和农村的具体情况，将农业和农村发展纳入整个现代化进程中，走中国特色现代化道路。② 改革开放以来，我国城市发展发生了巨大变化，但是还有相当一部分农村地区经济、社会发展滞后，农民群众存在行路难、饮水难、看病难、上学难等问题，依法维权的意识和能力还比较弱，农村地区的法治化水平还比较低。即使将来我国城镇化率达到发达国家水平，我国广大农民群众仍然是一个庞大的社会群体。如果不把农村问题解决好，农村环境面貌没有大改变，农民生活水平没有提高，农村的法治化水平不提升，全面建设小康社会就不会达成。实现全面建设小康社会的宏伟目标，重点在农村，难点也在农村。农业是国民经济基础，如果农业发展出现问题，农业基础不牢，工业化和城镇化的发展就会失去支撑，国家现代化进程就会严重受阻。③ 为了保证广大人民群众对农产品需求的不断增长，保障国家粮食安全，为国民经济发展提供坚强支撑，必须发展现代农业，推进新农村建设，加快农村法治建设，提升农村法治化水平。新农村的建设有助于建设和谐社会。当

---

① 陈一新. 建设社会主义法治国家 [M]. 北京：人民出版社，2019：3.
② 沈传亮，李庆刚. 三中全会：中共重大改革决策实录 [M]. 北京：人民出版社，2014：168.
③ 陈锡文，魏后凯，宋亚平. 走中国特色社会主义乡村振兴道路 [M]. 北京：中国社会科学出版社，2019：86.

前我国农村总体稳定，但也存在很多不容忽视的矛盾和问题，尤其是征地拆迁、环境污染等造成的矛盾和纠纷时有发生，有时甚至引发群体事件和恶性事件，影响了一些地方的社会稳定。① 必须尽快消除影响城乡协调发展的体制性因素，提升农村的法治化水平，破解城乡二元结构，减少和消除农村不稳定因素，加快社会主义新农村建设、农村法治建设显得重要而迫切。

（二）社会主义新农村建设时期的农村法治建设实践

我国的改革发端于农村，农村的改革是从大包干开始的。改革开放以来，农村自上而下、先易后难、循序渐进，通过改革和法治建设、调动了广大农民群众生产的积极性，解放和发展了农村的生产力、改善了广大农民群众的物质文化生活，全国农村的面貌发生了巨大变化。②

1. 社会主义新农村建设时期推进农村法治建设探索

自改革开放以来至社会主义新农村建设时期，我国农村在改革和法治建设中已经实现了三个重要的里程碑。首先是废除人民公社，确立以家庭承包经营为基础、统分结合的双层经营体制。③ 全面放开农产品市场，广大农民群众获得了生产经营自主权；其次是依法实行以农村税费改革为核心的国民收入分配关系改革，减免和取消了农业税，构建了强农和惠农的政策体系，保护了广大农民群众的合法权益；最后是依法实行了农村综合改革，乡镇机构依照法律、法规的规范进行了政府职能的转变，加强基层政府对农村社会管理和公共服务的提供，依法推进农村义务教育和县乡财政管理体制改革。乡镇机构改革要依靠法律的修改和完善。按照中央要求

---

① 韩长斌. 社会主义新农村建设［M］. 北京：人民出版社，2011：23.

② 韩长斌. 改革创新促发展　兴农富民稳供给：农村经济十年发展的辉煌成就（2002—2012）［M］. 北京：人民出版社，2012：2.

③ 冯俊，王友明，胡云超，等. 中国农业与农村发展［M］. 北京：人民出版社，2017：18.

积极稳妥推进乡镇机构改革、转变乡镇政府职能、创新乡镇运行机制，精简机构人员的要求，乡镇机构改革在 2004 年 3 月率先在黑龙江、吉林、安徽和湖北四省进行试点。① 中共中央办公厅、国务院办公厅在 2009 年 1 月印发了《中央机构编制委员会办公室关于深化乡镇机构改革的指导意见》，由此乡镇机构改革在我国全面推开。② 以健全经费保障机制为重点，依靠法律和法规的规范，农村义务教育体制改革不断推进。自农村税费改革以来，中央对农村义务教育体制进行调整，逐步将农村义务教育纳入公共财政保障范围。通过立法和改革，县、乡财政管理体制改革有序推进，农村增强了财政保障能力，加强了县对乡镇财政的监管，逐步建立了农村公共财政体制和运行机制。从 2008 年 7 月起，国务院批准海南省开始试点农垦管理体制改革，推进国有农场的管理体制改革。中共中央和国务院在 2008 年 6 月 8 日出台《中共中央　国务院关于全面推进集体林权制度改革的意见》，中央林业工作会议于 2009 年 7 月召开，宣告了我国农村地区集体林权制度改革的全面开展。③

2. 社会主义新农村建设时期农村法治建设的实践

党的十七届三中全会通过了《中共中央关于推进农村改革发展若干重大问题的决定》（以下简称《决定》），对农村改革和发展作出全面部署。④《决定》要求，我国农村的制度建设要按照统筹城乡发展的要求使农村发展的法律和制度保障进一步强化。在新农村建设中，农村的法治建设从以下五个主要方面进行了加强。一是依法坚持和完善农村基本经营制度。坚持以家庭承包经营为基础、统分结合的农村双层经营体制。赋予广大农民

---

① 杨朝红. 农村法治教程 [M]. 郑州：郑州大学出版社，2013：145.
② 韩长斌. 社会主义新农村建设 [M]. 北京：人民出版社，2011：260.
③ 中共中央党史和文献研究院. 中华人民共和国大事记（1949 年 10 月—2019 年 9 月）[M]. 北京：中央文献出版社，2019：115.
④ 本书编写组.《中共中央关于推进农村改革发展若干重大问题的决定》辅导读本 [M]. 北京：人民出版社，2008：2.

群众更充分的权益，保障土地承包经营权，现有土地承包关系保持长期不变。推进农业经营体制创新，加快农业经营方式转变。二是依法健全农村土地管理制度，按照产权明晰、用途管制、节约集约、严格管理的原则，进一步完善农村土地管理制度，坚持最严格的耕地保护制度，守护18亿亩耕地红线。依法加强土地承包经营权流转管理和服务，依法建立健全土地承包经营权流转市场。按照依法、自愿、有偿原则，允许广大农民群众以转包、出租、互换、转让、股份合作等形式流转土地承包经营权，发展多种形式的适度规模经营。但是《决定》强调，土地承包经营权流转不能改变土地集体所有性质，也不能改变土地用途，同时不能损害广大农民群众的土地承包权益。在推进城乡一体化的过程中，应完善农村宅基地制度，严格宅基地管理，依法保障广大农民群众宅基地的用益物权。推进我国征地制度改革，界定公益性和经营性建设用地，完善征地补偿机制。三是依法完善农业支持保护制度，通过出台相关法律、法规进一步完善对农业的投入和保障制度。健全农业补贴制度，扩大农业补贴范围，提高农业补贴标准，完善农业补贴实施办法，完善与农业生产资料价格上涨挂钩的农资综合补贴动态调整机制。四是依法建立现代农村金融制度，放宽农村金融准入政策。① 通过立法，加快实现商业性金融、合作性金融、政策性金融的结合，使农村金融体系在法律规范内获得资本充足、功能健全、服务完善、运行安全的机制保障。依法健全政策性农业保险制度，加快建立农业再保险和巨灾风险分散机制。② 五是依法建立统筹城乡发展制度，将城乡规划产业布局、基础设施建设、公共服务一体化等进行法治化规范。促进公共资源在城乡之间的均衡配置，使生产要素在城乡之间自由流动，推动城乡经济社会发展融合。六是依法健全农村民主管理制度，通过修改和完善相关法律法规，以法律的形式坚持党的领导、人民当家做主和依法治国

---

① 本书编写组.《中共中央关于推进农村改革发展若干重大问题的决定》辅导读本 [M]. 北京：人民出版社，2008：163.

② 韩长斌. 社会主义新农村建设 [M]. 北京：人民出版社，2011：263.

的有机统一。发展农村基层民主，推进农村基层信息公开，健全农村基层议事协商。强化农村基层权力监督。加强农村基层政权建设，扩大村民自治范围，① 依靠法律保障广大农民群众享有更多的民主权利。完善广大农民群众参与政治的制度和法律，实行政务公开，依法保障农民群众的知情权、参与权、表达权、监督权。健全村党组织领导的村民自治机制，推进村民自治制度化、规范化、程序化、法治化，完善相关的涉农法律和法规。②

3. 社会主义新农村建设时期农村法治建设中遵循的原则

新农村建设时期农村法治建设的原则包括以下四个方面。一是依法巩固和加强农业的基础地位。在我国现代化进程中，始终将保证农业基础地位不发生改变、解决十几亿人口的吃饭问题作为国家的头等大事。二是依法切实保障广大农民群众的合法权益，把实现好、维护好、发展好广大农民群众的根本利益作为我们党一切农村工作的出发点和落脚点。依法保障广大农民群众的物质利益，维护广大农民群众的民主权利，使广大农民群众生产积极性不断提高。依法保障广大农民群众的主体作用和首创精神，保障农村发展的活力和向好趋势。三是通过法治手段，不断解放和发展农村生产力。改革和创新农村的各项体制和机制，通过法治建设保障农村改革的深化和推进。依法保障广大农民群众的首创精神，③ 大胆探索，使改革创新贯穿农村工作各个方面，推动农村的进一步发展。四是依法统筹城乡经济社会发展，通过法治建设将新型工业、农业和城乡关系的构建作为加快推进现代化的重大战略，依靠法治的方式统筹城乡发展。五是通过法律规范和明确坚持党管农村工作原则，依法加强和改善党的领导，使党的

---

① 本书编写组.《中共中央关于推进农村改革发展若干重大问题的决定》辅导读本［M］. 北京：人民出版社，2008：19.

② 中共中央文献研究室. 十七大以来重要文献选编：上［M］. 北京：中央文献出版社，2009：678.

③ 刘颖. 乡村社会民主法治建设理论与实践［M］. 沈阳：东北大学出版社，2011：134.

领导成为推进农村改革发展的政治保证，明确党在"三农"工作中的地位。我国"三农"工作涉及面广、任务艰巨，在推进新农村建设的过程中，必须不断提高党领导农村工作的能力和水平，巩固党在农村的执政基础和执政地位。①

（三）社会主义新农村建设时期的农村法治建设经验借鉴

建设社会主义新农村是贯彻落实科学发展观的应有之义，应依靠法律法规，推进新农村建设；统筹城乡发展，改善农村民生；调整国民收入分配格局，扩大农村需求；建设现代农业，转变农村经济增长方式。社会主义新农村建设时期农村法治建设的这些举措，对于今天我们乡村振兴战略实施中的农村法治建设同样有重要的借鉴意义和作用，值得我们认真研究。

1. 社会主义新农村建设时期农村法治建设中的实践经验

在新农村建设的过程中，中共中央依法依规制定了一系列的政策措施支持新农村建设和发展。2006 年举办了新农村建设省部级主要领导干部专题研讨班，对全国 5 300 多名县委书记和县长进行了集中轮训。② 在 2007 年的中央一号文件中，提出了将发展现代农业作为社会主义新农村建设的首要任务。③ 2008 年的中央一号文件指出，要走中国特色农业现代化道路，形成城乡经济社会发展一体化的新格局。党的十七届三中全会通过了《中共中央关于推进农村改革发展若干重大问题的决定》，明确了新形势下推进农村改革发展，要把建设社会主义新农村作为战略任务。2009 年的中央一号文件提出要确保主要农产品的有效供给，持续增加农民收入。2010 年

---

① 本书编写组.《中共中央关于推进农村改革发展若干重大问题的决定》辅导读本［M］. 北京：人民出版社，2008：11.

② 韩长斌. 社会主义新农村建设［M］. 北京：人民出版社，2011：266.

③ 本书编写组.《中共中央国务院关于积极发展现代农业扎实推进社会主义新农村建设的若干意见》学习读本［M］. 北京：人民出版社，2007：2.

的中央一号文件进一步把建设社会主义新农村和推进城镇化作为保持经济平稳较快发展的持久动力。

在中共中央大政方针的指引下，"三农"工作理论创新和实践探索取得了重大进展。① 通过社会主义新农村的建设，我国依法推动了公共财政对农村的广泛覆盖，大幅增加了财政对"三农"领域的投入，推动了城乡公平税负，依法取消了农业税，依法实行了粮食直补。推动了城乡基本公共服务均等化，依法实行了农村免费义务教育，依法建立了新型农村合作医疗制度和农村最低生活保障制度。大规模开展了农村饮水安全、电网、公路、危房改造等建设。建立了城乡统一的劳动力市场，依法加强对农民工合法权益的保护。党的十一届全国人大三次会议在 2010 年 3 月通过了《关于修改〈中华人民共和国全国人民代表大会和地方人民代表大会选举法〉的决定》，② 依法实行城乡按照相同人口比例选举人大代表，有力地促进了我国农村经济社会的发展。在强农和惠农政策和农村法治建设的推动下，新农村建设取得了显著成效。2009 年中央财政用于"三农"领域的支出达到 7 253 亿元。2009 年粮食生产总量达到 53 082 万吨，实现连续六年增产。农民人均纯收入突破 5 000 元大关，首次达到 5 153 元。农村饮水安全工程使 6 069 万农民受益，农村新增 510 万沼气用户。全国新建和改造农村公路 38 万公里，铺设农村电网线路 26.6 万公里。全国 320 个县开展了新型农村社会养老保险的试点，推动我国农村社会保障制度建设迈出历史性步伐。③ 2009 年中央下达农村义务教育经费达 666 亿元，提前一年实现农村中小学人均公用经费 500 元和 300 元的目标。新型农村合作医疗制

---

① 王兴国. 惠农富农强农之策：改革开放以来涉农中央一号文件政策梳理与理论分析[M]. 北京：人民出版社，2018：2.
② 中共中央党史和文献研究院. 中华人民共和国大事记（1949 年 10 月—2019 年 9 月）[M]. 北京：中央文献出版社，2019：117.
③ 邓大松，林毓铭，谢圣远. 社会保障理论与实践发展研究 [M]. 北京：人民出版社，2007：349.

度覆盖8.3亿农民群众。① 我们党的强农和惠农政策有效地促进了农业的发展,改善了农村的面貌,提高了广大农民群众的收入。

2. 社会主义新农村建设时期农村法治建设中存在的问题

在新农村建设取得显著成效的同时,我国农业和农村发展面临的形势仍然十分严峻,长期制约农业和农村发展的因素尚未根本消除。② 我国农业和农村相关法治建设还需要进一步加强。农业和农村发展中新的矛盾和问题还会不断出现,涉农相关法律法规的出台、修改以及完善工作依然十分紧迫。保持农业稳定发展的难度、保持广大农民群众收入较快增长的难度不断加大。③

我国农业和农村的进一步发展需要通过法律规范和政策引导,在经济发展方式上实现彻底转变,将原有的粗放式增长转变为依靠科技投入和实现现代化增长,改变农业和农村发展中经济结构的不合理因素,继续通过法律的形式加强农业的基础地位。在统筹城乡发展中,通过相关法律、法规的规范加快农村经济社会发展。依法保障和改善民生,继续依靠法律规范和政策引导增加对广大农民群众的帮扶。依法全面加强农村的经济、政治、文化、社会、生态以及党的建设。在农村的经济发展中,要把发展现代农业作为首要任务,确保国家粮食安全和农产品的有效供给。以农业实现可持续发展为主要目标,夯实农业基础。依法不断加强农村民主法治建设,发展农村基层民主,依法不断完善民主选举、民主决策、民主管理、民主监督等制度,④ 不断提高广大农民群众依法行使自身民主权利的能力和水平。加强农村法制宣传,畅通广大农民群众的利益表达渠道。加强农村精神文明建设,倡导农村精神文明新风尚。不断完善农村公共文化服务

①　韩长斌. 社会主义新农村建设 [M]. 北京:人民出版社,2011:21.
②　魏礼群. 中国经济体制改革30年回顾与展望 [M]. 北京:人民出版社,2008:92.
③　本书编写组.《中共中央国务院关于2009年促进农业稳定发展农民持续增收的若干意见》辅导读本 [M]. 北京:人民出版社,2009:2.
④　王圣诵. 中国乡村自治问题研究 [M]. 北京:人民出版社,2009:216.

体系建设，满足农民精神文化需求，提高农民思想文化和道德水平，将中西部和农村基层作为重点，实施文化惠民工程。① 加快发展农村社会事业，使广大农民群众共享改革发展的成果。在我国农业的发展过程中，通过法律规范和政策引导，循环农业、生态农业将成为我国农业发展的新亮点。依法加强农村基层党组织建设，加强农村基层党组织干部队伍建设，创新农村基层党组织工作机制，增强农村基层党组织创造力、凝聚力、战斗力。

---

① 《改革开放与中国城市发展》编写组. 改革开放与中国城市发展：上卷［M］. 北京：人民出版社，2018：105.

第三章　乡村振兴战略实施以来对农村法治建设的要求

乡村振兴战略的实施，对我国农业农村的进一步发展以及农民的致富增收具有重要的作用。乡村振兴战略在实施的过程中推进了农村法治建设，也是贯彻全面依法治国的重要体现。在实施乡村振兴战略的进程中，针对当前我国社会经济发展的现状以及农业、农村、农民工作的新情况和新问题，推进农村法治建设的新要求包括坚持和完善党的领导、建设法治乡村、依靠法律和法规推进乡村的政治、经济、文化、社会以及生态等多方面的振兴，为我国乡村振兴战略的实施夯实各方面的基础和条件。

一、依法坚持和完善党的领导

党的十八大以来，以习近平同志为核心的党中央高度重视农业、农村、农民工作。习近平多次强调，要不断加强党对农业、农村、农民工作的领导、推进农村法治建设，在实施乡村振兴战略的过程中，持续推进法治乡村建设。习近平指出，加强党对"三农"工作的领导，既是中国共产党的传统，也是当前社会和经济形势下维护农业、农村繁荣稳定，促进农民安居乐业的要求。习近平强调，党管农村工作是我们党的传统，这个传统不能丢。① 因此，依法坚持和完善党在农村工作中的领导作用，② 对于实现乡村振兴和推进农村法治建设具有重要作用。

（一）依法加强党对农村工作的全面领导

1. 提高党对农村工作的重视程度

习近平在党的十九大报告中指出，中国特色社会主义最本质的特征是中国共产党的领导，中国特色社会主义制度最大的优势是中国共产党的领导，中国共产党是中国特色社会主义事业建设中的最高政治领导力量。③在中国特色社会主义的建设中，党是领导一切的。中国共产党的根本宗旨是立党为公、执政为民。乡村振兴战略的实施和农村法治建设的推进是解决农业、农村、农民问题，实现我国农业和农村现代化的重大举措。党带领全国人民破解"三农"难题，实现我国的乡村振兴和农业现代化，关系到中国共产党执政地位的稳定，也决定着广大群众对党的拥护。因此，党对"三农"工作的领导，决定了乡村振兴战略和农村法治建设实施的成败。④ 党对"三农"工作的领导是由我国历史和现实的基本国情决定的。习近平关于加强党对"三农"工作领导的重要论述，体现了中国共产党重视"三农"问题，并且在实践中努力带领全国人民解决"三农"问题的勇气和决心。习近平关于"三农"工作的论述是当代马克思主义中国化的最新成果，是乡村振兴战略实施和推进农村法治建设的纲领性理论和指导性

---

① 陈锡文，魏后凯，宋亚平. 走中国特色社会主义乡村振兴道路 [M]. 北京：中国社会科学出版社，2019：234.

② 吕方. 脱贫攻坚与乡村振兴衔接：组织 [M]. 北京：人民出版社，2020：97.

③《党的十九大报告辅导读本》编写组. 党的十九大报告辅导读本 [M]. 北京：人民出版社，2017：19.

④ 中共中央党史和文献研究院. 习近平关于"三农"工作论述摘编 [M]. 北京：中央文献出版社，2019：186.

思想。①

改革开放以来，党对农村工作高度重视，领导我国"三农"发展取得了很大的成就。当前，我国正处在全面建成小康社会的决胜期，同时也是"两个一百年"奋斗目标的重要时期，加强党对"三农"工作的领导既紧迫又重要。加强党对"三农"工作的领导，必须提高全党对"三农"工作重要性的认识。当前，我国的"三农"问题仍然十分突出，"三农"问题仍然没有从根本上得到解决。随着经济社会的发展、城乡差距的扩大，我国的"三农"问题更加复杂。在中国经济已经进入新常态发展的大背景下，加强党对"三农"工作的领导有了更高、更迫切的要求。习近平在党的十九大报告中指出，农业、农村、农民问题关系国计民生的根本，必须始终把解决好"三农"问题作为全党工作的重中之重。② 关于党对"三农"工作领导的具体实践，习近平指出，各地要自觉按照中央对"三农"问题的要求，落实到各地的领导决策、战略规划、财政投入、工作部署以及政绩考核上，努力形成全社会支持农业、关爱农民、服务农村的强大合力和良好氛围。③

加强党对"三农"工作的重视，必须提高全党对"三农"工作领导的紧迫感、主动性、自觉性、坚定性。在当前的实际工作中，加强党对"三农"工作的重视，主要体现在明确实施乡村振兴战略是全党当前"三农"工作的中心。同时，在实施乡村振兴战略的过程中，党还肩负着全国部分地区的脱贫攻坚任务。对于脱贫攻坚任务，习近平指出，各级党委和政府必须增强紧迫感和主动性，在扶贫攻坚上厘清思路、强化责任，采取针对性更强、力度更大、作用更直接的措施，在精准扶贫和精准脱贫上下功

---

① 陈锡文，魏后凯，宋亚平．走中国特色社会主义乡村振兴道路［M］．北京：中国社会科学出版社，2019：23．

② 《党的十九大报告辅导读本》编写组．党的十九大报告辅导读本［M］．北京：人民出版社，2017：209．

③ 中共中央党史和文献研究院．习近平关于"三农"工作论述摘编［M］．北京：中央文献出版社，2019：93．

夫。加强党对"三农"工作的领导不能走偏了路。必须在科学理论的指导和正确思想的引领下，积极探索解决"三农"问题的新方法、新路径。习近平指出，必须积极探索、切实提高全党对"三农"问题的重视，充分尊重群众的首创精神，以农业发达、农民满意、城乡差距减小作为检验我们党"三农"工作的标准，以改革开放的不断深入促进"三农"工作的持续推进。习近平强调，要以与时俱进的精神状态和强烈的政治责任感、使命感，推进改革开放和"三农"工作的不断深入，通过在农村建设和农业发展中贯彻新发展理念、建设现代化经济体系，加快推进农业、农村的现代化。

2. 创新党对农村工作的实践路径

习近平指出，加强党对"三农"工作的领导，必须落到实处，必须在实践中创新和改进工作，各级党委都必须更加贴近群众。[1] 习近平强调，我们党始终不渝的奋斗目标就是带领人民创造美好幸福生活。因此，我们党必须始终把人民利益放在最高的位置上，让改革发展的成果更多地惠及全体人民，带领全党和全国人民朝着实现共同富裕的方向不断前进。[2] 在"三农"工作中，我国农业生产和农村发展存在农业天生的脆弱性和易受外部环境影响的特性，加之中国各地的自然环境和社会经济的发展差异巨大，在我国各地领导"三农"工作的具体实践中，要做到因时、因地、因人而异和因势利导，不能用恒定不变的政策去解决不同地方的"三农"问题。[3] 如何有效应对农业生产的不稳定，农村建设的复杂和差异，满足农民日益增长的对美好生活的需要，是我们党领导"三农"工作成败的根本

① 中国人民政治协商会议第十一届全国委员会第五次会议文件［Z］. 北京：人民出版社，2017：38.

② 中共中央党史和文献研究院. 习近平关于"三农"工作论述摘编［M］. 北京：中央文献出版社，2019：168.

③ 陈锡文，魏后凯，宋亚平. 走中国特色社会主义乡村振兴道路［M］. 北京：中国社会科学出版社，2019：201.

性问题。对于各地党组织对"三农"工作的领导，习近平指出，各级党委要加强对"三农"工作的领导，各级领导干部要重视"三农"工作，多到农村去走一走、看一看，了解农民的真正诉求，帮助他们解决生产生活中的实际困难，推动农村经济社会的持续健康发展。习近平在地方考察时指出，检验我们党工作的重要标准是看群众拥不拥护，在农村的实际工作中，党中央制定的政策究竟对乡亲们好还是不好，要看乡亲们是哭还是笑，如果有乡亲们因为党的政策哭了，我们就要提高注意，党的政策就要马上进行改正和完善。① 在当前的"三农"工作中，习近平强调，只有当我们党真正了解了"三农"问题的根源和发展所需的条件，才能保证党有针对性、高效地完成"三农"工作和任务，也才能真正实现我们党为人民服务的根本宗旨。

对于党的"三农"工作，习近平要求各级党委要有问题意识和问题导向。习近平强调，各级党委和政府在处理"三农"问题上，要想方设法把"三农"的现实问题解决好，总结"三农"工作可复制的经验。在我们党的"三农"工作中，要目标明确、权责清晰、举措适当。在处理"三农"问题的过程中，注意区分"三农"工作中的关键性问题和非关键性问题，要善于发现在"三农"问题中隐藏在深处、被"三农"表面掩盖的一些重大的结构性问题。各级党委在"三农"工作中，要通过问题意识和问题导向，善于发现问题、解决问题，善于分清主要问题和次要问题，优先解决主要问题。在领导"三农"工作中，在推进乡村振兴战略和农村法治建设中，应该有意识地区分主要矛盾和次要矛盾，优先解决当前"三农"工作中的主要问题。当前"三农"工作的重要任务之一是夺取全面建成小康社会决胜期的伟大胜利，② 按照2020年全面建成小康社会，实现第一个百年

---

① 中共中央党史和文献研究院. 习近平关于"三农"工作论述摘编 [M]. 北京：中央文献出版社，2019：146.
② 中共中央文献研究室. 习近平关于社会主义社会建设论述摘编 [M]. 北京：中央文献出版社，2017：178.

奋斗目标的要求，在领导"三农"工作和实现乡村振兴的过程中，应该注意脱贫攻坚的重要意义。习近平指出，各级领导干部要多到农村地区和贫困地区去，把我们党的"三农"工作和扶贫工作抓紧做实，使贫困地区的广大农民群众得到实惠。①

（二）依法加强农村基层党组织建设

习近平多次强调加强农村基层党组织建设的重要性。② 他指出，基层农村是农村社会的细胞，也是构建我国和谐社会的重要基础；农村基础不牢靠，农村就要地动山摇；基层农村是产生农村利益冲突和农村社会矛盾的源头，也是协调农村利益关系和疏导农村社会矛盾的茬口。习近平指出，基层农村的工作做扎实了，基层农村的利益关系协调好了，基层农村的思想情绪理顺了，农村社会发展中的不稳定因素就能化解，农村的矛盾和冲突就能疏导，整个农村社会的和谐就有了牢固的基础。因此，打牢基层农村的基础既是构建和谐社会的重要内容，也是有序推进和谐社会建设的重要保障，具有十分重大的意义。党的十九大报告指出，党的农村基层组织是确保党的路线方针政策和决策部署贯彻落实的基础，加强党对"三农"工作的领导必须以加强农村基层党组织建设为前提和保障。

1. 依法完善农村基层党组织建设

农村基层党组织既是党在农村的组织基础也是党的组织根基。习近平多次强调，全党要高度重视农村基层党组织的基础和根基地位。他指出，党的农村工作最坚实的力量和支撑在基层农村，最突出的矛盾问题也在基层农村，要把抓基层农村打基础作为长远之计和固本之举。③ 从我们党的

① 陈锡文，魏后凯，宋亚平. 走中国特色社会主义乡村振兴道路［M］. 北京：中国社会科学出版社，2019：206.

② 吕方. 脱贫攻坚与乡村振兴衔接：组织［M］. 北京：人民出版社，2020：54.

③ 中共中央党史和文献研究院. 习近平关于"三农"工作论述摘编［M］. 北京：中央文献出版社，2019：192.

组织体系构造来看，农村基层党组织既是我们党开展基层农村工作的有力支撑，也是我们党应对基层农村矛盾和风险的战斗堡垒，同时也是在农村实现全面从严治党的关键环节。① 农村基层党组织还肩负着有效联系农民群众的重要使命，农村基层党组织最贴近农民群众，最了解基层农村的实际情况。农村基层党组织既是我们党联系广大农民群众的最重要纽带，也是党领导农村工作，在农村执行党的各项决议、政策和制度的根基。习近平指出，农村基层党组织的建设，要使每个农村基层党组织都成为党在农村工作的战斗堡垒，使农村基层党组织的在"三农"工作中的政治功能得到充分发挥。

　　加强农村基层党组织建设是做好我们党一切"三农"工作的基础，它关系到我们党能否领导全国人民一起全面建成小康社会，关系到我们党能否带领全国人民在21世纪中叶实现中华民族伟大复兴的中国梦，关系到我们党能否带领全国人民实现将我国建设成为社会主义现代化强国的宏伟目标。习近平在党的十九大报告中指出，党的基层组织是确保党的路线方针政策和决策部署贯彻落实的基础，要把基层党组织建设成为宣传党的主张、贯彻党的决定、领导基层、团结群众、推动改革的坚强战斗堡垒。② 改革开放以来，党对农村工作进行了全面领导，农村基层党组织在我国的农业和农村发展中发挥了重要的作用。加强农村基层党组织建设，对于实现乡村振兴战略、推动农村法治建设有着重要的作用和意义。习近平指出，正是由于有了广泛的基层党组织，我们党才拥有了坚实的基础，形成了团结统一的整体，也正是依靠党的基层组织，才能使党扎根于人民群众中，顺利地实现了党的领导。

　　习近平指出，加强农村基层党组织的建设，必须强化农村基层党组织的服务职能。改变农村基层党组织注重管理、轻视服务的传统工作方式。

---

　　① 《党的十九大报告辅导读本》编写组. 党的十九大报告辅导读本 [M]. 北京：人民出版社，2017：60.
　　② 同①，第455页。

中国共产党的宗旨是全心全意为人民服务，我们党在农村一切工作的出发点和落脚点都是要为我国农村中的广大农民群众服务。习近平指出，要把我国广大农民群众对美好生活的向往化为我们党推动乡村振兴的动力；把维护广大农民群众的根本利益和促进广大农民群众的共同富裕作为我们党农村工作的出发点和落脚点。习近平强调，农村基层党组织的工作重心要转到改善民生、服务群众、发展农村党员上来；为农村提供实际的需要和服务，帮助广大农民群众解决他们的切身利益和问题；加强农村基层党组织建设，强化农村基层党组织的服务职能，要落实农村基层党组织的主体责任，健全农村基层党组织的党建工作制。习近平强调，在新时代的伟大征程中，全党要抓住人民群众最关心、最直接、最现实的利益问题，坚持把群众关心的事当作自己的事，不断促进人的全面发展，实现我国全体人民的共同富裕。①

2. 依法突出农村基层党组织人才建设

习近平指出，乡村振兴战略的实施是要打造千千万万个坚强的农村基层党组织，培养千千万万名优秀的农村基层党组织书记；要深化村民自治实践，发展农民合作经济组织；要建立健全党委领导、法治保障的现代农村社会治理体制，确保农村安定有序。② 实施乡村振兴战略、推进农村法治建设必须完善党的基层组织体系和架构，重视农村基层党组织的人才队伍建设，不断充实农村基层党组织的人才队伍，将人才队伍和干部队伍的建设放在农村工作的首要位置。应该看到，当前农村的基层党组织普遍存在一些问题，如农村基层党组织体系不完善、农村基层党组织人才匮乏、农村基层党组织缺乏活力、农村基层党组织难以有效开展工作、农村基层

---

① 陈锡文，魏后凯，宋亚平. 走中国特色社会主义乡村振兴道路 [M]. 北京：中国社会科学出版社，2019：239.

② 中共中央党史和文献研究院. 习近平关于"三农"工作论述摘编 [M]. 北京：中央文献出版社，2019：190.

党组织队伍水平普遍不高等。① 针对农村基层党组织存在的问题，习近平强调，党的基层组织建设和党员队伍建设是党的组织工作中最重要的，任何时候都必须高度重视。习近平指出，基层党员干部是党和国家干部队伍的基础，各级党委都要重视基层、关心基层、支持基层；加大投入、加强基层人才队伍建设，② 确保基层党组织能够实现为广大人民群众服务的职能。

加强农村基层党组织和干部队伍建设，习近平指出，要从产业工人、青年、农民、知识分子等社会群体中发展党员。③ 加强农村基层党组织人才队伍建设，必须从源头上把关、从管好基层党组织书记开始。要选择党性强、能力强、改革意识突出、服务意识明确的农村基层党组织干部，将他们提拔到基层的领导岗位上。选拔和培养农村基层党组织干部的时候，应控制总量、优化结构、提高质量，严格执行《中国共产党发展党员工作细则》。④ 在农村基层党组织中发展党员，要把政治标准放在首位，以增强党性、提高素质为重点，扎实开展农村基层党组织的党员教育和培训工作，提高农村基层党组织队伍的整体素质，为乡村振兴和农村法治建设提供强大的组织支持和智力支持。

加强农村基层党组织人才队伍建设，要注意严格管理党员、增强党员队伍在农村具体工作中的活力，要提升和加强我们党内对农村基层党组织人才队伍的激励、关怀和帮扶机制，增强农村基层党组织的亲和力与凝聚力。加强对农村基层党组织党员的教育和管理，对农村基层党组织中出现的不合格党员，按照我们党内的相关规定，进行依规、有效、稳妥、有序的组织处理工作。在乡村振兴和农村法治建设中，努力建设一支信念坚

---

①　吕方. 脱贫攻坚与乡村振兴衔接：组织［M］. 北京：人民出版社，2020：93.

②　同①，第 14 页.

③　中共中央党史和文献研究院. 习近平关于"三农"工作论述摘编［M］. 北京：中央文献出版社，2019：191.

④　武汉大学党内法规研究中心. 中国共产党党内法规制度建设年度报告（2017）［M］. 北京：人民出版社，2019：49.

定、素质优良、规模适度、结构合理、纪律严明、作用突出的农村基层党组织党员队伍。加强农村基层党组织党员和干部队伍建设，在农村党组织干部队伍建设过程中，要与农村基层的实际工作相结合，确保农村基层党组织干部队伍适应农村基层工作需要，确保农村基层党组织干部队伍可以进行有效的农村基层工作和执行党的农村政策、决议。习近平对农村基层党组织人才建设的问题强调指出，在农村基层党组织的建设过程中，应该通过以农村基层党组织为核心的农村村级组织配套建设作为推手，鼓励和选派思想好、政治意识强、工作能力优、愿意为广大农民群众服务的优秀年轻干部充实到基层农村工作，使农村基层党组织建设成为带领广大农民群众脱贫致富的坚强战斗堡垒。[1]

3. 依法加强对农村基层党组织的监管

加强农村基层党组织建设，要对农村基层党组织进行严格的监督和管理。[2] 坚持全面从严治党是推进中国特色社会主义伟大事业，实现中华民族伟大复兴中国梦的根本保证，也是我们党紧跟时代前进步伐，始终保持先进性和纯洁性的要求。[3] 习近平强调，在新时代的伟大征程上，全党同志一定要按照新时代党的建设总要求，坚持和加强党的全面领导，坚持党要管党，全面从严治党；继续在具体实践中下功夫，在具体工作中出成效。针对基层党组织的监督和管理，第一，要依法建立关于农村基层党组织的长效发现问题机制。针对农村基层党组织和党员队伍中存在的问题，尤其是农村基层党组织干部队伍中的问题，坚持发现一批、弄清一批、解决一批。结合关于农村基层党组织的监管机制制订相应的党内法规和文

---

① 陈锡文，魏后凯，宋亚平．走中国特色社会主义乡村振兴道路［M］．北京：中国社会科学出版社，2019：254.

② 吕方．脱贫攻坚与乡村振兴衔接：组织［M］．北京：人民出版社，2020：105.

③ 同①，第236页。

件,① 针对性地解决农村基层党组织领导干部存在的各种问题。第二,依法建立健全农村基层党组织督查制度,加强在农村基层党组织的组织建设、党员干部的领导责任考核等方面的巡回督查。各地、各部门、各单位要贯彻全面从严治党要求,重点加强农村基层党组织的组织建设工作责任制的落实。党中央和各省、市、自治区党委对农村基层党组织的组织建设工作的任务和要求要不断完善和细化。各地、县、市、区党委书记主抓的农村基层党组织的组织建设工作考核评价应结合各地实际,把考核结果作为干部选拔、任用和奖惩的主要依据。第三,依法加强对农村基层党组织出现的违法乱纪行为的惩治力度。在农村基层党组织的监督和管理中,必须突出法律和党的组织纪律的基础性地位。要及时纠正农村基层党组织党员和干部存在的违法、违纪问题,尤其是涉及农村基层党组织的贪污腐败问题。要创新农村基层党组织的机构设置和活动方式,② 加强农村基层党组织带头人的队伍建设,扩大农村基层党组织覆盖面,解决农村基层党组织面临的一些组织弱化、虚化、边缘化等问题。第四,要依法建立健全农村基层党组织配套的教育和引导机制。加强对农村基层党组织党员和干部的教育与引导,督促农村基层党组织建立长效的问题发现机制,建立健全农村基层党组织的督查制度。加强对农村基层党组织中出现的违法乱纪行为的预防和惩治力度,通过不断的监督和管理,使农村基层党组织党员干部不断提高自身素养、提高农村基层治理和管理的能力。③ 农村基层党组织的管理要建立与当地农村基层党组织实际情况相符合的一系列制度和措施,探索同各地不同农村实际情况相结合的多元化的教育和引导实施机制。

---

① 武汉大学党内法规研究中心. 中国共产党党内法规制度建设年度报告(2018)[M]. 北京:人民出版社,2020:175.
② 李勇华. 农村社区治理研究 [M]. 北京:人民出版社,2018:146.
③ 黄承伟. 脱贫攻坚与乡村振兴衔接:概论 [M]. 北京:人民出版社,2020:24.

（三）实现依法治国与依规治党在农村法治建设中的有机统一

党的十九大报告中指出，深化依法治国实践必须坚持和推进依法治国和依规治党的有机统一。① 依规治党是依照我们党的党章和其他党内法规，对我们党自身进行管理和建设的基本方略。党的十八届四中全会首次提出建设中国特色社会主义法治体系的概念，并将建设中国特色社会主义法治体系作为全面推进依法治国的总目标。② 作为中国特色社会主义法治体系的重要组成部分，完善党内法规体系建设是中国特色社会主义法治体系的一项重要任务。《中共中央关于全面推进依法治国若干重大问题的决定》指出，依法执政既要求我们党依据宪法和法律治国理政，也要求我们党依据党内法规严格推进管党、治党。中国共产党作为中华人民共和国的执政党，必须抓好依法治国和依规治党两个方面的规范体系建设。③ 一方面，要建设并完善中国特色社会主义的法律规范体系，必须通过以宪法为核心，不断充实和完善各类法律，实现依法治国的目标。另一方面，对于中国共产党自身建设来说，要依照党内法规，实行全面从严治党。党的十六届六中全会公报中首次明确提出依规治党，强调要坚持依规治党和党内监督、人民群众监督相结合，增强党在长期执政条件下的自我净化、自我完善、自我革新、自我提高的能力。

党的十九大报告中首次提出的依法治国和依规治党的有机统一，深刻揭示了新时代依法执政的重要内涵，不仅为国家治理现代化和党的建设指明了方向，也为党领导好"三农"工作、实施好乡村振兴战略、推进好农村法治建设树立了标杆。我们党要履行好执政兴国的重大历史使命，继续

---

① 《党的十九大报告辅导读本》编写组. 党的十九大报告辅导读本 [M]. 北京：人民出版社，2017：22.

② 本书编写组. 《中共中央关于全面推进依法治国若干重大问题的决定》辅导读本 [M]. 北京：人民出版社，2014：37.

③ 李林，莫纪宏. 全面依法治国 建设法治中国 [M]. 北京：中国社会科学出版社，2019：135.

赢得新的历史条件下的伟大斗争的胜利，实现党和国家的长治久安，必须坚持依法治国与依规治党的统筹推进和一体建设。① 依法治国是指在我国农村地区要依照宪法和法律以及农业和农村相关法律，在法律的框架内活动。依规治党是指在农村基层党组织中，要做到有规可依、有规必依。依规治党必须保证党内法规制度体系的建设，保证依规治党建立在科学、规范、严格的党内法规制度体系基础之上。在加强依规治党的过程中，必须尊重宪法和法律的权威，必须在宪法和法律的范围内活动。② 党的组织和党员干部既要服从党内法规的要求，也要带头遵守国家宪法和法律的规定。对于宪法和法律同党内法规不一致的地方，应建立联动审查机制，保证依法治国和依规治党的一致性。发挥宪法和法律与党内法规的合力，共同促进国家和社会的法治进程。

在实施乡村振兴战略和推进农村法治建设的过程中，坚持依法治国与依规治党的统一。推进依规治党、制度治党应该以党章为根本依据，体现党的主张，体现从严治党的要求。在农村基层党组织的实际工作中，应注意具体问题具体分析，坚持目标导向和问题导向的统一。抓紧建立和完善涉及"三农"的党内法规制度，健全"三农"相关的配套法规，统筹推进党内相关法规的制定、修改、废除以及解释工作，加快形成涉及"三农"的内容科学、程序严密、配套完备、运行有效的党内法规制度体系。在改革创新中着重解决依规治党的突出问题，补齐党内法规制度的短板，提高党内法规制度的质量。抓好党内法规制度在农村的落实，发挥农村基层党组织领导干部的带头示范作用。③ 加强农村基层党组织依法治国与依规治党结合的监督检查和问责机制，以良好的党内政治文化助力党内法规制度的执行。在推进全面依法治国和乡村振兴战略的过程中，应该做到"四个

---

① 欧爱民. 中国共产党党内法规总论 [M]. 北京：人民出版社，2019：8.
② 李林，莫纪宏. 全面依法治国　建设法治中国 [M]. 北京：中国社会科学出版社，2019：204.
③ 赵阳. 农村改革试验区探索与发展 [M]. 北京：人民出版社，2020：49.

有机统一"和"四个紧密结合"。"四个有机统一"一是指把依法治国与依规治党有机统一起来，形成我们党领导下的"三农"工作和农村治理体系的现代化；二是指把国家法律体系与党内法规体系统一起来，构建治党治国和解决"三农"问题相结合的有效的制度规范体系；三是指把国家法律与党的政策有机统一起来，正确处理党的政策和国家法律的关系，善于通过法定程序使我们党的主张成为国家意志、成为国家法律，通过国家的法律保障党的政策能够有效实施，确保党发挥统领全局、协调各方的核心作用；四是把法律法规体系、法治实施体系、法治监督体系和法治保障体系同党内法规体系结合起来，建设中国特色社会主义法治体系。[①]"四个紧密结合"一是指把我们党领导立法与国家立法机关的科学立法、民主立法结合起来；二是指把我们党保证执法与国家行政机关严格执法、依法行政结合起来；三是指把我们党支持司法与国家司法机关的独立司法、公正司法结合起来；四是指把党带头守法与全民自觉守法结合起来。通过依法治国与依规治党的紧密结合，推动乡村振兴战略实施过程中农村法治建设的不断深化和发展。

二、建设法治乡村

建设法治乡村是实施乡村振兴战略中推进农村法治建设的重要举措。[②]建设法治乡村除要实现农村立法工作的完善、农村行政执法工作的依法行事、改进当前农村的司法体系和司法工作外，还要创新农村的守法机制，加强农村的普法宣传工作。通过乡村振兴战略和全面依法治国的结合，使法治乡村的建设成为乡村振兴战略实施的重要保障和推手。

---

① 本书编写组.《中共中央关于坚持和完善中国特色社会主义制度、推进国家治理体系和治理能力现代化若干重大问题的决定》辅导读本［M］. 北京：人民出版社，2019：239.
② 黄承伟. 脱贫攻坚与乡村振兴衔接：概论［M］. 北京：人民出版社，2020：101.

（一）加快完善农村相关立法工作

习近平在 2014 年 2 月 17 日的省部级领导干部专题研讨班上，引用北宋著名政治家王安石的《周公》，指出立善法于天下，则天下治，立善法于一国，则一国治。[①]习近平强调，立法是法治建设的基础性工作，立法是否符合改革开放和社会主义现代化建设要求、是否科学合理，关系到全面依法治国的成败。经过改革开放四十年的努力，我国已基本形成中国特色社会主义法律体系，解决了在法治建设中存在的无法可依的问题。我国立法工作的主要任务和主要目标已经发生转变，已经由过去只重数量、不重质量转向更多地关注立法质量。党的十九大报告指出，我们党领导立法工作要放在全面依法治国各项法治工作中的首位。习近平指出，要推进科学立法、民主立法、依法立法，促进中国特色社会主义法治建设。在乡村振兴战略实施和农村法治建设的过程中，加快完善农村的相关立法工作迫在眉睫。

1. 制定乡村振兴法

实施乡村振兴战略是党的十九大作出的重大决策部署，也是决胜全面建成小康社会、全面建设社会主义现代化国家的重大历史任务。实施乡村振兴战略是新时代"三农"工作的总抓手。实施乡村振兴战略的过程中，首先要制定有关乡村振兴的整体性、全局性、纲领性的法律文件。因此，制定一部系统、全面、完整、规范的乡村振兴法，对于我国实施乡村振兴战略和推进农村法治建设意义重大。[②]

制定乡村振兴法的意义在于将党的十八大以来党中央关于"三农"问题的全面部署和指导方针法治化。以法律的方式保证党和国家对"三农"

[①]　中共中央文献研究室. 习近平关于依法治国论述摘编 [M]. 北京：中央文献出版社，2015：54.

[②]　韩俊. 实施乡村振兴战略五十题 [M]. 北京：人民出版社，2018：304.

工作的持续投入，加强惠农富农政策，推进农业现代化和新农村建设，完成我国农业和农村的全面深化改革。应该看到，"三农"问题是关系我国实现现代化的根本性问题。没有农业和农村的现代化，就没有整个国家的现代化。① 我国在发展过程中存在的不平衡和不充分问题，在农村表现得最为突出。因此，制定乡村振兴法的意义在于改善我国农产品存在的阶段性供给矛盾和供给不足，提高农业生产和供给的质量，保障农民不断适应现代经济和市场经济竞争的要求、保障职业农民队伍的建设，保障农村基础设施和社会公共服务设施的建设和投入。依靠法治的方式加强对农村的环境问题和生态问题的治理，以法治的手段促进农村发展的整体性提高。通过制定乡村振兴法，完善国家的辅助和支持"三农"体系，建立健全有关农村的金融改革，促进城乡之间的融合发展。

制定乡村振兴法的指导思想是全面贯彻党的十九大精神，以习近平新时代中国特色社会主义思想作为乡村振兴法的指导，加强我们党对"三农"工作的全面领导。② 按照党的十九大精神和习近平新时代中国特色社会主义思想的要求，坚持我国关于农业和农村优先发展的战略，在加快实现国家治理能力和治理体系现代化的框架内，加快推进乡村治理体系和治理能力现代化。通过党中央的统一规划和布局，推进农村的经济、政治、文化、社会、生态等多方面建设。制定乡村振兴法的基本原则是在实施乡村振兴战略和推进农村法治建设的过程中始终坚持党的领导，在乡村振兴的法律框架内坚持和加强党对农村工作的全面领导，明确党管农村工作的领导体制机制。结合党内法规与乡村振兴实际工作的需要，制定和出台乡村振兴和农业、农村相关法律法规，确保党在农村工作中始终总揽全局。实施乡村振兴战略的过程中不断加强和改善党的领导，使党在农村的工作成为乡村振兴最有力的政治保障。乡村振兴法的框架和内容要坚持农业和

---

① 李昌麒. 中国农村法治发展研究 [M]. 北京：人民出版社，2006：78.
② 中共中央国务院关于全面推进乡村振兴 加快农业农村现代化的意见 [Z]. 北京：人民出版社，2021：36.

农村的优先发展战略。在乡村振兴法的具体内容中，应考虑农村公共服务建设的资金投入、干部配备和党的领导等相关内容的统一和结合；加快补齐农业和农村的短板；坚持农民的主体地位。[①] 从理论和实践相结合的角度出发，在立法工作中充分尊重广大农民群众的意愿，发挥广大农民群众的主体作用，充分调动广大农民群众在乡村振兴中的积极性、主导性、创造性，维护广大农民群众的根本合法权益。实施乡村振兴要坚持乡村的全面振兴，应该体现在乡村振兴法的具体细则和内容中，保障农村在经济、政治、文化、社会、生态和党建上的协调统一与整体推进。[②] 在乡村振兴战略的实施过程中，要坚持实现城镇化、信息化、新型工业化和农业现代化的同步发展，要严守生态保护红线，突出乡村振兴中绿色发展的引领作用。各地的乡村振兴工作要坚持因地制宜，在立法工作和法律制度的顶层设计中，注意突出乡村振兴战略的重点，实现我国广大农村地区不同发展基础现状和情况下的振兴与发展。

制定乡村振兴法应该从农业、农村、农民的具体问题、具体发展中进行法律制度的设计和安排。推动乡村振兴法的制定，应该从党对"三农"工作的领导和乡村振兴战略实施中的具体问题两个领域着手。

第一，在乡村振兴法的内容中，要突出坚持和完善党对"三农"工作的领导。关于党对"三农"工作的领导，需要从以下四个方面进行法律规范和制度的设计。一是通过立法完善党的农村工作领导体制机制。[③] 在乡村振兴法的内容中要突出中央统筹规范和安排，各省、直辖市、自治区担负总的责任，各省、自治区下属市县落实的"三农"工作领导机制。在健全乡村振兴战略实施过程中各地的党委领导、政府负责制，各地党委在农村的工作部门负责具体统筹协调、规划乡村振兴战略中的农村工作和设计

---

① 韩俊. 新中国70年农村发展与制度变迁 [M]. 北京：人民出版社，2019：117.

② 陈锡文，魏后凯，宋亚平. 走中国特色社会主义乡村振兴道路 [M]. 北京：中国社会科学出版社，2019：165.

③ 吕方. 脱贫攻坚与乡村振兴衔接：组织 [M]. 北京：人民出版社，2020：99.

相关的领导体制机制。乡村振兴法的内容中应加强各级党委的农村工作部门的建设，并且要同《中国共产党工作机关条例（试行）》的有关规定相结合。二是制定乡村振兴法要与《中国共产党农村工作条例》相结合。乡村振兴法要将依法治国和依规治党关于农村工作和乡村振兴的相关要求进行立法细化，以法律的形式规范和明确党对农村工作的全面领导。党对"三农"工作的原则和党的"三农"工作的具体内容要通过立法的形式确定下来。明确党对农村工作的任务以及党在农村基层的机构人员编制、领导体制设置、具体工作方式等多方面的细则和措施。三是通过乡村振兴法强化我国农业、农村、农民相关工作队伍的建设。以立法的形式加强"三农"工作干部队伍的培养，① 以立法的方式明确乡村振兴战略中"三农"工作和干部队伍的使用，以立法的方式规范和制订详细的培训计划，提升"三农"工作和干部队伍的能力和水平，以立法的方式明确乡村振兴战略实施中必须重点充实乡镇和农村基层的"三农"工作和干部队伍。四是通过党的领导和依靠法律、法规进行法治相结合，创造在乡村振兴战略实施中的良好氛围。以立法的方式建立和不断完善相关的乡村振兴战略研究和专家决策制度，以立法的方式组织国内外智库、科研院所以及高等院校等加强对乡村振兴和农业农村现代化的理论研究，依法促进和保障乡村振兴相关的国际交流和合作。②

第二，在乡村振兴法制定的过程中，要推动乡村振兴战略中具体问题的解决方式、实施路径和发展目标的规范和法治化发展。通过乡村振兴战略实施的八个方面的具体内容进行科学制定和不断完善。一是不断改善和提高乡村振兴战略实施过程中的农业发展质量。③ 在乡村振兴战略实施过程中，实现乡村产业兴旺是乡村振兴的重点。应通过立法的形式，以法治的手段夯实乡村振兴战略实施中农业生产的基础，确保乡村产业振兴实施

---

① 韩俊. 实施乡村振兴战略五十题［M］. 北京：人民出版社，2018：305.
② 苟文峰. 乡村振兴的理论、政策与实践研究［M］. 北京：中国经济出版社，2019：102.
③ 同①，第4页.

时严守耕地红线、保障国家粮食安全。① 通过依法制定和实施关于农业的国家质量体系和兴农战略规划，建立和健全我国农业产业发展的评价体系和考核标准。依靠法律、法规构建和实现我国农村地区第一产业和其他产业的融合与发展。通过立法的方式，依靠法治的手段支持和保障农村发展农业共享经济、创意农业、农村特色文化产业、农村电子商务等农业和农村新兴产业。以立法的形式依法构建具有中国特色社会主义的农业对外开放新格局，强化与"一带一路"沿线国家和地区的农产品贸易关系。通过立法保障和促进我国农村地区小农户和现代农业发展的有机衔接，支持小农户与现代市场对接，发展现代生态农业，提高我国农产品的深加工和附加值。二是加强乡村振兴战略中的生态保护和实现绿色发展。在乡村振兴战略实施过程中，通过立法的方式实现农村山、水、林、田、湖、草等生态系统的统一规划和统一保护，依法加强对农村出现的突出环境问题的整治和综合治理。在乡村振兴法制定的过程中，依托我国农业功能区的制度和框架，建立以市场为主体的多元化生态补偿机制。通过法律规范和明确对各地重点生态功能区加大转移支付力度，增加我国各类乡村振兴战略实施中生态产品的服务和供给。三是通过加强立法，使乡村振兴战略实施过程中农村文化不断繁荣和发展。在乡村振兴战略实施过程中要实现农村文化的繁荣和兴盛，需要通过立法的方式不断加强我国农村的思想道德建设。以立法的方式规范和明确在乡村振兴战略实施过程中，通过对我国农村地区传统优秀文化的传承和发展提升我国农村地区整体的文化繁荣。② 依靠法治的手段，通过政府和市场等多方的资源和渠道，加强对农村公共文化设施的建设和投入。在乡村振兴战略实施过程中，依法依规广泛开展诸如文明村镇等各种形式的、繁荣农村文化的创建活动。以立法的方式规范和明确，进一步扩大我国广大农村地区移风易俗行动和举措。四是通过

① 陈锡文，魏后凯，宋亚平.走中国特色社会主义乡村振兴道路 [M].北京：中国社会科学出版社，2019：134.
② 赵霞.文化价值重建与"人的新农村"建设研究 [M].北京：人民出版社，2018：.19.

立法在乡村振兴战略实施过程中加强农村地区基层的工作，依法构筑我国乡村治理的新体系。结合党内法规和农村相关法律、法规及政策，加强农村基层党组织的建设。以立法的形式，在不断深化村民自治的具体探索和实践过程中，不断加强农村基层群众性自治组织的建设。在乡村振兴战略实施过程中，不断推进农村法治建设。依靠法律的权威和作用，不断提高农民的法治意识，积极探索和开展建设法治乡村的实践。以立法的方式，在乡村振兴战略实施过程中，强化道德教化的作用，依靠法治不断提升我国乡村的德治水平。[①] 以立法的方式，严厉打击农村的黑恶势力、宗族势力以及各种违法犯罪活动，建设平安乡村，[②] 依法保障农村各项事业健康稳定发展。五是依法扩大对农村的民生保障投入。通过乡村振兴法的制定，结合其他农村和农业相关法律、法规，以立法的方式保障农村义务教育的开展和不断强化。依法优先发展农村教育事业，健全覆盖我国城乡的公共就业服务体系。依法促进农村剩余劳动力的转移就业，保障外出务工农民工的合法权益。依法扩大对农村基础设施建设的投入，推动农村基础设施的升级。制定和修改相关法律、法规，依法加快对农村公路、供水、供气、供电、环保、物流、信息、广播和电视等基础设施的建设与推进。以立法的方式，加强我国农村地区的社会保障和公共卫生服务建设。依靠法治的手段，通过整治农村地区的垃圾，完善农村地区的污水处理，提升我国广大农村地区的村容村貌，改善我国农村地区的人居环境。六是在乡村振兴战略实施过程中依法完成精准扶贫、脱贫攻坚等重大战略任务。七是以立法的方式推进农村工作中体制机制的创新。在乡村振兴战略实施过程中，通过立法的方式加强农村相关制度的建设，巩固和完善农村基本经营制度，探索和深化农村土地制度改革，推进农村集体产权制度改革。[③]

---

① 伍国勇．农村产权改革与乡村振兴战略对接研究［M］．北京：人民出版社，2019：.16.

② 陈锡文，魏后凯，宋亚平．走中国特色社会主义乡村振兴道路［M］．北京：中国社会科学出版社，2019：167.

③ 韩俊．新中国70年农村发展与制度变迁［M］．北京：人民出版社，2019：128.

依法完善对农业生产实施保护和支持的政策、措施、制度以及体系等方面的建设。八是通过立法的方式，依托全社会的力量形成对乡村振兴和职业农民培养的强大支持。在乡村振兴战略实施过程中，只有大力培养符合我国国情和农村实际的新型农民，才能破解我国农村地区人才瓶颈的制约。要通过立法的方式，建立具有中国特色的职业农民制度，完善与职业农民相关的配套机制。依法加强对我国农村和农业专业人才的队伍建设，① 发挥我国科研院校对相关农业人才的支撑作用。通过法律法规和政策的引领，吸引社会各界不断扩大对我国农业发展、农村建设的投入，实现我国农业和农村的现代化发展。

2. 修改和完善相关涉农法律法规

改革开放以来，经过不断的努力和发展，我国已经基本形成了具有中国特色社会主义的农业法律、法规体系，为我国农业和农村的建设和发展提供了有力的法治保障。但是，随着我国经济和社会的不断发展，在新时代我国农业、农村、农民的诸多问题和矛盾都亟待解决，我国相应的涉农法律、法规还需要进一步修改和完善。因此，在乡村振兴战略的实践和农村法治建设的推进中，加强我国相关涉农法律、法规的出台、修改、完善显得十分必要而且紧迫。修改和完善我国涉农法律、法规，可以从以下七个方面进行推进和展开。一是对我国农业基本法的修改和完善，通过修改和完善《中华人民共和国农业法》进一步适应新时代乡村振兴战略实施和农村法治建设推进的需要。② 在我国农业基本法的修改和完善过程中，应该确立我国农业基本法调整和发展的基本目标和原则，完善我国关于农业投入、农业支持以及农业保护的相关制度的法律规定。二是在农村社会管理方面加强法治建设和法治保障，制定、修改以及完善农村规划、村民自

---

① 李海金．脱贫攻坚与乡村振兴衔接：人才 [M]．北京：人民出版社，2020：39.
② 杨朝红．农村法治教程 [M]．郑州：郑州大学出版社，2013：96.

治、农村社区建设等方面的法律、法规和制度体系。三是在农村的经济和产业发展中，加强对农村相关产业和经济领域的立法，加快对《中华人民共和国农业合作社法》的修改和完善，加快制定有关农民权益保护的法律、法规，通过制定、修改、完善相关法律、法规，对侵害农民合法权益的行为实施法律救济。四是修改和完善关于农村土地的法律和法规，修改和完善《中华人民共和国土地管理法》和《中华人民共和国农村土地承包法》中相关的条款。针对我国已经出台的《中华人民共和国农村土地承包经营纠纷调解仲裁法》的相关内容，结合乡村振兴战略实施中农村的具体实际不断进行修改完善，出台有关我国农村宅基地的专门法律和法规。①五是加强对农村纠纷解决的法律制度建设，修改和完善《中华人民共和国村民委员会组织法》《中华人民共和国人民调解法》等有关我国农村地区纠纷解决的法律规定，加强我国农村地区纠纷解决的法律、法规宣传，引导村民运用法律手段、法治思维解决农村中出现的纠纷和争议。六是完善我国农业生态环境保护法律制度，加快将我国关于农业生态环境保护的法规和相关单行条例升格为法律。七是制定和完善我国关于农村地区社会保障的法律制度，推进我国广大农村地区的农村社会养老保险、新型农村合作医疗、农村社会救助制度等相关的农村法律、法规及制度建设。

3. 推进粮食安全保障立法

我国是人口大国，保证粮食安全是一项重要的战略任务，党和国家历届领导人都把粮食安全放在极其重要的位置上。党的十八大指出，保障国家粮食安全是一个永恒的课题，任何时候都不能放松；中国人的饭碗，要牢牢地端在自己手上；靠别人解决吃饭问题是不行的。②实行乡村振兴战

---

① 陈锡文，赵阳，罗丹. 中国农村改革 30 年回顾与展望 [M]. 北京：人民出版社，2008：394.

② 中共中央党史和文献研究院. 习近平关于"三农"工作论述摘编 [M]. 北京：中央文献出版社，2019：66.

略，推进粮食安全立法，制定我国相关的粮食保障和粮食安全法规是确保我国粮食安全的一项重要的法治举措。推进粮食安全保障的立法工作，[①]不仅要反映国家粮食安全的重要性、长期性、艰巨性，体现国家粮食安全的战略思维，也要反映当前党和国家对于粮食安全的基本政策、基本原则以及针对粮食安全的保障措施与途径。推进我国粮食安全保障立法、保障国家的粮食安全，对于新时代中国特色社会主义事业的建设、乡村振兴战略的实施以及农村法治建设都有着重要的意义。在推进我国粮食安全保障立法的过程中，可以从以下三个方面的具体内容进行展开。

第一，要明确我国推进粮食安全保障立法的目的。我国的粮食安全保障、国家粮食安全的重要意义可以从国内和国外两个方面进行分析。一方面，全球的粮食安全问题日益突出。从全球各主要产粮国的统计来看，在全球粮食产量增幅正在逐步放缓的同时，全球的粮食需求却在不断增加。从联合国粮农组织的统计来看，粮食产量的世界平均增长率仅为 0.4%，而粮食消费量的世界平均增长率却高达 1%，全球粮食供求关系的紧张趋势正在逐渐加大。[②] 随着经济和金融全球化趋势的加剧，粮食已日渐成为一种全球资本市场的金融衍生品。发达国家的资本投资市场对粮食等基本农产品的炒作以及发达国家对粮食生产、贸易、物流、储存、加工等粮食生产产业链的控制，使全球粮价的波动在最近几年持续大幅增加，不可避免地影响了我国粮食市场的供应和稳定。另一方面，我国的农产品供求总量基本平衡，但是出现了国内农产品市场的结构性紧缺。随着改革开放以来我国经济社会的不断发展，我国的粮食供应历经了短缺、平衡、不足、增长四个阶段。我国的粮食产量已经实现了十几年的连续增长，但是我国农产品的供求态势仍然出现了总量平衡、结构性紧缺的问题。我国粮食生

---

① 全国人民代表大会常务委员会办公厅. 中华人民共和国第十三届全国人民代表大会第四次会议文件汇编 [Z]. 北京：人民出版社，2021：270.

② 陈锡文，魏后凯，宋亚平. 走中国特色社会主义乡村振兴道路 [M]. 北京：中国社会科学出版社，2019：83.

产的各种要素，如耕地、水源等多种农业生产的自然资源已经日趋紧缺，扩大我国粮食种植面积的空间有限，稳定我国粮食增产的压力越来越大。农业是全球各国赖以生存和发展的产业，我国也不例外；中国自古以来就高度重视粮食生产；我们党高度重视国家粮食安全，把发展农业、造福农村、富裕农民，解决14亿多人的吃饭问题作为治国安邦的头等大事。保障粮食安全对中国来说是永恒的课题，① 任何时候都不能放松；历史经验告诉我们，一旦发生大饥荒，有钱也没有用；因此，解决14亿多人的吃饭问题，要坚持立足国内农业生产和发展。②

第二，推进粮食安全保障立法，必须以法律的形式明确粮食安全战略的基本内容。我国的粮食安全战略已经确立了确保谷物基本自给、口粮绝对安全的国家粮食安全战略底线。同时，明确了国家粮食安全战略应该从以下四个具体方面进行规范。一是粮食安全战略的根本底线是谷物基本自给、口粮绝对安全。保障粮食安全是治国理政的头等大事，是一个永恒的课题；中国人的饭碗任何时候都要牢牢地端在自己手里，饭碗里要装中国的粮；这是居安思危和深谋远虑的战略规划。解决中国14亿多人的吃饭问题，必须坚决贯彻和坚持国内粮食谷物基本自给、口粮绝对安全的总原则。我国粮食安全保障立法应该确定和引导国内主要农产品的生产和发展顺序，包括确保水稻、小麦、玉米三大主要粮食作物自给率达到95%以上，水稻和小麦两大基本口粮国内的自给率保持100%。③ 在自给率达到国家粮食安全战略要求的主要粮食的生产过程中，中央和地方应该合理配置资源，集中力量保障国内最基本和最重要的粮食谷物和口粮主产区的生产，从根本上确保粮食安全的战略底线。二是粮食安全战略必须立足国内，并且适度进口。保障我国的粮食供给首先要立足本国，只有立足本国

---

① 王炳林，赵军．中国共产党治国理政历史经验研究：咨询报告集萃（2017）［M］．北京：人民出版社，2017：280.

② 陈锡文，魏后凯，宋亚平．走中国特色社会主义乡村振兴道路［M］．北京：中国社会科学出版社，2019：85.

③ 同②，第86页。

农业和粮食生产的实际，才能够掌握粮食安全的主动权。同时，立足国内不是要求所有的粮食和农产品完全由我们自己在国内生产。在经济全球化和我国改革开放不断深入和扩大的良好背景形势下，保障我国的粮食供给还要充分利用国际市场和全球资源，依照我国粮食供给的实际需求，适当增加农产品进口，积极参与全球粮食贸易；制订相应的粮食贸易法律和规范，既为我国的粮食安全和粮食供给提供可靠的市场，也为我国的粮食安全和粮食供给提供坚实的法治保障。但是，在参与全球粮食贸易、不断扩大粮食进口的同时，粮食安全的战略底线绝不是放弃本国的粮食生产。如果我们依赖别人吃饭的程度太高，那么我们的生命就会被别人掌控；况且现在国际农产品交易市场以及全球粮食贸易中，每年能提供全球粮食贸易交易的谷物数量只有两亿吨左右，而我国粮食谷物消费量每年超过五亿吨，依靠国际市场是绝对无法满足我国的粮食需求的。[①] 保障粮食安全是一个永恒的课题，任何时候都不能放松。[②] 三是确保国内粮食主产区农民种粮的积极性，依法保障农民种粮的合理合法利益。在维护我国农业有序生产和粮食安全的工作中，保障粮食的生产和供应是我们党和政府的工作职责，农民的职责是生产和提供粮食并获取应得的、合理合法的利益。在我国的粮食生产中地方政府的责任重大，我国地方政府是我国基层粮食生产、供给、管理的主体，地方政府承担了保障各地农民种粮，促进各地农民产粮积极性的重要任务。解决粮食供应问题，必须通过立法的方式处理好中央、地方、农民三者的利益和诉求，通过法律明确和规范三方在农业生产和粮食供应中的权利义务。习近平指出，应该通过法律和政策等多种方式促进农民种粮，只有使种粮农民在粮食生产的过程中有利可图，才能提高农民的产粮积极性；结合各地农业和农村实际，探索农业补贴和粮食

---

① 中共中央文献研究室. 十八大以来重要文献选编：上 ［M］. 北京：中央文献出版社，2014：662.

② 中共中央党史和文献研究院. 习近平关于"三农"工作论述摘编 ［M］. 北京：中央文献出版社，2019：66.

生产的挂钩机制，使各地农业生产和发展中，多产粮食者多得补贴；中央和地方对于我国粮食的生产和供应共同负责，中央在粮食供给中承担首要责任，地方要树立大局意识，自觉承担维护国家粮食安全的责任；通过乡村振兴战略的实施使我国农业成为有奔头的产业，使我国农民成为社会上体面的职业。四是要保证我国农业发展中的"藏粮于地"和"藏粮于技"。保障我国粮食生产、维护我国粮食安全的命根子是耕地，我国耕地红线18亿亩的标准必须死守。[①] 在制订农业相关法律标准和规范时，严守我国耕地红线18亿亩的标准是基本要求。在发展农业的同时要维护和保障农民的合法权益。在坚持我国土地公有制性质不变的情况下，结合各地实际情况，试点推进农村相关的土地征收，研究农村集体经营性建设用地入市的具体实施规范，推动农村宅基地制度改革、促进一系列农业和农村相关法律规范的出台和完善。[②] 要在各粮食主产区和全国广大的农村地区的农业发展、粮食生产、耕地管理中探索符合我国具体实际的耕地轮作和休耕制度，促进我国农业生产的可持续发展，改变我国农业生产的粗放式发展模式。提高我国农业综合效益和农业竞争力，要走具有中国特色社会主义的现代农业发展道路；要实现我国"藏粮于地"和"藏粮于技"的指导方针，[③] 利用我国农业生产中耕地休养生息的方式平衡粮食供求矛盾，达到既稳定我国农民收入又减轻中央和地方在粮食收购中的财政压力的目的。随着我国经济社会的不断发展，在我国的农业生产和发展中，科技和研发对于农业生产和发展的重要性日渐突出。因此，在我国粮食生产和耕地稳定不变的情况下，保证我国粮食产量的稳定增长需要依靠与农业生产相关的科学技术，在不断创新中实现我国粮食持续增产和农业发展的新突破。

---

① 陈锡文，魏后凯，宋亚平．走中国特色社会主义乡村振兴道路［M］．北京：中国社会科学出版社，2019：87．

② 国家发展和改革委员会．《中华人民共和国国民经济和社会发展第十四个五年规划和2035年远景目标纲要》辅导读本［M］．北京：人民出版社，2021：317．

③ 中共中央国务院关于深入推进农业供给侧结构性改革加快培育农村发展新动能的若干意见［Z］．北京：人民出版社，2017：17．

农业的出路在于现代化，农业现代化的关键在于科技进步，必须比以往任何时候都更加重视和依靠农业科技进步。①

第三，我国推进粮食安全保障立法必须明确和规范维护粮食安全的有效途径和具体措施。我国的农业生产和粮食供应中出现了一些新的特征，如我国粮食的有效供给已经不能适应粮食需求的变化；主要粮食作物的生产成本过高，国内大宗农产品的价格高于国际市场价格，在市场中竞争力不足，尤其是粮食生产中的玉米和小麦等主要农产品库存量急剧增加，②去库存压力大，产品供过于求。因此，我国必须从粮食安全保障立法着手，通过有法可依，依法保障粮食产品的有效供给。一是加快推进粮食产品的合理有效供给。推进粮食产品的有效供给需要加强农业发展中的供给侧结构性改革，调整和优化农业产业结构，提高农业生产体系的质量和效率，提升农业综合效益和农业竞争力。在粮食生产和供给中，保障我国的粮食安全既要实现眼前粮食产量的稳定，又要形成我国农业发展和粮食生产的新的竞争力；在我国农业发展和粮食生产过程中既要算政治账，也要算经济账；要通过均衡我国的粮食市场供给，合理调整我国粮食生产的经济效益，构筑具有中国特色社会主义的粮食安全体系。同时，充分利用国际市场和全球资源，不断提高粮食安全的保障水平。二是加快实现我国粮食产业结构的优化和调整。在我国的农业发展和粮食生产中，应该优化农业发展和粮食生产的区域布局，③尤其是针对玉米种植面积过大、库存量过高的问题，结合各地粮食主产区的具体实际进行适当调整；对于非玉米优势种植区的玉米种植，应该结合各地农村的实际情况，减少玉米种植的范围。同时，各地还应该结合本地农业和农村的具体实际，努力发展多种形式的、具有本地优势的、适度的农业规模经营；着力培育各地新型农业

① 柳斌杰.中国名记者：第十八卷［M］.北京：人民出版社，2019：180.
② 陈锡文，魏后凯，宋亚平.走中国特色社会主义乡村振兴道路［M］.北京：中国社会科学出版社，2019：89.
③ 《粮食安全干部读本》编写组.粮食安全干部读本［M］.北京：人民出版社，2021：147.

经营主体，实现各地小农户和现代农业发展的有机衔接。① 三是通过立法和政策引导，加快提升我国粮食品质。随着改革开放的不断深入和经济社会的不断发展，我国城市和农村居民的收入水平越来越高，居民的消费结构和消费理念也发生了较大变化。在新的国家发展形势和社会经济现状下，农产品，尤其是粮食的品质应该依靠要素投入不断改善提高。在粮食的生产环节上，应该逐渐减少化肥和农药的使用。在粮食的加工工艺上，主要农产品应该加强种类细分，提升粮食整体品质。在粮食的生产、加工、销售、流通、储存等环节，应该依法、依规加强农产品和电商、冷链、快递等相关配套产业的融合发展。在粮食安全和食品卫生方面，应通过立法的方式建立健全粮食质量安全体系，② 加强粮食和食品安全的预警和监测，对粮食生产中存在的农药残留、细菌超标等相关的粮食和食品问题，依法实行更严格的管理和控制措施。

（二）推进和完善农村依法行政工作

行政行为是具体执行国家权力的活动，行政的目的在于维护国家和社会的公共利益，保护公民和法人及其他组织的合法权益。政府是行使行政管理权的机关，有依法行政的职责。在实施乡村振兴战略和推进农村法治建设的过程中，依法行政至关重要。行政机关是我国实施法律和法规的主体，行政机关要带头严格执法，维护公共利益、人民权益、社会秩序；行政机关的执法者要忠于法律，不能以权压法、以身试法，也不能徇私枉法。③ 在实施乡村振兴战略和推动农村法治建设的过程中，中央和地方各级涉农工作部门、农村基层执法队伍都应严格依法行政，维护法律的尊严，保障法治的实施。

---

① 关于促进小农户和现代农业发展有机衔接的意见［Z］．北京：人民出版社，2019：1.
② 苟文峰．乡村振兴的理论、政策与实践研究［M］．北京：中国经济出版社，2019：168.
③ 李林，莫纪宏．全面依法治国 建设法治中国［M］．北京：中国社会科学出版社，2019：198.

1. 依法强化法律在农村工作中的权威地位

实施乡村振兴战略，推进农村法治建设，在涉及农业、农村、农民的工作中，各方面都需要以法律为依据，任何"三农"工作都要在我国相关法律框架内进行。毛泽东曾指出，一个团体要有一个章程，一个国家也要有一个章程；在国家的章程中，宪法是总章程，法律的依据是宪法制定的各项章程和细则；只有将国家的总章程和各种行为准则通过宪法和法律的方式规定下来，才能使人民民主和社会主义原则固定下来，才能使前进有清楚的轨道，明确可以前进的正确道路。① 自改革开放以来，我国现行宪法在 1982 年 12 月 4 日由全国人大表决通过。依法治国和建设社会主义法治国家在 1999 年我国的宪法修正案中表决通过并被写入宪法，依法治国纳入宪法的规范和框架中，标志着我国法治建设进入了新的阶段。

我国的法律在国家政治生活和社会生活中具有重要作用，依法治国在我国农村工作中首先就是要强化法律的权威地位，强化和维护我国法律在广大农村地区的权威地位。我国的法律作为国家最高的行为准则和规范，在国家治理和社会治理中发挥了重要的基础性作用。在广大农村地区的工作中，各项与农业、农村有关的法律规定和法律原则，能否在农村工作中具体实践，决定了法律在农村地区基层工作中的权威。加强法律在实施过程中的监督，有利于保证法律的有效执行和行政机关的依法行政；加强对农村工作中法律实施的监督，有利于保证农村工作中法律实施的顺利进行。法律在农村工作中能否以最高行为准则和规范的方式约束人们的行为，关键要看法律的各项规定和原则在农村工作具体实践中能否得到有效遵循。我国法律在农村工作具体实践中的状况，离法律制定的目标还有很大差距；② 在农村中还存在各种违法行为和现象，也有法律在实施过程中

---

① 陈一新. 建设社会主义法治国家［M］. 北京：人民出版社，2019：6.
② 杨朝红. 农村法治教程［M］. 郑州：郑州大学出版社，2013：29.

监督不到位的情况；有些地方还存在保障法律实施的监督机制和具体制度不健全的情况，法律在实施过程中执法不严、违法不纠现象在一些地方和部门中依然存在；在我国广大农村地区，农民群众和部分农村基层党组织干部的法律意识还有待提高。针对这些情况，必须将法律的实施工作上升到一个新的高度予以高度重视。对于农村工作中具体的法律实施，应当由涉及农业和农村的相关权力机关，依据宪法和法律的规定，对农村工作中可能存在的违反宪法和法律、法规的行为进行审查，发现农村工作中的违法行为和违法问题，应当依法予以纠正，维护宪法和法律在农村工作中的权威地位和作用。①

2. 依法推动政府涉农工作法治化进程

推动涉农工作的法治化进程需要通过从中央到地方的各级政府严格贯彻依法治国基本方略，推进依法行政、建设法治政府。推进涉农工作的法治化进程是全面贯彻落实党的十八大、党的十八届二中全会、党的十八届三中全会、党的十八届四中全会、党的十八届五中全会精神的举措，对于全面推进依法治国和推进国家治理体系和治理能力现代化有着重大的意义。推动我国从中央到地方各级政府涉农工作的法治化进程，需要从以下四个方面具体进行进一步的完善和实施。

一是要在涉农工作的法治化进程中不断完善政府依法行政的决策机制。党的十八大报告指出，要坚持科学决策、民主决策、依法决策。② 健全决策机制和依法进行程序决策是政府依法行政的起点。坚持依法行政、加强政府涉农工作的法治化进程，需要规范政府在涉农工作中的决策行为。在政府的各项行政工作中，依法决策是基础性的，依法决策是一切行政决策的前提，只有依法决策才能最大限度地保证行政决策的科学性和有

---

① 王淑荣. 司法伦理的实效性问题研究 [M]. 北京：人民出版社，2020：26.
② 蒋清华. 中国共产党党的领导法规制度基础理论研究 [M]. 北京：人民出版社，2019：382.

效性。随着农村经济和社会的不断发展，农村地区的社会利益呈现多元化的趋势，农村地区社会矛盾发生频率不断增加。在处理农村地区涉及各方利益诉求的问题时，政府的决策应该首先保障和维护广大农民群众的合法权益，努力实现农村地区的社会公平和正义，政府应该依法保证相关的涉农决策能够得到广大农民群众的认同和支持。依法决策还要强调不断提高我国领导干部的法治意识和思维能力，尤其是使领导干部能够自觉遵守法律，善于运用法治思维和法治方法处理各项涉农问题和涉农工作。[①] 党的十八届四中全会明确要求，我国党政机关主要负责人是履行推进我国法治建设的第一责任人。党的领导是推进我国法治建设的组织保证。[②] 二是要在我国涉农工作的法治化进程中，深化我国行政执法体制改革。行政执法是行政机关的基本职能，我国的法律、法规和行政规章都是由行政机关具体执行的。深化我国行政执法体制改革，直接关系我国政府依法履行职能的效果，关系我国的国家治理体系和治理能力现代化的完成，关系我国经济社会的持续健康发展。三是在涉农工作的法治化进程中，不断强化对我国行政权力的监督和制约，保证政府的涉农工作依法依规有序开展。我国各级行政机关在涉农工作中的行政权力源自宪法和法律的依法授权和赋予，涉农工作中的行政权力是由行政机关实施的对于农村地区的经济、文化、社会事务的各项管理权力。涉农工作的行政权力是国家权力的重要组成部分；行政机关在涉农工作中能否依法行使自身权力关系行政机关在农村广大群众和农村社会中的威信。行政机关涉农工作的依法行政主要是依靠制度手段，只有加强对行政机关涉农工作中的行政权力的制约和监督，把涉农工作中的行政权力关进制度的笼子里，才能真正保证政府在涉农工作中严格依照法律、法规行使自身行政权力。对于政府在涉农工作中的行

---

① 李林，莫纪宏．全面依法治国　建设法治中国［M］．北京：中国社会科学出版社，2019：268.

② 中共中央文献研究室．习近平关于全面依法治国论述摘编［M］．北京：中央文献出版社，2015：13.

政监督，我国已经形成了一套具有中国特色社会主义的制度体系，包括党内监督、各级人大监督、政协民主监督、行政监察机关监督、司法机关监督、审计机关监督、社会和公民的监督、舆论监督等。① 四是在我国涉农工作法治化进程中，应全面推进政府涉农工作的政务公开。政务公开制度是伴随改革开放不断发展和完善的一项重要制度。在现代社会中，政务公开是各国在行政管理过程中的一项基本制度。② 随着经济和社会的不断发展，政务公开制度在管理农村地区社会经济事务方面发挥着越来越突出的作用。政务公开制度代表公开透明的行政，公开透明的行政是法治政府的基本特征。推进我国政府涉农工作的政务公开，使政府在涉农工作中的行政权力在阳光下运行，对于发展农村的社会主义民主政治，提升我国在农业和农村中的国家治理能力，增强政府在涉农工作中的公信力和执行力，保障广大农民群众的知情权、参与权、表达权和监督权具有重要的意义。政务公开制度的推进，需要加强党的全面领导，发挥政务公开制度中预防腐败的作用。政务公开制度的推进，需要在法律的框架内不断完善政务公开相关的配套制度建设。推进和强化涉农工作的政务公开制度，推行地方各级政府和涉农工作部门的权力清单制度，③ 使涉农工作中的行政权力在阳光下运行，使广大农村基层党组织干部和农民群众在政务公开中对权力的运行实施监督，保证各级政府和工作部门在涉农工作中的行政权力得到正确使用。

3. 依法推进基层综合行政执法改革

法律的生命力和权威性都在于法律的实施。因此，在行政执法的过程中，各级行政机关依法行政显得非常重要。农村法治建设的推进需要各级

---

① 李林，莫纪宏. 全面依法治国　建设法治中国［M］. 北京：中国社会科学出版社，2019：296.

② 王伟，鄯爱红. 行政伦理学［M］. 北京：人民出版社，2005：274.

③ 马建堂. 大道至简：简政放权的理论与实践［M］. 北京：人民出版社，2016：133.

行政机关在涉农工作中严格依法行政。随着我国经济社会的不断发展和改革开放的不断深入，伴随着政治体制改革和民主法治建设的推进，各级行政机关在涉农工作中依法行政的状况已经有了很大改善，但是在各级行政机关的具体涉农工作和行政执法的中仍然存在不少问题。实现各级行政机关在涉农工作中严格规范公正文明执法，保证各项法律在农业和农村的有效实施，必须深化涉农工作中行政执法体制的改革，使各级行政机关在涉农工作中坚持严格、规范、公正、文明执法，不断提升农村基层的法治化水平。①

一方面深化涉农工作的行政执法体制改革，必须减少涉农工作的行政执法层次，整合涉农工作的行政执法队伍，提高涉农工作的行政执法效率。农村基层的综合行政执法改革，应加快推进涉农工作的执法重心和执法力量向农村基层的下移，减少市县政府和部门涉农工作的执法队伍种类。推进涉农工作的综合执法，形成涉农工作的监管合力。② 提高涉农工作的行政执法的效能，坚持高标准、严要求地建设涉农工作行政执法队伍。不断提高涉农工作行政执法人员的素质，切实维护法律的权威。充分发挥市场在资源配置中的决定性作用。依照法律的规定和授权作为涉农工作的行政执法依据，严格做到政府在涉农工作中行政权力"法无明文规定不可为"、公民权利"法无明文禁止即可为"的原则。③ 在具体涉农工作中最大限度地减少各级政府对农村基层微观事务的管理，涉及农村需要保留的审批事项，要推行权力清单制、公开审批流程、提高审批透明度。农村基层的综合行政执法改革，要实现执行权监督权的相互制约和相互协调，要结合我国整体的机构改革，完成涉农工作行政执法体系的改革和完善。修订和完善涉及农村基层综合行政执法的法律法规。

---

① 本书编写组.《中共中央关于全面推进依法治国若干重大问题的决定》辅导读本 [M].北京：人民出版社，2014：94.

② 本书编写组.《中共中央关于深化党和国家机构改革的决定》《深化党和国家机构改革方案》辅导读本 [M]. 北京：人民出版社，2018：165.

③ 陈一新. 建设社会主义法治国家 [M]. 北京：人民出版社，2019：152.

另一方面要坚持具体涉农工作的严格、规范、公正、文明执法。在农村基层全面贯彻和推进依法治国要求，坚持严格规范公正文明执法，这不仅是提升涉农工作行政执法公信力的重要途径，也是维护农村地区社会公平正义的重大举措，同时也是建设法治政府，实现依法行政的必要手段和措施。坚持涉农工作的严格、规范、公正、文明执法，必须将涉农工作的执法体系一于整体的涉农工作中。党的十八届四中全会围绕严格规范、公正文明执法，提出了完善执法程序、依法惩处违法行为、建立健全行政材料基准制度、加强行政执法信息化建设的要求，为涉农工作的行政执法改革指明了方向。① 各级党委对于涉农工作的行政机关实施严格规范、公正文明执法的行为要予以支持和配合，只要是符合法律规范和法定程序的涉农工作行政执法行为，各级党委都要给予支持和保护。涉农工作的行政执法机关在行政执法过程中，应该带头守法，保证自身严格规范公正文明执法。在具体的涉农工作行政执法过程中，涉农工作行政机关要严格按照宪法和法律的要求，依法实施行政执法行为，树立我国涉农工作行政机关严格规范公正文明的法治形象。

（三）结合当前现状改进农村司法工作

习近平在《关于〈中共中央关于全面推进依法治国若干重大问题的决定〉的说明》中引用明代张居正提出的观点并指出，天下之事不难于立法，而难于法之必行，说明了在我国依法治国的推进过程中司法公正的重要性。② 司法公正直接关系到公民的权利救济的最后一道法律防线，推进司法体系和制度改革，实现公正司法是推进农村法治建设的重要措施和制度路径。

---

① 中共中央国务院关于全面推进乡村振兴加快农业农村现代化的意见 [Z]. 北京：人民出版社，2021：20.

② 李林，莫纪宏. 全面依法治国 建设法治中国 [M]. 北京：中国社会科学出版社，2019：285.

1. 依法推动农村司法体系改革

深化我国司法体制改革是全面推进依法治国的一项重要事业。党的十八大以来，习近平高度重视中国特色社会主义司法制度的建设。司法体制改革对我国司法制度现存的不合理、不适应时代发展的各种问题，进行了有针对性的处理，实施了大刀阔斧的改革，提升了司法公信力。保证人民法院、人民检察院依法独立行使审判权、检察权，充分发挥司法保障的作用。在推进司法改革的过程中，首先，要强调司法公正。司法公正是司法工作的生命线。司法的公信力源于司法公正。习近平在2014年1月7日的中央政法工作会议上指出，如果不努力让人民群众在每一个司法案件中感受到公平正义，人民群众就不会相信政法机关，进而也不会相信党和政府。司法公正需要通过优化司法职权配置才能实现。因此，要健全司法权力分工负责的体制机制，推动审判权和执行权的分离。充分发挥庭审作用，以保障司法公正。实行以审判为中心的诉讼制度改革，完善证据规则和诉讼制度。其次，要推动司法独立，保障司法机关依法享有独立的各项职权。司法独立需要司法公正的依托，司法机关独立行使职权，不能受到任何其他外界的非法干涉。党政机关和领导干部不能干预司法工作。最后，推进司法公开，增强司法透明度。司法体制改革中，推进阳光司法，从制度上防止司法腐败。推进司法"三公开"平台建设，加大审判流程、裁判文书和执行信息三大平台的公开建设，加强对司法活动的监督和管理，加强舆论监督。

2. 依法健全农村公共法律服务体系、建立健全农村法律纠纷调处机制

在农村司法体制改革中，应注意结合各地实际，健全相关的农村公共法律服务体系。[①] 在农村，由于长期存在民间法和国家法这两种截然不同

---

① 罗丹. 从脱贫攻坚走向乡村振兴：黔东南州样本 [M]. 北京：人民出版社，2021：260.

的规范和行为准则，因此在农村地区提供公共法律服务时，应注意通过法律规范和政策引导，使广大农民群众逐渐由依靠习惯法转变为依靠成文的制定法上面来。在农村建立、健全农村法律纠纷调解和处理机制，充分发挥人民调解的功能和作用。

（四）创新农村守法和普法宣传工作

不断完善农村地区的守法机制，推动农村法治建设的不断深入和发展。习近平在《宪法》公布施行三十周年大会上的讲话指出，要坚持依法治国、依法执政、依法行政，共同推进中国特色社会主义法治国家的建设。坚持法治国家、法治政府、法治社会的一体建设，实现中国特色社会主义法治国家建设的总目标，[①] 实现我国乡村振兴战略和全面依法治国战略的各项工作目标。在我国农村地区推进全民守法，有利于乡村振兴战略的实施和农村法治建设的推进，最终为我国全面建成法治社会提供良好的法治环境和法治文化基础。

1. 建立健全农村守法体系

创新农村地区的守法宣传工作，建立健全农村地区的守法体系。推进农村法治建设的重点是要在农村地区社会中牢固树立宪法和法律的权威，让广大农民群众充分相信法律，自觉运用法律，使广大农民群众认识到宪法和法律在农村生产和生活中的重要作用，使宪法和各项法律法规不仅成为严格遵循的行为规范，也成为维护和保障广大农民群众权利的法律武器。推进农村法治建设，在广大农村地区应树立"依法办事就是依法维权"的法治理念，[②] 完善农村地区公共场所的公民行为准则，健全农村地区的守法体系。结合我国各地农村的具体实际，通过对农村地区不断进行

---

① 陈一新. 建设社会主义法治国家 [M]. 北京：人民出版社，2019：122.
② 同①，第124页。

法治宣传和法治教育，让广大农民群众积极参与到全民守法和法治宣传的事业中来。通过强化广大农民群众在农村地区务工时或者进入城市工作后的维权意识教育和培养，提升广大农民群众自身的法律意识，实现法律对广大农民群众合法权益的有效保障和维护。

加强农村基层群众性自治组织的章程建设，使各地农村基层的村民委员会建设规范化、法治化。推进农村地区全民守法的建立和巩固，需要依靠村民委员会，它是农村基层社会最重要的根基。农村地区的村民委员会是农村基层群众性自治组织。发展农村的社会主义民主政治，贯彻和落实依法治国基本方略在农村的实施，必须将农村基层群众性自治组织的法治建设作为贯彻和落实依法治国基本方略的基础性工程重点推进。应健全农村基层党组织领导下的农村基层群众自治机制，出台和完善保障农村居民权利，明确农村基层群众邻里关系与民事法律关系的村规民约和自治章程。结合各地农村基层的具体实际，依照宪法和法律的相关规定，不断探索实践，形成具有中国特色社会主义的农业和农村法治体系。通过使广大农民群众遵守村规民约和自治章程，培养他们严格遵守国家宪法和法律的观念，形成农村地区广大农民群众守法和用法的良好氛围。结合广大农民群众日常生产、生活密切相关的社会活动的规则，将这些规则和规范与宪法和法律的规则与规范联系起来，使农村地区的守法意识和氛围逐渐深入到日常生产和生活的角落中去，使广大农民群众从严格遵守本村的村规民约以及自治章程，逐渐发展到严格遵守和信仰国家宪法和法律。[①] 习近平指出，农村社区在我国全面推进依法治国的过程中具有不可或缺的重要作用，要通过广大农民群众喜闻乐见的方式，宣传和普及宪法和法律，发挥农村地区乡规民约等基层规范在农村社会治理中的基础性作用，培育农村社区中广大农民群众遵守法律、依法办事的意识和习惯，使广大农民群众

---

① 李林，莫纪宏．全面依法治国　建设法治中国［M］．北京：中国社会科学出版社，2019：343.

能够成为我国社会主义法治建设的忠实实践者。党的十九大报告中明确提出，加强我国农村的基础工作，健全自治、法治、德治相结合的乡村治理体系。① 在我国农村地区的基层治理中，必须以法治为核心，采取综合治理办法，通过法治建设的推动，保证农村地区基层的正常生产和生活秩序，维护广大农民群众的各项合法权益。

2. 加大农村普法宣传力度

党的十八大以来，全民普法工作得到了政府和社会的重视，各项法制宣传和教育措施不断得以深入，普法效果显著。党的十八届三中全会指出，要健全社会普法教育机制。党的十八届四中全会要求，要坚持把全民普法和守法作为依法治国的长期基础性工作，要在我国社会中深入开展法制宣传和教育。党的十五届五中全会要求，弘扬社会主义法治精神，增强全社会对法治的重视和遵循，尤其是我国党和政府的公职人员，要形成尊重法律、学习法律、守护法律、用好法律的观念，进而在全社会形成良好的法治氛围和法治习惯。第十二届全国人大常委会第二十次会议在2016年4月通过了《关于开展第七个五年法治宣传教育的决议》，由此拉开了我国"七五"普法工作的序幕。中共中央办公厅和国务院办公厅在2017年5月下发了《关于实行国家机关"谁执法谁普法"普法责任制的意见》，强调了国家机关是国家法律的制定和执行主体，同时肩负着我国普法工作的重要职责。② 对于农村地区的普法工作，应该明确以习近平新时代中国特色社会主义思想为指导，全面贯彻落实党的十九大精神，贯彻落实国家"七五"普法规划和全国人大常委会相关决议。加大农村地区的全民普法力度，通过在农村地区开展宪法宣传活动，普及宪法知识、弘扬宪法精神、维护宪法权威，让宪法深入农村地区广大农民群众的心里。推动农村社会

---

① 韩俊. 新中国70年农村发展与制度变迁 [M]. 北京：人民出版社，2019：153.
② 李林，莫纪宏. 全面依法治国 建设法治中国 [M]. 北京：中国社会科学出版社，2019：338.

尊法、学法、守法、用法，促进我国农村地区全面依法治国基本方略的落实。在我国每年的"12·4"国家宪法日宣传活动期间，结合各地实际情况采取多种形式，运用多种载体扩大农村普法教育的宣传力度，强化农村地区面向广大农民群众的普法宣传教育。以广大农民群众喜闻乐见的方式，深入浅出地向他们宣传好解读好我国有关的普法精神。通过向广大农民群众解读法律文件和依法治国相关方针政策，加大农村地区全民普法力度，扎实推进农村地区法治宣传教育工作。努力营造有利于构建农村法治文化和法治社会的良好氛围，不断提高农村地区普法工作的活力和效率。

在我国农村地区深入开展中国特色社会主义法治宣传和教育。在农村弘扬社会主义法治精神、培育社会主义法治文化，引导我国农村地区广大农民群众遵守法律，依靠法律解决问题，形成守法光荣的良好氛围。坚持法治教育和法治实践相结合，根据各地农村实际，将我国农村地区的普法目标与守法效果相结合，建立农村地区守法指数相关考核指标体系。根据我国农村地区守法指标具体情况，适时调整我国农村地区法治宣传和普法工作的重点。结合具体实际，改变我国农村地区在普法宣传过程中仅靠单纯宣传法律文本和法律内容的普法方式。[1] 坚持依法治国和以德治国相结合，将我国农村地区的法治建设和道德建设结合起来，探索在农村地区法治和德治相结合的农村普法方式。结合各地农村具体情况，依法设立推进农村地区守法工作的专门机构，使我国农村地区的普法工作机构纳入农村守法组织和机构的管理体系中。在我国农村地区的普法工作中，突出保障农村守法工作的核心理念，制定和完善实现我国农村地区全民守法的整体规划。研究和处理好农村地区普法工作中学法和守法的关系，通过对我国农村地区普及法律，使广大农民群众在守法工作中做到"知行统一"和"学以致用"。通过对我国农村地区的普法宣传，教育广大农村基层党组织干部和农民群众，使广大农村基层党组织干部和农民群众从自身做起、从

---

[1]　杨朝红. 农村法治教程［M］. 郑州：郑州大学出版社，2013：78.

具体行为做起，在农村的生产和生活中明确法律禁止的不能做，法律提倡的积极响应，法律保护的依法做。使我国农村地区的广大农村基层党组织干部和农民群众，逐步养成相信法律、尊重法律、维护法律权威的良好守法意识。[①] 通过对我国农村地区进一步开展普法和守法工作，逐步形成我国农村地区稳定有效的守法文化体系，在乡村振兴战略实施的过程中不断推进农村法治建设。

三、依靠农村法治建设夯实乡村振兴战略实施的各项基础和条件

农村法治建设的推进是乡村振兴战略实施的重要保障，夯实乡村振兴战略的各项基础需要依靠农村法治建设的制度保障。依靠农村法治建设保障乡村振兴战略中"五大振兴"的开展和实施，不仅可以为乡村振兴战略的进一步实施提供有力的支持，还可以为今后乡村振兴战略的进一步发展和深入奠定坚实的物质、文化、生态和组织等各项基础和条件。依法保障乡村振兴战略中"五大振兴"，[②] 包括依法保障我国农业和农村在产业、人才、生态、文化、组织等方面的发展和完善，涵盖政治、经济、文化、社会、生态文明等乡村振兴战略实施中的多方面内容；与乡村振兴战略的总要求"产业兴旺、生态宜居、乡风文明、治理有效、生活富裕"一脉相承，是"五位一体"总布局和四个全面战略在农业和农村法治建设领域的具体体现。依法保障"五大振兴"的实现，是乡村振兴战略实施中的重要内容和主要抓手。在实施乡村振兴战略的过程中必须依靠农村法治建设，通过法律的规范，统筹谋划乡村的"五大振兴"，把握其科学内涵和目标要求。通过相关法律法规的规范和政策引导，聚焦其中的关键环节和内

① 李昌麒. 中国农村法治发展研究 [M]. 北京：人民出版社，2006：174.
② 吕方. 脱贫攻坚与乡村振兴衔接：组织 [M]. 北京：人民出版社，2020：16.

容，明确其主攻方向和发展目标。在不断推进我国农村法治建设的过程中，通过法治建设和制度保障实现乡村的"五大振兴"。

（一）依法推动乡村产业振兴

乡村振兴战略的物质基础是产业振兴，乡村振兴战略实施中的产业振兴需要依靠农村法治建设提供制度保障。[①] 产业是我国农村经济的重要基础，乡村的产业振兴直接决定了我国农业现代化、农村生产力发展、农村剩余劳动力转移安置、农民增收致富等方面的成败。推进我国乡村产业的振兴需要依靠法律规范和政策引导，使我国农村地区的相关产业不断提高质量、增加效益，使我国广大农民群众在乡村振兴战略的实施过程中实现稳定持续的增收和致富。

1. 乡村产业的内容

传统意义上的农业包括农业生产、农产品加工、农村手工业以及其他相关的传统农村产业。我国的传统农业通过以土地等自然资源为生产对象，对动植物等进行生产和作业，形成农产品和食品及工业原料等。农产品加工是以第一产业中的农林牧渔等产品及其加工品为原料进行的生产活动，农产品加工连接了我国工农业和城乡地区，具有覆盖面广、关联度高等特点和产业优势。农产品加工是我国农村地区实现产业融合的必然选择，在目前我国农业生产和发展中已经成为一个重要的农业支柱产业。我国农村地区的手工业与传统农业联系紧密，手工业多属于农民在农业生产之外的副业，农村手工业通过广大农民群众的手工劳动，使用简单的生产工具进行小规模的生产和加工。除传统的农业、农产品加工和农村手工业，我国农村地区传统意义上的产业还包括农村地区的建筑、运输、农村商业等产业。农村的建筑业是农村实现经济发展和产业结构调整的主要模

---

① 李天芳. 我国新型城镇化进程中城乡关系协调路径研究［M］. 北京：人民出版社，2017：282.

式，农村建筑业吸引了农村地区大量剩余劳动力，除具有比传统农业和种植业更高的产业附加值，农村建筑业还能带动其他相关的农村产业的发展。农村运输业是在农业和农村发展中主要进行农村物流和客运服务的运输行业，是在改革开放和经济社会不断发展的情况下逐渐产生和发展壮大的，对我国农村经济的发展作用日益凸显，具有强大的市场需求。农村商业以广大农民群众为消费主体，通过农村地区的农贸市场、农村小超市、农村供销社等机构和商业主体，从事农村商业交易和货物的买卖。除我国的传统农业，随着经济的发展，农村出现了众多新兴产业。在新兴产业中，与第三产业高度融合的休闲农业、乡村旅游等是农业与旅游业、文化产业相互融合的一种新兴产业。农村电子商务产业在依托互联网发展壮大的同时，还创新了农村商业模式，丰富了农村商业服务的内容，完善了农村的现代市场。随着科技的不断进步和发展，我国农村地区还出现了共享农业、智慧农业、设施农业等。在我国农村地区，近年来还有结合第一产业和第三产业、实现优势互补的几个农村新兴产业，包括认养农业、文创农业、农业公园、田园综合体等。①

2. 依法推动乡村产业振兴的路径

我国的乡村产业振兴，主要是针对传统农业生产的振兴以及农村新兴产业的发展。我国的乡村产业振兴，在目前我国农业和农村现代化水平较低的情况下存在以下几个问题。一是乡村振兴中农业的现代化仍然存在较大短板，与我国其他产业的现代化相比，我国农业的现代化发展和升级均相对滞后；农作物的耕种、农业科技投入、农业机械化水平等与发达国家农业相比都存在很大的差距。② 同时，我国农业法律、法规对于农业现代化的作用还不够突出，相关法律条款缺乏相应的实施细则和具体的规范措

---

① 苟文峰. 乡村振兴的理论、政策与实践研究 [M]. 北京：中国经济出版社，2019：111.
② 巢洋，范凯业，王悦. 乡村振兴战略：重构新农业 [M]. 北京：中国经济出版社，2019：12.

施。二是在乡村产业振兴中农产品的加工以及农村手工业、农村建筑业和农村运输业等亟待升级，需要依靠相关的农村法律法规的制定和实施、对农业的各类产业实施较为完善的法治化管理。三是在农村新兴产业中，如休闲农业和乡村旅游等没有较完善的法律规范，在农村新兴产业的发展实践中存在很多管理问题，相关参与方的权利义务不明晰，需要进一步以法律的形式予以明确。乡村产业振兴需要通过法律的规范，不断加快农业现代化，推动农业和其他产业的深度融合，以农业供给侧结构性改革为重点，不断提高农业的综合生产力。① 依靠农村法治建设推动乡村的产业振兴，可以为乡村振兴战略的实施提供坚实的产业支撑和物质基础。在依法推动乡村产业振兴的过程中，要通过激发农村地区的创新和活力，推动农业的转型和升级，实现广大农民群众的生活不断富裕的目标。

依法推动我国的乡村产业振兴，需要从三个方面进行探索和实践：一是通过出台和完善以农村供给侧结构性改革为主要内容的法律法规，通过依法加快农业供给侧结构性改革，加快实现农业的现代化，优化农业的产业布局。以乡村振兴战略实施和农村法治建设为契机，依靠法律规范和政策引导、优化农业生产，提高农业科技投入，扩大农业整体品牌价值。二是通过农业产业的优化升级，推动农村地区传统的非农产业实现转型升级，包括农村商业、农村建筑业、农村运输业、农村手工业、农产品加工业等。结合已有的相关产业法律法规，针对当前农村发展的具体实际、通过立法程序进行相关非农产业法律法规的制定和修改完善，推动农村地区相关非农产业的发展和壮大。三是在依法推动乡村产业振兴的过程中，通过法律的规范和政策的引导，加强农村地区剩余劳动力的就近就业和本地就业。通过农村剩余劳动力的就业和创业，培育农村地区的新产业，实现农村地区新业态的创新发展。在乡村产业振兴的过程中，通过农村法治建

---

① 李长健. 中国农民合作经济组织制度研究 [M]. 北京：人民出版社，2020：6.

设保障以乡村特色商贸小镇和田园综合试点为主的相关产业和行业的发展。[①] 依靠农村法治建设不断推动乡村产业振兴，为乡村振兴战略实施奠定坚实的物质基础。

（二）依法实现乡村人才振兴

实施乡村振兴战略的关键是实现我国的乡村人才振兴。[②] 我国乡村产业的发展和农业、农村现代化建设，都需要大量从事涉农工作的专业人才和队伍。因此，涉及我国农业发展和农村现代化的大量工作的开展，需要依靠农村法治建设，通过法律规范和政策引导涉农工作中的人才培养，实现我国的乡村人才振兴。实现乡村人才振兴，不仅可以推动农村的发展，实现农业的现代化，还可以为实施乡村振兴战略奠定坚实的人才和智力基础。

1. 乡村人才的内容

所谓乡村人才，不单是指农村地区的各类本土人才。从广义上说，乡村人才应该包括涉及农业、农村相关方面的专业人才。我国的乡村人才不仅包括农村的本土人才，还包括农村进城务工后返乡创业人才，各级单位和部门驻村干部、大学生村干部以及相关的农业和农村建设专业人才。我国的乡村人才最基本的构成主体是在农业和农村生产实践以及农业科学研究等领域进行具体生产劳动和科学研究的各类人才。在乡村人才中涉及农业农村生产实践的，包括在农村从事普通种植业、农业综合经营、农业合作经济发展、农村相关合作组织等领域的人才和队伍，涵盖了农村地区第一产业、第二产业、第三产业等涉农工作中相关的劳动者。农业和农村生产实践的相关人才在农业发展和农村建设中起到了重要作用。除在涉农工

---

① 新华社中央新闻采访中心. 2018 全国两会记者会实录 [M]. 北京：人民出版社，2018：171.

② 李海金. 脱贫攻坚与乡村振兴衔接：人才 [M]. 北京：人民出版社，2020：8.

作中从事具体生产和科研的专门人才外，农村基层党组织支部书记、农村地区基层村民委员会主任、各级单位好部门驻村干部、大学生村干部、农村地区的乡贤等都是构成我国乡村人才的重要力量。① 乡村人才在我国农村地区的生产和发展中可以带动广大农民群众致富，提升我国农村地区的生产实践水平。在我国农业发展和乡村振兴的过程中，农业科技研发人才在农村的生产实践中也有着举足轻重的作用。农业科研人员对于我国农业相关领域的研究，对农业的生产和发展起到了决定性的作用。随着我国经济社会的不断发展，当前我国已有部分农业科研人员在从事农业科研攻关的同时也作为新型职业农民进行农业生产实践，通过将农业科研中形成的研究成果投入农业实际生产中，加速了我国农业和农村现代化发展的进程，对于乡村振兴战略实施有着重要的作用。

2. 依法实现乡村人才振兴的路径

实现我国的乡村人才振兴在农村地区存在三个现实的问题。一是我国农村地区本身的人口流失和老龄化。随着改革开放和我国经济社会的不断发展，大量农村地区的本土人才和青壮年劳动力不断向城市转移，造成我国农村人口不断流失，农村劳动力素质普遍偏低，难以适应农业和农村发展的需要。二是我国农村地区难以找到合适的乡村人才，即使农村地区有从事涉农工作的相关人才，农村地区也难以使这些适合的人才发挥出自身最大的优势和作用。农村地区经济、文化、法律、基础设施等方面的落后，导致涉农工作中相关人才难以在我国农村地区进行长期的建设和发展。三是我国的农业科学技术研究人才队伍对农村地区的服务和支持呈现出逐渐弱化趋势，其根源是缺少相关的农业科研法律规范和依法形成的农业科研奖励体制机制。对于我国农业科技成果推广人员在农村地区的生产实践，不仅难以通过政策引导获得奖励，也难以在具体农业生产和实践中

---

① 荀文峰. 乡村振兴的理论、政策与实践研究 [M]. 北京：中国经济出版社，2019：122.

依靠法律维护和保障合法权益，解决这些问题主要还是要通过相关法律法规的完善以及政策的引导支持。对于实现乡村人才振兴，乡村振兴战略规划已经明确指出，要培养一批懂农业、爱农村、爱农民的"三农"工作队伍；[①] 培养农村地区的本土人才；完善我国职业农民培养和教育的相关机制；引导农村地区外出进城务工人员返乡创业；同时，鼓励社会各类人才投身我国农村的建设。在实现乡村人才振兴的过程中，我国应结合农村地区的实际情况和具体需要、加快制定和修改完善一批涉及农业和农村人才的法律法规，将政府的"三农"相关政策通过立法的形式予以确定，依靠农村法治建设的保障，通过相关法律法规对乡村人才的支持，使更多涉农工作的人才投入乡村振兴中，使我国农业和农村的发展在各类人才的参与下实现现代化。依靠农村法治建设实现我国的乡村人才振兴，可以为乡村振兴战略实施提供坚实的人才和智力基础。由于工作和教育的原因，投身我国乡村振兴战略实施的各类涉农人才和队伍，通常具有较高的知识水平和法律素质。[②] 通过农村法治建设保障这些涉农工作中的人才参与农村实践活动，不仅可以助力乡村振兴战略的实施，还可以对我国农村地区法治建设和普法宣传形成正向的激励和良好的示范。

（三）依法保障乡村生态振兴

习近平指出，绿水青山就是金山银山，只有生态环境保护好，人们的生产和生活才能好。实现乡村振兴必须实现乡村的生态振兴。[③] 我国农村地区良好的生态环境是我国农业和农村发展的最大优势和最宝贵的财富。乡村生态振兴的推进，要通过农村法治建设，依靠农村和生态相关的法律和法规的规范和引导，形成与我国农村地区的生态环境相适应的美丽宜居乡村，在乡村振兴战略实施过程中、我国农业生产和农村建设的过程中，

---

① 李海金. 脱贫攻坚与乡村振兴衔接：人才［M］. 北京：人民出版社，2020：110.
② 同①，第21页。
③ 苟文峰. 乡村振兴的理论、政策与实践研究［M］. 北京：中国经济出版社，2019：131.

依靠法律规范和政策引导实现我国农业和农村的绿色发展。依靠农村法治建设保障我国的乡村生态振兴，为乡村振兴战略实施奠定良好的生态环境基础。

1. 乡村生态的内涵

乡村的生态振兴在具体实践中是一项系统而复杂的工程，既涉及我国农村地区的山、水、林、田、湖、草等自然生态系统的修复和保护，也涉及我国农村地区的农业生产和广大农民群众的生活等方面的发展和完善。乡村生态振兴中，实现我国农业的可持续和绿色发展、改善农村地区的人居环境至关重要。乡村振兴战略中可持续和绿色发展的农业，要在我国农业生产中广泛利用生态物质循环、农业生物学技术、轮耕休耕技术等，将农业生产和环境保护协调起来。改善我国农村地区的人居环境，以建设美丽宜居乡村为重点，通过依法实行农村地区污水处理、垃圾处理、村容村貌提升等，补齐我国农村地区人居环境方面的短板。建立农村地区长期有效的管理保护机制，保护和修复农村地区的生态系统。通过依法对农村地区的自然资源和生态环境实施保护，结合我国农村地区农业生产和农村生活的具体实际，在相关法律的规范和政策的引导下，实现我国农业和农村的可持续发展和人与自然的和谐统一。

2. 依法保障乡村生态振兴的路径

我国乡村生态振兴主要应对的是我国农村地区的生态环境问题。随着改革开放和经济社会的不断发展，我国农业生产和农村建设过程中的生态问题日益突出，随着工业化和城镇化的不断推进，我国农业生产和发展正面临着越来越严重的污染，包括农村地区畜禽养殖、农作物秸秆焚烧等长期以来较为突出的农业污染问题。我国农业生产存在化肥投入大、农药使用多、农业增长方式较为粗放等问题，粗放增长型的农业对农产品质量和农村生产生活环境都造成较大的污染和破坏。工业化和城镇化的不断推进，使得乡镇企业在各地农村中实现了大规模的发展，乡镇企业在发展过程中产生的工业污染对农村地区的生态环境造成了严重破坏。在改革开放初期乡镇企业在生产和发展的过程中，因为自身综合实力较弱，没有处理好经济发展与环境保护的关系，由此产生了农村地区较为严重的一系列环境污染和生态破坏问题。我国农业生产和农村建设的过程中，与工业和商业相比，农业比较落后；与城市相比，农村在发展条件和发展基础方面比较薄弱，因此在城镇化高速推进的过程中，农村地区生产和生活环境没有太大改善，生活基础设施不健全，垃圾和污水处理等环境问题十分突出。解决我国乡村生态振兴中面临的这些问题，需要在农村法治建设推进的过程中，依靠相关法律法规的规范，以美丽中国建设为政策引导和目标导向，牢固树立和践行绿水青山就是金山银山的理念。① 结合我国各地农村具体的生态环境问题，转变农业和农村的生产生活方式，推动农业和农村实现现代化发展。保障乡村生态振兴需要依靠农村法治建设，通过相关法律规范和政策引导、探索、建立符合我国农村地区实际情况的农业资源休养生息制度；② 按照农业相关法律的要求制定我国农业生产的轮作和休耕规划，保护我国的基本农田；依照农业、环保、规划等法律规范的要求，依法划定我国农村地区江、河、湖、海等水域的禁捕和限捕区域。依靠相关法律规范和政策引导，推动建立我国农业的可持续和绿色发展方式。依法规范和改变我国农业生产中曾经存在的大量投入农药和化肥的粗放式增长，引导农业生产逐渐向集约化、现代化、科学化的方向发展。依法实施我国农村地区的人居环境整治，加快我国农村地区的统一规划，解决农业和农村在生产生活中的垃圾和污水处理等问题。通过法律规范和政策引导，结合各地农村的具体实际进行探索和实践。依靠农村法治建设保障我国的乡村生态振兴，推动我国农村地区生态环境改善和生态环境保护的法

---

① 陈锡文，魏后凯，宋亚平. 走中国特色社会主义乡村振兴道路 [M]. 北京：中国社会科学出版社，2019：364.

② 巢洋，范凯业，王悦. 乡村振兴战略：重构新农业 [M]. 北京：中国经济出版社，2019：85.

治化。以农村地区生态环境保护的法治化管理，助力乡村振兴战略实施。

（四）依法探索乡村文化振兴

我国的乡村文化是实现乡村振兴的重要基础。农村地区是传统文化的孕育地和发展地，农村地区的乡土优秀文化是中华优秀传统文化的重要根基和支柱，乡土优秀文化有着数千年的农耕文明精髓的积淀。依靠农村法治建设探索我国的乡村文化振兴，可以从农村地区的精神文化上保障乡村振兴战略实施的进一步深入和拓展。

1. 乡村文化的内涵

乡村文化代表了中国源远流长的农耕文明，乡土文化通常代表了包括广大农民群众在内的全体中国人对于中国传统文化的传承和发扬。习近平指出，乡村文化是中华民族文明史的主体，村庄是这种文明的载体，耕读文明是我们的软实力，[①]乡村文化是广大农民群众在农业生产和农村发展过程中逐渐形成的文化习性、生活习惯、心理特征等一系列农村精神文化的相关产物。乡村文化通过农耕文明和乡风文明，反映出我国农村地区在农业生产和生活中对中华优秀传统文化的传承和发扬。

2. 依法探索乡村文化振兴的路径

乡村文化振兴主要是应对当前我国农村地区的衰落和随之而来的乡村文化的衰落。乡村文化振兴对于乡村振兴战略的实施可以起到引领和推动作用。在我国农村地区的社会生活中，广大农民群众日常生活和文化交流在很大程度上都依托于本地的乡村文化。在我国农村地区宣传和贯彻乡村振兴战略和农村法治建设的相关概念和知识，往往需要结合农村地区的本地实际和乡村文化才能开展和深化，因此在我国农村地区依法探索乡村文

---

① 苟文峰. 乡村振兴的理论、政策与实践研究 [M]. 北京：中国经济出版社，2019：287.

化的振兴显得非常重要而且迫切。乡村文化之所以存在衰落的趋势，主要是我国农村地区的社会公共文化设施基础薄弱，难以为广大农民群众提供像城市一样的文化生活、文化设施、文化活动。同时，以我国乡村文化为代表的一些中华优秀传统文化的传承和保护还没有完善，涉及乡村文化保护的法律法规还需要不断制定、出台、修改完善。很多与我国乡村文化有关的发掘、保护、传承工作比较滞后，在农村地区实际生产生活中需要依靠农村法治建设探索以实现更多的改进。依法探索我国的乡村文化振兴，必须坚持以社会主义核心价值观为引领，立足我国的实际和农村地区生产生活的特点，将乡村优秀传统文化与现代农业和农村发展的新趋势、新特点结合起来。依靠法律规范和政策引导，加强我国农村地区乡风文明、村规民约等优秀乡村文化的传承和发扬，提升我国农村地区的德治水平，促进我国农村地区的法治建设。在依靠农村法治建设探索我国的乡村文化振兴中，应通过农村相关法律法规的制定和出台，依法加强我国农村地区以社会主义核心价值观为引领的农村思想道德建设。通过立法的方式传承和发展我国乡村的优秀传统文化。在农村地区保存下来的优秀文化古迹，应通过法治的手段进行保护和修复。在我国农业和农村发展、农业及其他产业融合开发的过程中，应注意依靠法律的规范和政策的引导，对农村地区的相关生产和开发行为进行妥善管理。依法丰富我国农村地区的文化生活，依法健全我国农村地区的社会公共文化服务设施和体系。通过乡村文化振兴，使我国农村地区的道德水平和法治意识普遍提高，促进乡村振兴战略的进一步深入实施和拓展。

（五）依法完善乡村组织振兴

我国的乡村组织振兴既是乡村振兴战略实施的重要保障，也是我国实施乡村振兴战略的决定性力量。依靠农村法治建设完善我国的乡村组织振兴，要依法强化农村基层党组织的领导核心作用，依法加强和改善我们党对"三农"工作的领导，依法完善我国农村地区的乡村治理机制，依靠农村法治建设、完善我国的乡村组织振兴，为乡村振兴战略的实施提供强大的组织保障。

1. 乡村组织振兴的内涵

乡村的组织振兴主要包括三个方面的具体内容：一是我国农村基层党组织的建设；二是我国农村地区基层村民自治组织和机制的建设，三是我国农村地区集体经济组织的建设及其自身基层党组织的建设。其中，农村基层党组织的建设是我国农村地区生产生活和基层组织运作中的重要工作。实施乡村振兴战略和推进农村法治建设，需要农村基层党组织带领广大农民群众发展农村集体经济，不断推进农村现代化建设。完善我国农村基层的村民自治机制，主要是以村民委员会为组织方式，实现农村基层广大农民群众的自我管理、自我服务、自我教育。我国农村地区的村民委员会是我国农村基层的群众性自治组织，村民委员会依法实行民主选举、民主决策、民主管理、民主监督。我国农村地区的农村集体经济组织是在农业合作化运动中由广大农民群众自愿联合，将广大农民群众自身的生产资料投入集体，由集体组织农业生产和经营的经济组织。我国农村地区的农村集体经济组织具有独特的法律性质，是除国家以外唯一对农村土地拥有所有权的组织。① 因此，在我国农业和农村的生产和发展中，农村集体经济组织可以通过使用相关的经营权，激发广大农民群众参与乡村振兴战略实施的主动性和积极性。

2. 依法完善乡村组织振兴的路径

我国的乡村组织振兴存在亟待解决的问题。农村地区基层村民自治组织的管理水平不高，农村地区基层村干部的权力清单尚未建立，② 村民自

---

① 苟文峰. 乡村振兴的理论、政策与实践研究 [M]. 北京：中国经济出版社，2019：198.
② 陈锡文，魏后凯，宋亚平. 走中国特色社会主义乡村振兴道路 [M]. 北京：中国社会科学出版社，2019：131.

治实践中村务管理执行不透明，缺乏有效监督。我国农村地区基层法治化管理水平较低，村集体经济发展滞后，农村集体经济组织发展基础不足，农村集体经济组织的人才建设、政策导向、产业发展等方面问题突出。依靠农村法治建设完善我国的乡村组织振兴，要依法坚持农村基层党组织对农村基层发展的领导。通过国家法律法规和党内法规，以农村基层党组织建设为重点，结合各地农村的具体实际，采取切实有效的措施，依法依规强化农村基层党组织领导作用，全面夯实我国农村地区乡村组织振兴的根基。完善我国的乡村组织振兴，需要依法建立健全党委领导、政府负责、社会协同、公众参与的现代化乡村治理体系。依照党内法规，打造坚强的农村基层党组织，通过农村基层党组织的建设，使党管农村工作的要求依法落到实处。依法发挥农村基层党组织在实现脱贫攻坚和实施乡村振兴战略中的核心作用。依靠依规治党和党内法规制度的不断完善，推动依规治党和依法治国在我国农村地区的不断发展。依靠农村法治建设深化我国农村地区的自治、法治、德治相结合的乡村治理体系的进一步发展和完善。依靠法律规范和政策引导，通过村民自治机制的不断加强和完善，实现我国农村地区村民自治组织的法治化管理和运作。依法加强对我国农村地区基层的管理和服务，依法制定各地基层政府的村级治理权力清单和责任清单，推动我国农村地区基层服务的规范化，提升我国农村地区基层服务的法治化水平，在我国农村地区基层依法打造一站式办理和服务农村综合平台。创新我国农村地区集体经济组织的发展模式，依法推动我国农村地区集体经济组织转型。依法深入推进我国农村地区集体产权制度改革，依靠我国相关法律的规范和政策的引导，通过全社会的多种方式、多种渠道加大对农村地区的投入力度，助力我国农村地区集体经济发展，实现我国农村地区集体经济组织的法治化管理。通过农村法治建设，不断完善农村基层党组织的建设，不断提升村民自治体制的法治化管理和运作水平，不断丰富农村集体经济组织的法治化管理和运营能力，为乡村振兴战略实施提供坚实的组织基础和组织保障。

第四章　乡村振兴战略实施以来对农村法治建设的实践

实施乡村振兴战略，推动农村法治建设，不仅关系到我国农业农村农民的发展，也关系到中国全面建成小康社会和实现现代化。在党的十九大报告提出实施乡村振兴战略之际，从中央到地方，针对乡村振兴战略实施中的农村法治建设工作都进行了不少的探索和实践。在中央层面，我们党制定和出台了《中国共产党农村工作条例》、修订和完善了《中国共产党农村基层组织工作条例》，从党内法规上明确了我国农村法治建设的领导核心和工作方向。全国部分省市结合自身具体实际，先后进行了本省市有关农村法治建设的一系列探索和实践。同时，全国各省农村地区基层依法依规进行了各地美丽乡村建设的实践。各地农村地区基层结合自身具体实际，依靠法律法规，以法治手段保障美丽乡村建设，探索和实践符合本地实际的乡村振兴战略实施路径和发展路线。各地在依靠农村法治建设保障乡村振兴战略实施的过程中，逐步形成了具有各地特色的经验和做法，对于今后我国乡村振兴战略实施过程中的农村法治建设，有着重要的参考和借鉴意义。

一、中央层面的农村法治建设实践

依法坚持和完善党的领导是我国实施乡村振兴战略和推进农村法治建

设的根本保障。加强党对"三农"工作的领导，实现依法治国和依规治党的结合，是我们党在新时代带领全国人民实现"两个一百年"奋斗目标的必然要求，也是实现我国乡村振兴和全面依法治国的必然要求。针对党在"三农"工作中存在的问题以及新时代实施乡村振兴战略提出的加强党对"三农"工作全面领导的要求，我们党制定和出台了《中国共产党农村工作条例》，修订和颁布了《中国共产党农村基层组织工作条例》，① 为我国乡村振兴战略实施和农村法治建设推进提供了坚强的党内法规支持。

（一）依法制定出台《中国共产党农村工作条例》

1. 条例制定出台的意义

制定和出台《中国共产党农村工作条例》② 是以习近平新时代中国特色社会主义思想为指导，增强"四个意识"，坚定"四个自信"，做到"两个维护"，对坚持和加强我们党对农村工作的全面领导作出的系统性规定，是我们党新时代进行农村工作的总依据。该条例的出台具有重大而深远的意义。一是以党内法规的形式，加强了我们党对农村工作的全面领导。③《中国共产党农村工作条例》将党管农村工作的总体要求细化为有章可循、有法可依的具体规定。从党内法规上和相关制度机制上，把党对"三农"工作的领导落实到了"三农"领域的各个方面和各个环节。二是通过制定和出台《中国共产党农村工作条例》，加强和巩固了我们党在农村的执政基础。三是有助于我国深入实施乡村振兴战略，推进我国农村法治建设。《中国共产党农村工作条例》围绕实施乡村振兴战略，强化农业农村优先发展的政策，明确了从中央到地方各级书记主抓乡村振兴的领导

---

① 中共中央党校党章党规教研室．十八大以来常用党内法规［M］．北京：人民出版社，2019：74.
② 中国共产党农村工作条例［Z］．北京：人民出版社，2019：26.
③ 同②，第15页。

责任。《中国共产党农村工作条例》提出了加强党对农村的五个方面建设的统一领导，要求把我国农村的经济建设、民主政治建设、精神文明建设、社会建设、生态文明建设统一到党的领导下，加强了我国"三农"工作领域和发展过程中党的集中和统一领导，有助于我们党将农村工作中的政治优势转化为推动乡村振兴的行动优势，为实施乡村振兴战略和推动农村法治建设奠定坚实的基础。

2. 条例的总体要求和原则

制定和出台《中国共产党农村工作条例》，对党管农村工作明确提出了以下三个方面的具体要求。一是深入贯彻习近平关于"三农"工作的重要论述。习近平关于"三农"工作的重要论述不仅是我们党关于"三农"领域理论创新的重要成果，也是做好新时代党的农村工作的行动指南。条例深入贯彻习近平关于"三农"工作的重要论述，把习近平关于"三农"工作的新理念、新思想、新战略充分体现到了党的农村工作的要求中。[①]二是强化我国"三农"工作中的目标导向和问题导向。我们党的农村工作的出发点和落脚点都是实现"两个一百年"奋斗目标，让我国农村地区的广大农民群众过上更美好的幸福生活。围绕我国"三农"工作中的这个奋斗目标，条例强调以实施乡村振兴战略为总抓手，加快推进我国乡村治理体系和能力的现代化，推进我国的农业和农村发展现代化。针对当前我国社会存在的城乡发展不平衡、农村地区发展不充分的问题，条例强调要把解决我国"三农"问题作为全党工作重中之重，坚持推动我国城乡融合发展。[②]三是在我国"三农"工作中不断坚持继承和创新的结合。党的十八大以来，我们党的农村工作有了许多重大的理论创新、制度创新和实践创

---

① 陈锡文，魏后凯，宋亚平. 走中国特色社会主义乡村振兴道路 [M]. 北京：中国社会科学出版社，2019：24.

② 中共中央国务院关于全面推进乡村振兴加快农业农村现代化的意见 [Z]. 北京：人民出版社，2021：32.

新，制定和出台《中国共产党农村工作条例》既体现了我们党领导农村改革发展的诸多宝贵经验，也充分吸收了我们党在与时俱进的农村工作中不断探索和实践的最新成果。尤其是条例紧密结合我国乡村振兴战略实施等重大决策部署，贴近当前我国农村地区的发展实际，充分体现了我们党在农村工作中与时俱进的时代性和先进性。

3. 条例的各项具体规定

条例对党在我国农村地区的经济、政治、文化、社会、生态文明等领域建设的领导提出了具体要求。条例指出，党对农村各项工作和建设的领导是全方位的，党对我国农村工作的领导要坚持把握农村改革发展方向和重大政治取向。条例规定了新时代党的农村工作的主要任务。在农村地区经济建设的领导方面，党的领导是对农村地区巩固和加强农业的基础地位，严守我国耕地红线；确保我国谷物的基本自给、口粮供应的绝对安全；① 深化我国农业供给侧结构性改革，发展壮大我国农村集体经济；促进广大农民群众持续增收，坚决打赢脱贫攻坚战。在农村地区社会主义民主政治建设的领导方面，党的领导能够健全农村基层党组织领导的村民自治机制，丰富农村基层民主协商形式；依法严厉打击农村地区黑恶势力、宗族势力以及各类违法犯罪和暴力恐怖活动，保障广大农民群众的生命财产安全、维护广大农民群众的各项合法权益，不断巩固我国农村地区的基层政权。在农村地区社会主义精神文明建设的领导方面，党的领导是培育和践行社会主义核心价值观，不断传承、发展、提升我国农村优秀传统文化，推进农村地区移风易俗、深入开展农村地区群众性精神文明创建活动，② 不断提高广大农民群众的科学文化素养和农村地区的社会文明程度的保障。在农村地区社会建设的领导方面，党的领导保障和改善了我国农

---

① 《粮食安全干部读本》编写组. 粮食安全干部读本 [M]. 北京：人民出版社，2021：18.
② 中共中央国务院关于全面推进乡村振兴加快农业农村现代化的意见 [Z]. 北京：人民出版社，2021：23.

村地区民生、大力发展了我国农村地区社会事业，加快改善了农村地区公共基础设施和基本公共服务条件。通过健全农村基层党组织领导下的农村自治、法治和德治相结合的乡村治理体系，提升广大农民群众的生活质量，建设充满活力、和谐有序的农村社会。在农村地区生态文明建设的领导方面，牢固树立和践行"绿水青山就是金山银山"的发展理念，统筹我国农村地区山、水、林、田、湖、草的系统治理，促进我国农业的绿色发展，加强我国农村地区生态环境保护，不断改善我国农村地区人居环境，建设中国特色社会主义生态宜居的美丽乡村。①

对于党的农村工作，习近平曾多次强调，基础不牢、地动山摇；农村工作千头万绪，抓好农村基层党组织建设是关键。制定和出台《中国共产党农村工作条例》的目的是加强农村地区党的建设。② 作为我们党的农村工作的主要任务之一，条例提出要以提升农村基层组织力为重点，突出政治功能，将农村基层党组织建设成为坚强的战斗堡垒。一方面坚持农村基层党组织在农村工作中的领导地位不动摇，加强农村基层党组织对农村各类组织和各项工作的全面领导；另一方面不断加强和完善农村基层党组织的建设，要求各级党委特别是地方县级党委要认真履行农村地区基层党建的主体责任，选择能力强、信仰坚定的优秀干部不断充实到农村基层党组织中担任书记等领导职务。整顿农村地区软弱涣散的部分农村基层党组织，严格依规加强党内激励和关怀，健全以财政投入为主的稳定的村级组织运转经费保障制度。加强农村基层党组织在干部队伍、制度保障等方面的建设。针对我国部分农村地区基层出现的小微权力腐败问题，条例规定各级党委要推动全面从严治党向我国农村地区的基层延伸，在我国农村地区深入推进党风廉政建设，加强我国农村地区纪检和监察工作。建立健全

---

① 陈锡文，魏后凯，宋亚平．走中国特色社会主义乡村振兴道路［M］．北京：中国社会科学出版社，2019：212.

② 中共中央党校（国家行政学院）课题组．改革开放40周年中国社会经济发展研究［M］．北京：人民出版社，2018：403.

我国农村地区权力运行的监督制度，加强中央和地方对农村地区基层的巡视和巡查，针对党的"三农"政策在我国农村地区基层的落实情况进行重点检查。

涉农工作中的各类专业人才是我国实施乡村振兴战略的重要基础和支撑。在《中国共产党农村工作条例》中专门设有一章内容，针对我国当前乡村振兴战略实施中的人才培养作出规定，对培养懂农业、爱农村、爱农民的农村工作队伍作出了明确和具体的要求。① 一是加强我们党对农村工作干部队伍的培养和使用。明确规定，要选派我们党的优秀干部到各地的县和乡镇进行挂职和任职，到我国农村地区担任农村基层党组织第一书记。同时，注重提拔和使用我们党在农村工作中成绩优秀和表现突出的干部。二是加强我们党的农村人才队伍建设。条例详细规定，加强对我国农村地区乡村教师、医生、农业科技人才、技术推广人才、高素质职业农民的培养，造就更多具备相关专业技能和文化，熟悉本地具体实际情况的乡土人才，促进我国农业和农村生产建设的现代化。三是发挥群众组织和共青团的优势和力量，发挥我国各民主党派、工商联和无党派人士的积极作用。通过我国社会各界的力量，依靠党内法规和政策的支持和引导，使我国社会工作志愿者服务进入农村发展。鼓励我国社会各界人士通过多种方式、多种渠道投身乡村振兴建设。②

在《中国共产党农村工作条例》中针对农村的改革、投入、科技、教育、规划、法治等方面内容，对加强党的农村工作提出了相关的具体保障措施。条例规定，各级党委要完善相关的保障措施，支持和保障我们党对农村工作的全面领导。一是要处理好广大农民群众和土地的关系，推动我国农村地区的改革的不断深化。坚持我国农村地区土地的集体所有制，坚持我国农村地区的农村家庭经营基础性地位，坚持我国农村地区土地承包

---

① 吕方. 脱贫攻坚与乡村振兴衔接：组织 [M]. 北京：人民出版社，2020：59.
② 巢洋，范凯业，王悦. 乡村振兴战略：重构新农业 [M]. 北京：中国经济出版社，2019：24.

关系的稳定和长期不变。不断推动我国"三农"工作的理论创新、实践创新、制度创新，探索同我国"三农"工作具体实际相结合的发展路径。二是要推动和建立我国对"三农"工作财政投入的稳定增长机制，加大各级政府中涉农工作队伍的强农、惠农、富农政策力度，依法依规不断完善我国相关的农业支持和保护制度。① 健全我国农村地区的金融服务体系，拓宽我国农村地区的生产资金筹措渠道，确保我国各级政府对"三农"领域的投入力度不断增强，总量持续增加。三是要在我国农村地区深入实施科教兴农战略，健全国家农业科技创新体系、现代农业教育体系、农业技术推广体系，使我国农业和农村的发展逐渐转到以创新驱动发展的轨道上。依靠农业科技的研发和投入，使我国农业生产、粮食增收成为稳定持续的发展趋势。② 四是要坚持我国农村地区的规划先行，突出我国农村地区的乡土特色，保持农村地区的乡土风貌。加强我国各类规划对农村和农业的统筹管理，依法依规、科学有序地推进乡村建设与发展。五是在我们党的农村工作中坚持法治思维，增强农村地区的法治观念，健全我国农业和农村的法律体系，提高我们党领导农村工作的法治化水平。

在《中国共产党农村工作条例》的具体探索和实践中，按照各级党委书记主管乡村振兴的要求，《中国共产党农村工作条例》对党的农村工作的实践等相关内容制定了明确和细致的规范。《中国共产党农村工作条例》规定强化了我们党对农村工作的考核和监督，通过依照党内法规形成科学有效的激励机制，充分调动各级党委主抓农村工作的积极性和主动性。一是依照党内法规健全党对农村工作的考核机制，明确地方各级党委和政府负责人在农村工作中的主要责任，明确各地农村基层党组织书记是本地区乡村振兴工作第一负责人；明确上级党委和政府是下级党委和政府的主要

---

① 牟少岩，李敬锁.粮食家庭农场：规模、社会化服务和补贴［M］.北京：人民出版社，2020：193.

② 陈锡文，魏后凯，宋亚平.走中国特色社会主义乡村振兴道路［M］.北京：中国社会科学出版社，2019：88.

负责人，明确各地农村基层党组织书记在具体工作中是第一责任人。① 以
此对其相关农村工作中的职责情况进行督查考核，并且要将考核结果作为
干部选拔、任用、评奖、问责、追责的重要参考依据，并明确规定实行市
县党政领导班子和领导干部推进乡村振兴战略的实际考核制度，地方各级
党委和政府每年要向上级党委和政府报告本地区乡村振兴战略的实施情
况。二是依照法律法规和党内法规进行问责。地方各级党政领导班子和主
要负责人，中央和地方党政机关中的涉农部门，如果在履行农村工作的过
程中出现不履行或者不正确履行工作职责的情况，应依照有关党内法规和
法律法规的规定予以相应的问责。三是加强各级党委和政府对农村工作的
激励作用，规定各级党委和政府应当建立相应的激励机制，鼓励参与农村
工作的干部勇于改革创新、勇于担当，按照相关规定依法依规表彰和奖励
在农村工作中作出突出贡献的集体和个人。

（二）依法修订和完善《中国共产党农村基层组织工作条例》

1. 修订条例的背景和意义

农村基层党组织是我们党在农村地区工作的基础，坚持党管农村工
作，重视和加强农村基层党组织建设是我们党的优良传统。1999 年 2 月
《中国共产党农村基层组织工作条例》颁布实施，②《中国共产党农村基层
组织工作条例》作为党的农村基层组织建设的基本法规，为推进我国农村
基层党组织建设，夯实党在农村的执政基础提供了重要的制度保证。经过
20 多年的发展，农村地区经济和社会情况同 1999 年相比已经产生了很大
的变化。特别是党的十八大以来，以习近平同志为核心的党中央推动我国
农业和农村发展取得了历史性的伟大成就，我国农村地区基层工作得到了

① 中共云南省委宣传部，云南省社会科学院. 云南脱贫攻坚纪实 [M]. 北京：人民出版社，2021：13.
② 中共中央文献研究室. 十五大以来重要文献选编：上 [M]. 北京：人民出版社，2000：759.

坚持和加强。党要管党、全面从严治党并向农村基层党组织延伸，并且在我国农村地区的探索和实践过程中取得了重大的进展，积累了重要的经验。党的十九大对新时代党的建设作出重大部署，并明确提出，以提升党的组织力为重点，突出党的政治功能，加强农村基层党组织建设。面临新时代、新形势、新任务、新要求，1999 年制定和出台的《中国共产党农村基层组织工作条例》已不能完全适应当前我国农村地区经济和社会发展的需要，有必要结合当前我国农村经济和社会新的发展情况进行修订和完善。在《中国共产党农村基层组织工作条例》的修改和完善的过程中，我们党的中央组织部自 2007 年以来先后组织工作人员到 21 个省市区进行调研，还委托各省区市党委组织部调研，广泛听取各级党委组织部的意见，尤其是有意识地收集和整理了各地县乡村党组织书记、农村地区基层党员、广大农民群众的意见。在此基础上，针对 1999 年出台的《中国共产党农村基层组织工作条例》进行了全面的、适应新时代社会和经济发展要求的修改。① 新的《中国共产党农村基层组织工作条例》在 2018 年 11 月 26 日由习近平主持召开的中央政治局会议审议通过，党中央于 2018 年 12 月 28 日正式印发。修订后的条例以习近平新时代中国特色社会主义思想为指导，贯彻了我们党的章程、新时代党的建设的总要求、新时代党的组织路线等。修订后的《中国共产党农村基层组织工作条例》是新时代我们党在农村地区基层组织建设中的基本遵循条例和制度。修订后的条例的颁布和实施，对于坚持和加强我们党对农村工作的全面领导，深入实施乡村振兴战略，推动全面从严治党向基层延伸，提高农村基层党组织的建设质量，巩固我们党在农村的执政基础，推进我国农村的法治建设具有十分重要的意义。

---

① 冯俊. 中国治理新方略［M］. 北京：人民出版社，2017：172.

2. 修订后的条例的主要特点

修订后的《中国共产党农村基层组织工作条例》相比 1999 年的版本在内容上和结构上都有了较大改动。在《中国共产党农村基层组织工作条例》的整体内容中，增加了"乡村治理"和"领导与保障"两个章节。条例由过去的 8 章共计 34 条增加到 10 章共计 48 条，条例的内容由 3 654 字增加到 7 750 字，① 修订后的《中国共产党农村基层组织工作条例》的内容有全面的增加和完善，适应了新时代我国经济和社会发展的要求。修订后的《中国共产党农村基层组织工作条例》的内容可以概括为六个方面。一是强调农村基层党组织在农村工作中的领导地位；二是规范了农村基层党组织的设置；三是规定乡镇党委和村党组织的主要职责；四是明确了农村基层党组织主要负责领导经济建设、精神文明建设、乡村治理等农村地区基层的重点发展和建设任务；五是提出了加强农村基层党组织领导班子和农村基层党组织干部队伍建设；六是强化了各级党委特别是县级党委在履行农村基层党组织建设中的主体责任，明确了各级党委在农村基层党组织建设中的任务和分工。

修订后的《中国共产党农村基层组织工作条例》既体现了我们党在农村基层党组织建设中的方向性和原则性规定，又突出了农村基层党组织建设中的实践性和针对性措施。首先，修订后的《中国共产党农村基层组织工作条例》贯彻了党中央最新的精神和要求。修订后的《中国共产党农村基层组织工作条例》坚持对党的十九大报告关于坚持和加强党的全面领导，坚持党要管党、全面从严治党的新时代总要求和重大部署，特别是农村地区党的建设等一系列重要精神和指示予以深入贯彻。其次，修订后的条例紧紧围绕党的"三农"工作大局，按照党中央关于新时代"三农"工作的重大决策部署，重点聚焦我国农村地区党的建设、脱贫攻坚、乡村振

① 中国共产党农村基层组织工作条例 [Z]. 北京：中国法制出版社，2019：19.

兴等问题，就农村基层党组织在组织党员和联系群众，完成中心任务中组织职能和政治职能的分工及要求作出了明确规定。① 修订后的《中国共产党农村基层组织工作条例》要求农村基层党组织要在提升组织力，强化政治力，不断增强群众获得感幸福感安全感的过程中，持续提高自身威信，提升农村基层党组织影响力。再次，在修订后的条例中突出了农村基层党组织建设中的问题导向。针对我国农村基层党组织普遍出现的弱化、虚化、边缘化，农村基层党组织部分领导干部素质不高、能力不强，农村基层党组织党员先锋模范作用不明显，② 农村基层党组织的党建主体责任不落实、保障不力等问题，《中国共产党农村基层组织工作条例》提出了务实的措施和解决办法。最后，修订后的《中国共产党农村基层组织工作条例》要求我们党在农村基层党组织建设中借鉴和汲取我们党以往的农村工作的成功经验，系统地梳理全国各地农村基层党组织建设中好的经验和做法，将其总结归纳后上升为党内法规的制度性要求。修订后的《中国共产党农村基层组织工作条例》以农村地区成功和成熟的基层经验指导当前我国农村基层党组织建设，加强了《中国共产党农村基层组织工作条例》的规范性、稳定性、实用性。

3. 修订后的《中国共产党农村基层组织工作条例》的主要内容

习近平指出，党政军民学，东西南北中，党是领导一切的。③ 坚持农村基层党组织的领导地位，就是坚持和加强党的全面领导在我国农村地区工作中的具体体现。坚持和加强农村基层党组织的领导地位，是实现农村地区经济社会健康、稳定发展的根本政治保证。修订后的《中国共产党农村基层组织工作条例》深入贯彻党的十九大精神，深入贯彻习近平总书记关于党的农村工作的重要指示。针对我国部分地方和单位存在的对于农村

① 刘红凛. 新时代党的建设理论和实践创新研究［M］. 北京：人民出版社，2019：167.
② 肖冬松. 马克思主义及其中国化研究散论［M］. 北京：人民出版社，2016：146.
③ 李林，莫纪宏. 全面依法治国 建设法治中国［M］. 北京：中国社会科学出版社，2019：2.

基层党组织领导地位弱化、虚化、边缘化等问题，在修订后的《中国共产党农村基层组织工作条例》中明确提出，坚持农村基层党组织在农村工作中的领导地位不动摇，并以此制定了一系列相应的规定和要求。在我国农村工作的总体定位上，修订后的《中国共产党农村基层组织工作条例》明确要求我国乡镇党委和村党组织全面领导乡镇和村的各类组织。在我国农村工作的组织设置上，《中国共产党农村基层组织工作条例》明确规定农村基层党组织设置的基本单元是所在行政村；农村经济组织、农村社会组织中成立的党组织，一般由所在村党组织和乡镇党委领导；修订后的《中国共产党农村基层组织工作条例》理顺了党组织之间的相互关系。在农村工作的职责任务上，修订后的《中国共产党农村基层组织工作条例》明确规定乡镇党委和村党组织对于本乡镇和本村的重大问题有最终决定权，包括本乡镇和本村的经济、政治、文化、社会、生态文明和党的建设等多个方面，明确了农村基层党组织在农村基层社会治理中负有领导基层治理的使命和责任。[①] 在农村地区基层的体制、机制、管理中，修订后的《中国共产党农村基层组织工作条例》明确要求、村党组织书记应当通过法定程序担任村民委员会主任和村级集体经济组织负责人，村两委班子成员应当交叉任职，村务监督委员会主任一般由村级基层党员担任。在农村工作的议事决策上，修订后的《中国共产党农村基层组织工作条例》明确规定村级重大事项决策实行"四议两公开"，[②] 加强村务监督。在农村工作的保障支持上，修订后的《中国共产党农村基层组织工作条例》明确规定乡镇党委委员按照乡镇领导职务配备，对农村地区的基本公共服务资源投入以乡镇村党组织为主要落实渠道；同时健全以财政投入为主的村级组织运转经费保障制度。修订后的《中国共产党农村基层组织工作条例》通过明确的

---

① 中共中央国务院关于加强基层治理体系和治理能力现代化建设的意见 [Z]. 北京：人民出版社，2021：3.

② 陈锡文，魏后凯，宋亚平. 走中国特色社会主义乡村振兴道路 [M]. 北京：中国社会科学出版社，2019：311.

制度设计，具体规范的执行措施，确保了农村基层党组织对农村工作的领导是具体的、可执行的，增强了《中国共产党农村基层组织工作条例》在农村探索和实践中的可执行性。

修订后的《中国共产党农村基层组织工作条例》结合我国当前农村发展的实际，对我国农村基层党组织进行了科学和合理的设置。《中国共产党农村基层组织工作条例》明确规定了以行政村为基本单元进行农村基层党组织的设置。行政村的设置是我国农村地区改革开放40多年来通过实践证明的，有利于加强乡村治理的行政架构设置。① 沿用行政村这个行政架构设置农村基层党组织，有利于强化农村基层党组织的领导地位。为了适应农村改革发展的新变化，扩大农村基层党组织覆盖面，全面领导农村的各项工作，修订后的《中国共产党农村基层组织工作条例》规定，农村的经济组织和农村的社会组织具备独立成立条件的，可以根据工作需要成立相应的农村基层党组织，由传统行政村改为社区的基层农村应当同步调整或者成立相应的基层党组织。对于跨村、跨乡镇的经济组织和社会组织，如果成立党组织，应明确批准其成立的上级党组织或者县级党委组织部门的隶属关系。修订后的《中国共产党农村基层组织工作条例》明确规定了乡镇党委和村党组织委员人数及其构成，其中乡镇党委委员和村党的委员会党总支委、支委会每届任期均为五年。

我国农村基层党组织发挥自身优势、处理农村基层的事务的关键在于我们党，在于我们党在农村基层党组织的领导班子和带头人发挥的作用。修订后的《中国共产党农村基层组织工作条例》对乡镇村党组织领导班子和干部队伍建设提出明确要求，农村基层党组织干部、各级党组织应该结合本地具体实际，加强对农村基层党组织干部的教育和培训，使他们成为一支懂农业、爱农村、爱农民的合格干部队伍。修订后的《中国共产党农村基层组织工作条例》强调，要加强农村基层干部队伍的作风建设，严格

---

① 雷国珍. 21世纪以来中国农村治理结构改革研究［M］. 北京：人民出版社，2020：230.

实施管理和监督。① 修订后的《中国共产党农村基层组织工作条例》要求，农村基层党组织领导班子要坚定执行党的政治路线，贯彻党的思想路线。农村基层党组织领导班子要全面贯彻党的民主集中制原则，修订后的《中国共产党农村基层组织工作条例》明确规定乡镇党委领导班子每年至少召开一次民主生活会，村级党组织领导班子每年至少召开一次组织生活会。修订后的《中国共产党农村基层组织工作条例》通过明确和规范的细则突出了村党组书记的选拔标准和来源渠道，要求乡镇党委书记带头实干，规定应注重从优秀村党组织书记、大学生村干部、乡镇事业编制人员等队伍中选拔乡镇领导干部。② 通过考试的方式录取乡镇公务员和招聘乡镇事业编制人员的方式选拔村党组织书记的，应注重从本村致富能手、外出务工返乡人员、本地大学毕业生、退伍军人中的党员进行培养和选拔，扩大和增强村级后备干部的储备力量。根据各地农村工作的实际需要，可由上级党组织向村党组织选派第一书记。我国农村地区的党员人数超过全国党员人数的 1/3，农村地区的党员人数达到 3 500 万人，农村地区的党员是党在农村的基本队伍和中坚力量。③ 修订后的《中国共产党农村基层组织工作条例》对农村地区党员的教育、管理、监督以及发展党员工作提出了明确要求，要加强农村基层党组织的教育和培训，要组织党员认真学习和践行习近平新时代中国特色社会主义思想，县乡两级党委应加强对农村基层党组织党员的教育和培训，乡镇党委每年至少对全体党员分期、分批集中培训一次。修订后的《中国共产党农村基层组织工作条例》要求农村基层党组织坚持"三会一课"制度，严格管理和监督，规定村党组织以党支部为单位，每月选择相对固定的一天开展主题党日活动，④ 坚持和完善民主评

---

① 孙建华. 马克思主义中国化思想通史：第三卷 [M]. 北京：人民出版社，2019：848.
② 吕方. 脱贫攻坚与乡村振兴衔接：组织 [M]. 北京：人民出版社，2020：38.
③ 陈锡文，魏后凯，宋亚平. 走中国特色社会主义乡村振兴道路 [M]. 北京：中国社会科学出版社，2019：289.
④ 《主题党日活动实用手册》编委会. 主题党日活动实用手册 [M]. 北京：人民出版社，2019：38.

议党员制度，推进党务公开，严格执行党的纪律条例等要求。农村基层党组织应发挥领导作用，积极开展党员联系农户，党员设岗定责等活动，为农村地区的党员在基层发挥作用创造条件。修订后的《中国共产党农村基层组织工作条例》强调做好农村地区发展党员的工作，在农村发展党员的过程中，把政治标准放在首位，注重从青年农民、农村外出务工人员中发展党员。各地农村基层党组织应结合本地具体实际，根据近年来各地农村外出务工人员不断增加的实际情况，加强和改进流动党员的教育和管理。

二、省市层面的农村法治建设实践

"三农"问题是关系国计民生的根本问题，党的十九大报告正式提出实施乡村振兴战略，为新时代的"三农"工作指明了发展的方向和路径。在党正式提出乡村振兴战略之前，部分省市就已经依靠法律法规和政策引导，针对本省的农业和农村发展问题进行了大量的探索和实践，这些省市在农业和农村发展中的法治建设经验和举措，为当前和未来全国范围内乡村振兴战略实施和各地农村法治建设提供了有益的经验借鉴和参考。

（一）浙江省农村法治建设的实践和举措

浙江省作为我国长三角地区的经济发达省份，在乡村振兴战略实施和农村法治建设推进的过程中较早结合本省特点开展了探索和实践。浙江省委、省政府、农业农村部在 2018 年 8 月 20 日签署了共同建设乡村振兴示范省合作框架协议，标志着浙江省的乡村振兴战略实践受到了国家层面的肯定和支持，浙江省成为全国首个共建乡村振兴示范省，① 也使浙江省在乡村振兴战略实施中的农村法治建设纳入国家部委规章的法治框架内。浙江省乡村振兴实践中有关农村法治建设的经验和做法对全国具有重要的借

---

① 苟文峰. 乡村振兴的理论、政策与实践研究［M］. 北京：中国经济出版社，2019：68.

鉴意义和作用。

1. 依法强化理论引导

浙江省在乡村振兴实践中的农村法治建设，依托的是强大的理论指导。浙江省是习近平新时代"三农"思想的重要产生地和实践地。浙江省乡村振兴实践的核心理论是习近平的"两山论"。①"两山论"是指"绿水青山就是金山银山"。作为"两山论"的发源地和实践地，浙江省率先以"两山论"作为理论指导，结合国家相关法律法规和政策的规定，制定和出台浙江省相关地方性法规和政府规章，依法推进浙江全省各地的乡村振兴实践。浙江省在实践的过程中，依靠法律和政策，通过以县域为基本单元，深入推进美丽乡村、和谐乡村的建设。浙江省乡村的生态优势在发展过程中逐渐转化为经济优势。浙江省在实施乡村振兴战略的过程中，依靠法治的手段，通过高校和科研院所的理论研究，进一步提升乡村振兴理论的科学性，更好地指导浙江省乡村振兴的实践。自 2005 年以来，浙江省依靠国家法律法规和地方性法规，通过加强本省高校资源和地方政府平台的联系，加强和深入对接国家层面的各项乡村振兴资源，深化浙江省在乡村振兴中相关理论的研究。浙江省各地在乡村振兴实践中的不断探索，丰富和扩展了乡村振兴的相关理论内涵。不断发展的、丰富的乡村振兴理论和形成的地方性法规及政府规章，② 指导和支撑了浙江省的乡村振兴实践。

浙江省乡村振兴理论的源头"两山论"源于浙江省湖州市安吉县天荒坪镇余村的实践经验。《绿水青山也是金山银山》一文指出，如果把生态环境优势转化为生态农业、生态工业、生态旅游等生态经济的优势，绿水青山也就变成了金山银山。③ 为我们指明了生态保护与经济发展的正确方式和发展路径。浙江省根据 2005 年提出的"两山论"的重要理论和思想，

---

① 曹立，郭兆晖. 讲述生态文明的中国故事 [M]. 北京：人民出版社，2020：4.

② 同①，第 155 页。

③ 习近平. 之江新语 [M]. 杭州：浙江人民出版社，2007：153.

依据国内经济形势和社会发展的变化，结合浙江省农村地区的具体实际情况，依靠法律法规和政策引导深入理论研究，搭建调研和理论相结合的研究平台，组建研究队伍，强化农村地区的实践考核机制等，增强了浙江省在乡村振兴中理论的实践性和指导性。2018 年 8 月由浙江大学联合生态环境部、中科院地理科学研究所等机构，通过长期的理论研究和实践探索，首次面向世界发布了"两山"发展指数。① "两山"发展指数作为浙江省理论结合实际，推进浙江省乡村振兴战略实施的代表，从浙江省内特色经济、生态环境、民生发展、保障体系四个方面，依据法律和法规列举出了详细的乡村振兴战略实施考核评价和指标体系。浙江省通过相关理论和省内农村地区实际情况的结合，为"两山"理论的发展和实践提供了具有较强操作性的、合理的考核机制和经验做法。

2. 依法改善农村环境

浙江省在乡村振兴实践中，依靠法律法规和浙江省地方性法规和政府规章，较早地开展了针对本省农村地区人居环境的全面提升和改善。随着经济和社会的不断发展，实现干净舒适的人居环境不仅是理想的农村生活最直观的体现和基本的构成要素，也是农村地区生态经济发展的重要基础。2003 年 6 月时任浙江省委书记的习近平就亲自部署和推动了以浙江省农村地区生产、生活、生态为主要内容的"三生"工程，"三生"工程以农村地区环境改善为核心，在浙江省内农村地区实施"千村示范，万村整治"工程来实现"三生"的发展目标。② 浙江省依法依规在全省农村地区开展了农村全面源污染整治、厕所改造、垃圾和污水治理等工程。截至2017 年年底，浙江省已累计完成 2.7 万个建制村的整村整治建设，占全省

---

① 巢洋，范凯业，王悦．乡村振兴战略：重构新农业［M］．北京：中国经济出版社，2019：48.
② 姬振海．生态文明论［M］．北京：人民出版社，2007：14.

建制村总数的97%，① 其中74%的农户实现了自家厕所污水、厨房污水、洗涤污水等污染物和排放物的有效治理；浙江省农村地区建制村的生活垃圾实现了集中收集、有效处理、完成全覆盖，其中41%的建制村实现了乡村振兴战略实施中要求的农村生活垃圾分类处理。②

3. 依法培育农村经济新增长点

我国乡村振兴的核心支撑和根本保障是乡村的产业兴旺，乡村产业兴旺是农村地区广大农民群众实现增收致富的重要渠道。浙江省在乡村振兴的过程中，依靠法治建设，将第一产业、第二产业、第三产业融合发展作为实践路径，积极扩大和延伸浙江省农业相关产业链，培育和壮大浙江省农村地区经济新增长点，大力提高浙江省农产品的附加值，促进和带动浙江省广大农民群众持续增收和致富。浙江省在加强农村地区产业发展的过程中，通过对几个方面的探索和实践、实现了浙江省农村经济的不断发展。

一是依法大力发展浙江省的乡村旅游。浙江省是全国最早依托农村资源、农耕文化、传统乡村文化等要素积极发展乡村旅游的省份之一，浙江省在发展乡村旅游的过程中创新乡村旅游的业态，是国内乡村民宿这一全新旅游业态的诞生地和主要发展地。依托国家的法律法规和政策的支持，结合自身的具体实际，浙江省制定和出台了多项鼓励本省乡村旅游、建设乡村民宿的地方性法规和规章。浙江省通过依法支持和鼓励本省的乡村旅游和乡村民宿发展，已经形成了以莫干山为代表的具有较高知名度的国内乡村民宿品牌，经过不断地探索和实践，浙江省已经成为全国发展乡村民宿的标杆省份。截至2017年年底，浙江省依法依规登记的民宿企业已经达到16 233家、参与乡村旅游和经营乡村民宿的就业和创业农民接近10万

---

① 黄文平. 环境保护体制改革研究 [M]. 北京：人民出版社，2018：234.
② 荀文峰. 乡村振兴的理论、政策与实践研究 [M]. 北京：中国经济出版社，2019：67.

人，乡村民宿经济已经成为浙江省乡村旅游的一块响亮的金字招牌。① 二是依靠法律规范和政策引导，大力发展浙江省的农村电商。浙江省在全国互联网技术运用、电商推广和发展中始终处在前列。通过依照国家法律法规，浙江省出台了电子商务相关的地方性法规和政府规章，依托杭州阿里巴巴互联网公司的强大网络技术支持以及浙江省内各地的互联网应用和开发平台，浙江省在发展农村电子商务的过程中通过以互联网技术的推广和应用开发，使浙江省农村电子商务依法、依规实现了知名农副产品的网络和线上销售。同时，浙江省依法在全省建立了数量众多的、主要通过阿里巴巴集团下属淘宝网进行农村电子商务交易的村庄。截至 2017 年年底，浙江省内依法、依规在工商部门登记在册的淘宝村超过 800 个，每天在网络和线上活跃的涉及农业的网店近 2 万家。② 大量的淘宝村和涉及农业的网店的建设和发展，不仅提高了浙江省农产品的供给渠道和供给方式，也提升了浙江省城乡之间、生产与消费者之间的对接效率，扩大了浙江省农产品的市场，提高了浙江省农产品的附加值，实现了浙江省农业的转型和融合发展。三是依法大力发展浙江省农产品的深加工，使浙江省农业和工业实现融合发展。③ 浙江省在本省乡村振兴战略实施中依法不断推动农业产业链的延伸，依托浙江省农产品工业园区和农产品生产龙头企业，发挥浙江省在轻工业和食品加工业方面的产业优势和基础，使浙江省农业生产中的畜牧、肉禽、粮食、食用油、茶叶等农产品进一步向高附加值产品生产迈进。浙江省农业产业由传统农产品生产和加工，逐渐发展为以农产品为基础的，具有美容、护肤、药品、药材、休闲食品和保健食品等高技术和高附加值的新型深加工农产品产业，创造了在全国知名的金华火腿、西湖龙井等浙江省知名农产品深加工品牌。四是依法加强浙江省特色小镇的平

① 巢洋，范凯业，王悦.乡村振兴战略：重构新农业 [M].北京：中国经济出版社，2019：87.
② 苟文峰.乡村振兴的理论、政策与实践研究 [M].北京：中国经济出版社，2019：67.
③ 中国民主建国会中央委员会.改革·创新·发展：2008—2017 民建中央重点专题调研报告 [M].北京：人民出版社，2018：359.

台搭建。浙江省在大力发展新型、综合化、融合型农村产业经济的过程中，积极打造特色小镇，并将其作为浙江省连接城乡和农业与工商业联系的纽带。浙江省在 2014 年就提出大力发展以特色小镇为主的农村产业经济新模式，通过法律规范和政策引导，浙江省在全省的实践中结合各地优势和具体实际，已经成功打造了诸暨和庆元等以轻工业产品和农副产品代表的一批特色小镇。① 浙江省特色小镇建设和农产品产业的进一步发展，不仅为浙江省内乡村产业融合和发展提供了良好的平台和空间，也为浙江省乡村振兴战略的实施奠定了坚实的基础。

4. 依法重视制度和人才建设

在乡村振兴战略实施的过程中，人才的支持显得尤为关键。浙江省在面对本省实施乡村振兴战略过程中的矛盾和困难，通过法治建设和制度创新，吸引了社会各领域涉农工作专业人才参与和支持本省的乡村振兴战略实施。

浙江省法治建设和制度创新，首先是以土地制度为重点进行探索和实践的。浙江省在实施乡村振兴战略的过程中，依靠法律法规和制度创新，结合本省各地的具体实际，创立浙江省"飞地模式"。浙江省"飞地模式"将本省内农村地区的贫困村和经济基础薄弱村的用地指标，由政府依法集中起来进行打包和置换，将这些集约后的闲置土地提供给需要土地资源进行经济建设和生产发展的城镇和工业企业。通过依靠法律法规和制度创新，盘活浙江省内农村地区闲置的土地资源，浙江省内农村地区经济基础薄弱的贫困村获得了进一步农业生产和产业发展的资金和资源支持。其次是加强对浙江省内乡村产业中创业和创新型农业产业的支持。浙江省农业农村厅在 2015 年于全国首先创造并开展了"农创客"农业产业融合的探

---

① 张登国. 中国特色旅游小镇建设的理论与实践研究 [M]. 北京：人民出版社，2019：21.

索和实践。① 通过依靠法律法规、实施制度创新、主动搭建平台、强化政府的政策和资金支持，在"农创客"政策和制度的鼓励和吸引下，一大批具有较高学历和较强创业能力的大学生和农业专业技术人才，纷纷选择回流到浙江省内农村开展创新和创业的实践。浙江省在 2016 年由省政府牵头、依据法律法规和政策引导吸引了包括从事涉农工作和研究的高校、相关农业科研机构、农业市场投资机构、农业技术专家、"农创客"在内的多元主体，共同参与浙江省"农创客"发展联合会的组建和发展。浙江省内的农村地区依靠法律法规和政策引导，积极举办各类农业产业创业大赛和沙龙等活动，大力培养浙江省"农创客"创业和创新人才队伍，为浙江省内各地的"农创客"探索和实践提供人才和智力支持。浙江省在 2018 年 9 月出台了《关于加快浙江省农创客培育发展的意见》，从地方性法规和政府规章上进一步强化了对浙江省"农创客"群体的探索和实践的支持。② 截至 2018 年 6 月，浙江省内的"农创客"群体已经超过 1 700 人，其中 90% 是 1980 年和 1990 年以后出生的年轻人，浙江省内"农创客"群体的创新和创业人员中本科及以上学历的超过 56%。③ 他们还具备较强的法治意识。"农创客"的创业和创新实践不仅可以加快浙江省内农村地区的普法宣传和守法教育，还可以加快浙江省农村地区的法治化进程。

通过浙江省的不断努力，依靠法律法规和地方性法规、制度创新、政策引导，浙江省内的"农创客"创业和创新群体已经成为浙江省实施乡村振兴战略和推进农村法治建设的主力军。

（二）山东省农村法治建设的实践和举措

山东省是我国的人口大省、经济大省，由于自身地理位置和自然条件优越，一直是农业生产基础和发展较好的省份之一。山东省在 2017 年第一

---

① 荀文峰. 乡村振兴的理论、政策与实践研究 [M]. 北京：中国经济出版社，2019：69.
② 赵阳. 家庭农场高质量发展 [M]. 北京：人民出版社，2020：146.
③ 巢洋，范凯业，王悦. 乡村振兴战略：重构新农业 [M]. 北京：中国经济出版社，2019：102.

产业增加值为 4 832.71 亿元,[①] 连续多年第一产业增加值位居全国首位。山东省不仅是最重要的农业生产大省,也是实施乡村振兴战略的重要探索地和实践地。习近平在参加十三届全国人大一次会议山东代表团的审议时指出,实施乡村振兴战略是一篇大文章,山东要发挥农业大省优势,扛起农业大省的责任,打造乡村振兴的齐鲁样板。[②] 山东省在实施乡村振兴战略的过程中,从顶层设计着手,结合山东省农村地区发展和农业生产的具体实际,在本省农业技术创新和乡村文化振兴等领域制定了大量地方性法规和政府规章,以法治的方式推动了山东省乡村振兴战略的实施,为全国乡村振兴战略实施提供了有益的借鉴和参考。

1. 依法加强顶层设计

党的十九大报告中首次提出实施乡村振兴战略,山东省在党的十九大召开之后就积极落实中央的要求和习近平总书记重要讲话的精神。结合山东省内农村地区的农业生产和农村发展的具体实际,进行了山东省实施乡村振兴战略的顶层设计,2018 年 1 月出台了《中共山东省委山东省人民政府关于贯彻落实中央决策部署实施乡村振兴战略的意见》。山东省依据国家法律法规和地方性法规和政府规章,2018 年 5 月率先在全国出台省级乡村振兴规划,包括了山东省在农村地区产业、人才、文化、生态和组织五个方面振兴的具体工作方案。[③] 山东省依靠法律法规、地方性法规和政府规章,以省关于乡村振兴战略的意见为顶层设计纲领,以山东省关于省内农村地区实施乡村振兴的五个方面战略规划和工作方案为依托,制定了详细的规划纲要和发展目标。省内各地市级和县级政府根据省级规划,结合各地农村特点和具体实际,依法启动并完成了省内各地市县级的乡村振兴战略实施方案和规划编制工作。截至 2018 年年底,全省有 13 个市级乡村

---

① 荀文峰. 乡村振兴的理论、政策与实践研究［M］. 北京：中国经济出版社, 2019：70.
② 黄承伟. 脱贫攻坚与乡村振兴衔接：概论［M］. 北京：人民出版社, 2020：114.
③ 同①, 第 112 页.

振兴战略实施方案、29 个县级乡村振兴战略实施方案出台，另有乡村振兴战略实施的专项配套意见 20 余个。① 山东省构建了省级乡村振兴战略实施方案和规划的完整体系，为实施乡村振兴战略，推动农村法治建设奠定了良好的基础。

山东省依照国家法律法规、省地方性法规和政府规章，结合农村地区具体实际形成了具有山东省特色的"13613"乡村振兴战略实施方案和规划的框架体系。"13613"框架体系包括以下四个方面的具体内容。"1"是指山东省在乡村振兴战略实施中的振兴齐鲁样板，振兴齐鲁样板是指依法建设和发展生产美、产业强、生态美、环境优、生活美、家园好的"三生三美"农业和农村。"3"是指振兴齐鲁样板的三步走发展战略。第一步，到 2022 年省内农村地区 30% 的村庄基本实现农业和农村的现代化；第二步，到 2030 年 60% 的村庄基本实现农业和农村现代化；② 第三步，到 2035 年全部村庄基本实现农业和农村现代化。"6"是指六大工程，包括农业综合生产能力提升、农业"新六产"发展、农业质量品牌建设、农业开放合作、农业生态保护支撑体系建设、农村脱贫攻坚工作。"13"是指 13 项重大行动计划，涵盖了山东省在农业科技、农业经营、乡村人才振兴、乡村文明建设、农村公共文化服务、农村优秀传统文化传承、农村人居环境整治、农业可持续和绿色发展、农村生态环境保护和修复、农村基础设施建设、农村公共服务提供、乡村社会治理、农村就业创业等方面的规划和发展。③ 山东省级乡村振兴战略实施方案为山东省的乡村振兴探索和实践指明了发展方向和实施路径。

---

① 荀文峰. 乡村振兴的理论、政策与实践研究［M］. 北京：中国经济出版社，2019：71.

② 同①。

③ 韩保江."十四五"《纲要》新概念：读懂"十四五"的 100 个关键词［M］. 北京：人民出版社，2021：116.

2. 依法加强农业科技创新

习近平指出，要推进我国农业由增产转向提质，提高我国农业的创新力、竞争力、全要素生产率，提高我国的农业质量效益和农民整体素质。山东省在本省农业发展的过程中注重依靠法律法规和地方性法规，通过加大对本省农业科技的研发和投入力度，不断提高农业效益和农业竞争力，农业生产在发展的过程中实现了提质和增效。

第一，山东省依法在全省推进农业标准化生产。依托法律法规和地方性法规制定出台的、完善的标准化生产平台和技术标准，结合省内农村地区的具体实际，深入推进本省农业产业的标准化生产。截至 2018 年年底，山东省已经建成各类国家级农业标准化示范园区 295 个，依法制定和出台地方性农业产业标准和农业技术规则 2 300 多项。① 山东省在全国依法率先发布了有关蔬菜标准体系的建设指南，农村地区田园综合体的建设规范和规划编制指南等地方标准。在依靠法律法规、地方性法规和政府规章的探索和实践中，山东省逐渐形成了具有本省特点的农业标准化和农产品监管模式，被称为"安丘模式"。以"安丘模式"相关规范和管理模式为主要内容的、我国第一部具有国家标准的初级农产品安全区域化管理体系要求在 2011 年 9 月 1 日正式实施。作为山东省"安丘模式"的发源地，安丘市在农业生产和发展过程中取得了重大农业建设成就。安丘市作为我国首批沿海开放县级市，长期位居我国农产品出口量第一的位置。为了保证农业生产过程中食品和农产品的质量，安丘市率先在全国提出和实施了食品和农产品的质量安全区域化管理。在安丘市的农业生产和发展过程中积极推行标准化生产和全过程监控，从农产品和食品的源头上确保农业生产的质量安全。

第二，山东省依法大力加强农业技术创新。习近平 2013 年在山东省视

① 苟文峰. 乡村振兴的理论、政策与实践研究［M］. 北京：中国经济出版社，2019：73.

察时指出，农业现代化的关键在科技的进步，要给农业插上科技的翅膀。①
山东省不断推动本省农业科技的进步，不断完善和升级本省农业科研平台，加快本省农业核心技术的突破，积极探索和实践本省农业经营模式的创新，持续提升农业创新和发展能力。截至 2018 年年底，山东省已经建成了 1 个国家级农业高新技术产业示范区、19 个国家级农业科技园区、16 个省级农业高新技术产业示范区、111 个省级农业科技园区。② 依托从事涉农工作的高校、科研院所、农业生产、深加工龙头企业，山东省推出了一批本省农业科技创新成果。省内农业科技进步贡献率达到 63.27%、农作物耕种和收割的综合机械化水平达到 83%，全省在农业生产过程中的优良种苗覆盖率超过 98%。③ 依靠农业科技研发和农业科技进步、山东省农业生产和发展的现代化进程不断加快。

3. 依法发展乡村文化事业

山东省在实施乡村振兴战略的过程中注重本省的乡村文化振兴，依靠法律法规和地方性法规，积极打造具有山东特色的乡村振兴齐鲁文化样板。山东省作为齐鲁文化的发源地，乡村优秀传统文化源远流长，齐鲁文化在中华文明的诞生和发展过程中产生了重要的影响。在实施乡村振兴战略的过程中，山东省通过两个方面的工作推进本省的乡村文化振兴。一是依法加强省内农村地区优秀传统文化的保护与传承。从 2014 年开始，山东省就在全省各地广泛开展和实施乡村记忆工程。④ 结合省内各地农村的具体情况，因地制宜地建设一批反映当地优秀乡土文化的民俗生态博物馆和农村博物馆。通过法律法规和地方性法规的规范和引导，对全省各地农村

---

① 陈燕楠.中国特色社会主义研究：上 [M]. 北京：人民出版社，2014：27.
② 同①.
③ 巢洋，范凯业，王悦.乡村振兴战略：重构新农业 [M]. 北京：中国经济出版社，2019：86.
④ 王德刚.民俗价值论：中国当代民俗学者民俗价值观研究 [M]. 北京：人民出版社，2018：182.

的民居、祠堂和园林等具有优秀传统文化的农村历史建筑、农村历史遗迹、农村传统节庆、农村习俗等进行保护。二是依法加强对全省农村公共文化服务的供给。山东省依靠国家法律法规和山东省地方性法规，结合本省不同区域农村的特点、推动实施了乡镇和行政村两级农家书屋和数字化广场等农村公共文化服务设施建设。截至 2017 年年底，山东省已经在全省的农村地区累计建设了农家书屋 7.2 万家，其中 25 家入选了全国示范农家书屋，山东省基本实现了全省农村地区基层文化服务中心的全覆盖。同时，山东省还依法依规，在省内农村地区积极开展群众性文化活动。通过各种文艺演出以及文化平台和载体，将优秀的文化资源送到全省的农村地区，极大地丰富了广大农民群众的文化生活，营造了乡村文明的新气象，推动了乡村文化振兴。

（三）安徽省农村法治建设的实践和举措

安徽省凤阳县小岗村在 1978 年极端贫穷的情况下，率先在全国农村地区探索和实践了分田包产到户，拉开了改革开放在全国农村地区开展的序幕，① 由此成为我国农村改革的发源地和先锋军。乡村振兴战略提出以来，安徽省在本省深化改革的过程中，依靠法律法规和地方性法规，努力破除农业和农村发展中的体制和机制障碍。通过依法规范和稳步推进全省农业和农村的综合改革，为安徽省农村地区实施乡村振兴战略提供了新的发展动力和制度保障。

1. 依法深化农村土地制度改革

习近平指出，新形势下深化我国农村改革，主线仍然是处理好广大农民群众和农村土地的关系。② 土地是农业和农村发展、农民增收的核心资

---

① 石仲泉. 力量的源泉：改革开放以来群众的首创精神 [M]. 北京：人民出版社，2019：33.
② 中共中央国务院关于全面推进乡村振兴加快农业农村现代化的意见 [Z]. 北京：人民出版社，2021：31.

源和根本依托，从 1978 年凤阳县小岗村包产到户的探索和实践开始，安徽省就以土地制度改革为突破口，不断推进全省农村各项制度改革。改革开放初期农村地区家庭联产承包责任制的确立，激发了广大农民群众的生产热情和生产积极性。随着改革开放的深入和经济社会的发展变化，为了在更大范围内优化全省农村地区土地资源的配置，提升全省农村地区土地利用效率，保障全省农村地区广大农民群众的合法权益，安徽省在 2008 年 7 月依靠法律法规和地方性法规，以全省行政村为单位，率先在全国开展了农村地区承包地确权登记和颁证试点工作。① 2014 年安徽省、山东省、四川省被确定为全国首批农村土地确权登记全省推进试点省份。安徽省在 2016 年完成了全省 65 个县的农村土地确权和登记，截至 2016 年年底安徽省已经全面完成了本省农村土地承包经营权的确权和登记任务，提前一年完成了中央下达的改革试点任务。安徽省内完成的农村地区土地确权登记和颁证村庄为 15 547 个、农村土地确权面积为 8 057.1 万亩、农村土地确权登记和颁证农户为 1 215.9 万户。② 安徽省在全省深化农村土地制度改革的过程中，依靠国家法律法规和省地方性法规，通过在全省依法实行农村土地制度改革，保护了省内农村地区广大农民群众的合法权益，为加快农村土地流转，促进省内农村地区农业适度规模经营创造了必要的法治和制度保障。

2. 依法推进农村集体产权制度改革

党的十九大报告明确指出，要深化我国农村集体产权制度改革，实现农村地区壮大集体经济的发展目标。③ 农村地区的农村集体经济是我国社会主义公有制经济的重要组成部分，依法发展和壮大农村集体经济是保障

---

① 中共中央国务院关于保持土地承包关系稳定并长久不变的意见 [Z]. 北京：人民出版社，2019：10.

② 苟文峰. 乡村振兴的理论、政策与实践研究 [M]. 北京：中国经济出版社，2019：75.

③ 《党的十九大报告辅导读本》编写组. 党的十九大报告辅导读本 [M]. 北京：人民出版社，2017：31.

广大农民群众合法性财产权益、增加广大农民群众合法收入的重要途径。安徽省是全国率先探索农村集体产权制度改革的省份之一，于2012年就在黄山、宣城、安庆和马鞍山四个地级城市启动了农村集体产权制度的改革试点工作。在探索和实践的过程中，安徽省依靠法律法规和地方性法规，努力构建符合农村实际情况的新型农村集体资产管理体制和运行机制。通过对农村和城市相邻的城中村、城郊村、工业园区内村庄为重点进行的改革试点，安徽省在2014年将四个地级改革试点城市的成熟经验逐渐推广到省内其余的12个地级城市的约100个农村中。① 此外，安徽省还在不断地探索依法依规盘活和整合省内农村集体资产的新途径和新模式。安徽在合肥、马鞍山和黄山等城市依法组建了各地农村产权交易中心试点。通过省内各地的农村产权交易、为省内的农村集体资产流转提供免费和安全的交易平台，激活了省内农村地区的生产要素市场。

3. 依法探索农村税费和生态环保制度改革

我国农村地区的改革包罗万象，是一项复杂和庞大的系统工程，② 除农村土地制度和农村产权制度改革外，还包括农村税费制度和农村生态环境保护制度等方面的改革。③ 安徽省在全国率先依法进行了农村地区税费制度和生态环境保护制度的改革探索和实践，取得了重要的法治建设成果和法治实践经验，为全国其他省份的相关改革探索和实践提供了经验参考和借鉴。

第一，安徽省依靠法律和法规，在全国率先探索和实践了取消农业税的改革。我国的农业税最早源于春秋战国时期开始实行的名为"初税亩"的田赋制度，农业税是我国税收制度中最古老的税种。新中国成立后为了

---

① 巢洋，范凯业，王悦. 乡村振兴战略：重构新农业 ［M］. 北京：中国经济出版社，2019：54.
② 赵阳. 农村改革试验区探索与发展 ［M］. 北京：人民出版社，2020：1.
③ 马凯. 科学发展观 ［M］. 北京：人民出版社，2006：98.

推动经济发展，社会主义生产建设和发展战略实行以农补工的政策，依靠农业税的继续征收和提取农业生产中的利润，实现我国城市建设和工业发展的资金积累。改革开放后，随着我国工业化和城市化的快速推进以及经济和社会的不断发展，切实减轻广大农民群众负担的呼声和需求日益高涨。由此，我国农业税的减免和取消开始逐渐进入政府工作流程。国务院在 2000 年就批准安徽省开展全省农村税费改革试点工作，安徽省在 2005 年就依照国务院相关法规的要求，实现了全省范围内取消农业税的改革，比全国农业税取消的实践提前了一年。① 安徽省的试点和实践为全国农业税取消的改革实践奠定了坚实的基础。

　　第二，安徽省依靠法律法规和地方性法规，在全国率先开始进行了"林长制"的探索和实践。习近平指出，"绿水青山也是金山银山"。良好的生态环境是实现我国乡村全面振兴的基本条件和重要保障之一。安徽省于 2017 年 3 月在合肥、安庆、宣城等城市率先开始进行"林长制"的探索和实践。2017 年 11 月安徽省委省政府依法出台了关于建立"林长制"的意见，要求在安徽全省范围内推行"林长制"的探索和实践。同时，建立了包括省级、市级、县级、乡镇级、村级在内的五级"林长制"体系。② 安徽省的探索和实践中实现了森林资源保护和发展的新模式。安徽省依法设立和实施的"林长制"探索和实践，受到了其他省份和国家有关部委的高度肯定，进一步上升为国家行政规章和政策，并且在全国范围内推广实施。

（四）重庆市农村法治建设的实践和举措

　　重庆市在 2007 年就获得国家批复，成为全国统筹城乡综合配套改革试

---

① 李昌麒. 中国农村法治发展研究 [M]. 北京：人民出版社，2006：81.
② 刘谟炎. 人与自然和谐共生：山水林田湖草生命共同体的理论与实践 [M]. 北京：人民出版社，2019：175.

验区。① 我国的城乡综合配套改革试验区肩负着探索以大城市带大农村，实现城乡统筹协调发展的重要使命。重庆市在实施相关改革的过程中，依靠国家法律法规制定和出台重庆市地方性法规，通过法治的方式对全市人口流动、土地流转、社会保障三个具体方面进行了城乡融合的创新性改革和探索实践。通过探索和实践，促进了城乡资源的合理流动和配置，推动了重庆市的城乡协调发展，为全国其他省市的城乡融合发展和乡村振兴战略实施提供了有益的经验和借鉴。

1. 依法推进户籍制度改革

缩小我国城乡发展的差距，目的在于推动和实现乡村振兴。在实施乡村振兴战略的过程中，需要实现人口在城市和农村之间的自由流动，而户籍改革是保证人口自由流动的一项重要的法律制度和法治措施。重庆市在2010 年 8 月就依法全面启动全市户籍制度改革，② 针对城镇中的农民工，重庆市提出只要稳定就业和有合法住所即可自愿落户，从根本上大幅降低了广大农民群众进城落户的门槛和条件。为了确保全市落户政策的有效执行，重庆市的户籍制度改革依靠国家相关法律法规和重庆市地方性法规的规范，引导全市进城农民工通过法定程序获得相应的城市居民身份，同时使广大农民工的社保、医疗、住房、教育和就业等方面，实现了同城市居民同等的权利。重庆市在推动农民工进城落户的改革实践中，坚持进城落户农民在农村权益的自主处置原则。通过依靠国家法律和法规的规范，制定出台重庆市地方性法规和政府规章，以法律的形式明确承认重庆市进城农民工依法保留原有农村各项财产权益，为重庆市城乡人口的合理流动奠定了坚实的制度基础和法治保障。重庆市在全市户籍制度改革的过程中，率先提出了依法构建农转非户口成本的合理财务机制，依靠法律法规和地

---

① 中共中央文献研究室. 改革开放三十年大事记 [M]. 北京：中央文献出版社，2009：40.
② 陈亚东. 农村土地整治与交易研究 [M]. 北京：人民出版社，2020：180.

方性法规、采取多元主体成本分摊和逐年支付的措施。在全市广大农民群众转变为市民的过程中，重庆市各级政府、市属企业和社会分别负责 1/3 的农转非户籍成本，在 10 年至 20 年不等的时间内逐年进行支付。① 重庆市针对全市农转非户籍成本的改革有效破解了全市农民工进城落户的资金问题。截至 2016 年年底，重庆市共有超过 450 万农村居民由农村户口转变为城市户口，进入全市的城区和小城镇落户和生活。② 重庆市通过依法实施全市户籍制度改革，有力地保障了全市农民工在城区和小城镇的稳定就业和生活，为重庆市城乡融合创造了必要的基础和条件。

2. 依法建立土地交易制度

实施乡村振兴战略的过程中，农村土地资源的充分和有效利用是一个重要的方面。改革开放后，随着工业化和城镇化的快速推进，经济和社会的不断发展变化，农村地区广大农民群众开始向工作机会更多、收入水平更高、生活条件更好的城市迁移，在此过程中，我国农村地区大量土地闲置和浪费。重庆市在 2008 年 12 月经过中央批准，成立了重庆市农村土地交易所，开始启动全市的"地票"交易试点。③ 我国的"地票"交易就是通过激活农村闲置土地资源，提升和改善农村居民的财产性收入，促进我国农村闲置土地资源的开发和有效利用。重庆市"地票"交易的做法是，将全市农村地区闲置的宅基地和附属设施用地等农村集体建设用，依照法律法规和重庆市地方性法规的规范和要求进行复垦，经重庆市土地管理部门验收后，由重庆市国土房管部门发放等量面积的建设用地指标。2008 年至 2015 年重庆市先后出台了 60 多个有关全市"地票"交易的政策性和法规性文件，12 个有关全市"地票"交易的技术性文件，④ 依照国家法律和

① 陈亚东. 农村土地整治与交易研究 [M]. 北京：人民出版社，2020：43.
② 苟文峰. 乡村振兴的理论、政策与实践研究 [M]. 北京：中国经济出版社，2019：84.
③ 同①，第 20 页。
④ 同②，第 85 页。

法规制定并颁布实施了全国首部专门规范"地票"的政府规章，建立了覆盖全市农村土地复垦和验收、"地票"交易和使用各环节的完整法律规范和制度体系，形成了一整套符合重庆市具体实际的成熟"地票"交易和操作模式。重庆市农村土地交易所的交易范围从单一的"地票"交易逐步扩展到全市农村产权交易，截至 2018 年 6 月，重庆市农村土地交易所累计交易"地票"超过 26 万亩，"地票"的成交价格平均稳定在每亩 19 万元。[①] 通过依法实施全市农村土地的"地票"交易和改革，重庆市不仅提升了全市农村的土地利用效率、守护了全市农村地区的耕地，而且建立了全市农村财产处置和城市反哺农村的新渠道和新模式。重庆市在探索和实践本市"地票"交易的过程中，不仅提高了全市农村人口的收入水平还促进了全市城乡土地资源的统筹利用。[②]

2016 年年初重庆市依照国家相关法律和法规的规范和要求，制定和颁布了专门管理全市"地票"交易的地方性政府规章，使《重庆市地票管理办法》成为全国首部专门规范"地票"管理和交易的政府规章。[③] 重庆市结合本市具体实际情况开展的"地票"改革和立法，有助于依靠国家法律和法规，通过地方立法和制定政府规章的形式确认"地票"改革的成果，依靠法治的手段规范和明确了重庆市"地票"管理和交易的相关核心内容，优化了全市"地票"交易的流程、转让方式、使用范围，对于全市"地票"管理和交易系统中的几个重点和难点问题予以法治化的规范和明确。重庆市在全市"地票"交易中对四个方面的具体实践予以规范和明确。首先，依靠法律法规和地方性法规、逐步规范重庆市农村土地的复垦管理。重庆市在政府规章中，明确加强了对全市农村建设用地的复垦和"地票"政策的宣传，引导广大农民群众理性参加农村土地的复垦。在具

① 巢洋，范凯业，王悦. 乡村振兴战略：重构新农业 [M]. 北京：中国经济出版社，2019：105.
② 曹萍. 中国特色城镇化道路推进机制研究 [M]. 北京：人民出版社，2017：6.
③ 陈亚东. 农村土地整治与交易研究 [M]. 北京：人民出版社，2020：24.

体实践中，重庆市注重把握农村建设用地复垦的工作节奏、优化全市农村土地复垦项目的流程，依法依规理顺全市农村土地管理体制、突出全市"地票"交易在精准扶贫上的功能，对于全市贫困地区和非贫困地区的贫困人口，结合当地具体情况实施单独的复垦措施。其次，加强对重庆市广大农民群众合法权益的保护。在全市"地票"制度改革的过程中，重庆市推行阳光政务操作，依法明确和规范了相关的投诉、咨询、举报等渠道。通过法治保障和制度建设，依法依规及时化解"地票"交易中产生的各种矛盾和问题，在"地票"交易的过程中全程依法接受相关各方尤其是复垦农民群众的监督。① 同时，在"地票"交易过程中依法依规将全市农村建设用地的复垦和"地票"的交易纳入重庆市国土和纪检等部门的工作中。再次，加快建设重庆市"地票"交易的信息管理系统。重庆市为了顺应全市农村产权制度改革对全市农村土地管理的要求，积极推进全市"地票"管理和交易的信息化建设。通过本市"地票"管理和交易的信息管理系统、对全市"地票"交易中的申请交易和价款拨付等环节实行了全流程的信息化管理。"地票"管理和交易的信息管理系统还与重庆市农村土地整治项目管理系统、重庆市新增建设用地审批系统等联动，实现了重庆市"地票"在生产、管理、交易、使用等环节的数据和信息关联，规范了重庆市"地票"相关管理和交易流程，实现了重庆市"地票"的法治化管理和交易。最后，加强重庆市对农村土地占优补优等工作的法治衔接。重庆市在"地票"制度的改革中始终强调和坚持"耕地保护"这一重要原则，通过制定和出台地方性法规和政府规章的方式，以法治的手段规范和明确了全市农村土地的复垦管理，严格规范和明确了全市农村建设用地的复垦条件。通过重庆市地方性法规和政府规章的法治化管理，重庆市城乡土地资源实现了联动利用，推进了重庆市的城乡融合，为重庆市实施乡村振兴

---

① 陈亚东. 农村土地整治与交易研究［M］. 北京：人民出版社，2020：201.

战略和推进农村法治建设奠定了坚实的基础。①

3. 依法加强农村公共服务建设

2013 年重庆市开始依法将农村地区的房屋改造列入全市民生工作中，经过重庆市政府依法推动和实施的全市农村地区危房改造工程，全市农村地区广大农民群众的生活和居住条件已得到了较大的改善。② 重庆市在 2015 年开始建立全市农村基本公共服务标准体系，同时还依法建立了全市农村基本公共服务标准体系的规划引导和约束机制，③ 逐步优化了重庆市政府公共服务资源配置和市场投资环境、推进了全市农村地区的公共服务供给。重庆市在全市农村地区行政村积极推进村级卫生室标准化建设，同时加快全市城乡地区社会保险的统筹，大力普及全市范围内的农村社会保险。重庆市依照国家法律法规和地方性法规的相关要求，结合本市农民工进城人数较多的具体实际，通过依法实施全市公租房建设，加强对全市农村社区的管理；依靠法治和政策严格保障全市农村义务教育经费；通过吸引社会各方参与全市进城务工人员的就业和创业，合理安排全市农村剩余劳动力的转移就业；依靠法律规范和政策引导，不断提高全市农村地区居民的社会保障水平。重庆市在全市农村地区的相关探索和实践形成的相关经验和做法值得其他地方学习和借鉴。

三、基层农村的法治建设实践

党的十八大明确提出实施美丽中国的建设实践。④ 在美丽中国的建设

---

① 陈亚东. 农村土地整治与交易研究 [M]. 北京：人民出版社，2020：174.

② 同①，第216页。

③ 巢洋，范凯业，王悦. 乡村振兴战略：重构新农业 [M]. 北京：中国经济出版社，2019：107.

④ 陈东琪，马晓河. 消费引领 供给创新："十三五"经济持续稳定增长的动力 [M]. 北京：人民出版社，2016：18.

实践中，我国农村基层进行的美丽乡村建设是重要的基础和载体。习近平在 2013 年提出建设美丽乡村、推进我国城乡一体化发展，自此在全国范围内拉开了建设美丽乡村的序幕。① 党的十九大提出实施乡村振兴战略，吹响了我国加速实现农业和农村现代化发展的号角。在我国实施乡村振兴战略的过程中，乡村振兴战略实施的重点和难点都集中在基层，实现农业和农村发展的现代化需要农村法治建设的推进和保障。我国农村地区在经济和社会发展中存在差异性和多样性，当前在乡村振兴战略实施中的农村法治建设，需要针对各地不同农业发展类型的美丽乡村建设案例进行分析，使当前和今后我国乡村振兴战略实施能够结合各地具体实际，在农村法治建设不断推进中实现乡村振兴和农业农村的现代化发展。

（一）依法推动乡村产业发展案例

在乡村振兴战略实施的过程中，依法推动乡村产业的发展，对实现我国农业和农村的现代化有着重要的意义。在我国实现乡村产业发展的成功案例中，往往具有农业产业特色优势明显的专业合作社发展迅速，农业生产龙头企业带动性强，农业生产适度和规模化经营，农业和其他产业实现融合发展等突出特点。这些乡村产业依靠法律法规、地方性法规和政府规章的规范和引导，通过农业的产业融合和产业升级，为当地乡村振兴提供了坚实的物质基础。

1. 浙江省宁波市滕头村案例

浙江省宁波市滕头村位于宁波市奉化区萧王庙街道，现有农户 355 户、人口近 900 人，耕地近千亩，是一个具有典型江南水乡特色的传统农村。② 浙江省滕头村的发展和繁荣离不开本地产业的发展壮大。滕头村在发展过

---

① 尚道文. 脱贫攻坚与乡村振兴衔接：生态［M］. 北京：人民出版社，2020：102.
② 《脱贫攻坚：基层党组织怎么干》编写组. 脱贫攻坚：基层党组织怎么干［M］. 北京：人民出版社，2020：226.

程中，把全村的产业发展放在了首要位置。依靠法律规范和政策引导，实现了村级产业的发展，推进了全村产业结构的转型和升级，实现了滕头村由贫穷和落后向富裕和发达的跨越式发展。滕头村在发展过程中注重本村乡镇企业的发展，最具代表性的企业是滕头集团。目前，滕头集团已列入全国利税最高、经营规模最大的乡镇企业行列。滕头村乡镇企业的发展已经使滕头村成为中国最富裕的农村之一。滕头村在本村产业发展的过程中注重现代农业的发展，形成了农业科技研发和实践对本村产业的强大支持。① 滕头村的农业生产已经形成了以高效生态为主体的现代农业格局。滕头村的村级工业产业发展，通过依法依规培育和发展壮大本村乡镇企业，实现了全村由农业生产向工业发展的巨大转变。滕头村从 20 世纪 80年代开始，经过改革开放 40 多年的发展，已经建成了村内工业园区 4 个、入驻企业 70 余家；形成了以服装业为支柱，以电子信息、纸制品加工、竹木工艺、不锈钢等产业协调发展的现代村级工业产业发展格局。② 在本村产业发展的同时，滕头村还注重第一产业、第二产业、第三产业的协调发展。滕头村的第三产业已经成为本村产业增长的新亮点，包括园林绿化和乡村旅游等为重点的第三产业在滕头村经济发展中贡献率已呈现出逐年增加的趋势。

　　滕头村在长期的发展中坚持依法依规实现生态立村的原则。滕头村在1993 年就依照相关法律法规的规范，成立了全国第一个村级环保委员会。在村内引进外来投资项目时，滕头村环保委员会按照环保相关法律法规的要求对投资项目进行环保审核，未通过村环保委员会审核的项目坚决实施一票否决制。滕头村在本村的发展过程中，还依照相关法律法规的规定，实行村内产业的"二让路"和"二上路"原则。③ "二让路"是指为了保护生态环境，即使经济效益再高的项目也要让路，对 GDP 拉动作用再大的

①　袁纯清. 农情：农业供给侧结构性改革调研报告［M］. 北京：人民出版社，2017：91.
②　巢洋，范凯业，王悦. 乡村振兴战略：重构新农业［M］. 北京：中国经济出版社，2019：67.
③　苟文峰. 乡村振兴的理论、政策与实践研究［M］. 北京：中国经济出版社，2019：86.

项目也要让路。"二上路"是指项目发展有利于生态环境保护的产业可以上路，有助于实现生态效益和经济效益双赢的产业可以优先上路。滕头村在认真贯彻浙江省"两山论"理论和精神的同时，同步推进全村经济社会发展和生态环境保护的协调。通过依靠法律法规构建了全村良性生态循环系统，实现了全村可持续发展。滕头村在探索和实践生态立村的过程中，创新和发展了具有本村特色的生态农业和项目。滕头村的特色生态农业主要是利用本村的生态优势，按照立体农业和科技农业的发展要求，创新本村农业产业的发展模式。滕头村在 20 世纪 80 年代就开始组建本村的园林公司，发展相关的果木种植产业和城市园林绿化产业，同时利用村内种植业和养殖业产生的循环沼气形成了覆盖全村的循环农业模式。滕头村在发展过程中依靠法律规范和政策引导，建立了完整的立体农业产业结构和发展模式，为实现本地的乡村振兴奠定了良好的基础。

2. 江苏省昆山市周庄镇案例

江苏省昆山市周庄镇在本地乡村产业的发展中，利用本地交通便捷、旅游资源丰富、旅游设施相对完善的条件，因地制宜地发展乡村旅游和休闲文化，取得了良好的效果。周庄的乡村旅游在不断发展的过程中，已经由过去的单一旅游业态逐渐发展为全域旅游的新格局和新业态。[①] 在乡村振兴战略实施过程中，周庄结合自身特色、依照法律法规和江苏省地方性法规的要求打造全域旅游先行示范区。周庄在打造全域旅游先行示范区时，依照相关法律法规加强规划、明确自身定位制定了全域旅游提升计划，编制了全域旅游发展规划；与相关旅游企业签订了宣传承诺书，依法通过社会资源和技术提升本地旅游基础设施。围绕全域旅游先行示范区、特色乡村旅游小镇、田园乡村建设等项目和领域，周庄依法加大了对本地

---

① 谢慧明. 资源刚性约束下国内旅游需求变化趋势与对策研究 [M]. 北京：人民出版社，2019：51.

乡村旅游基础设施和社会公共服务的投入力度。周庄还积极利用现有的乡村旅游设施和项目，吸引全社会企业和资金对周庄的投入，提升本地相关基础设施和项目建设的水平。随着我国经济和社会的不断发展，乡村旅游和休闲度假成为越来越多人的选择。① 周庄依托传统的江南文化底蕴，结合当前流行时尚元素，通过法律规范和政策引导进行了本地乡村旅游节庆和品牌的打造，进一步提升了周庄的乡村旅游影响力。通过不断深入挖掘和开发农村传统节庆文化和活动，不仅实现了周庄旅游的升级和内容的扩充，而且使本地农村传统文化和农村文化活动得到了传承和发展。在发展和推进全域旅游的同时，周庄严格依照相关法律法规的规定，制定相应措施防止产业发展中出现破坏生态环境和污染人居环境的行为。对部分乡村旅游企业的非法排污和污染环境等问题，依法依规进行专门整治，推进周庄本地的河长制，实行严格的河流生态治理和保护。依靠法律法规和政策引导，通过社会治理的网格化，建立本地隐患排查和治理长效机制。在发展乡村旅游和新兴产业的同时，周庄注重安排本地农村地区广大农民群众就近就业，为本地农村剩余劳动力的转移就业提供了法治和制度的保障，实现了周庄农村地区广大农民群众的普遍增收和致富。

（二）依法推进城乡融合发展案例

城乡融合发展型的农村主要位于城市郊区，是城市与农村的结合点，城乡融合发展的农村往往具有经济基础较好、基础设施较完善、社会公共服务较健全、交通设施和产业较发达等特点。从乡村振兴的要求来看，城乡融合发展型农村已基本实现农业和农村的现代化，其中以上海市松江区泖港镇为典型代表乡镇。

松江区泖港镇位于上海市松江区南部，地处黄浦江沿岸，下辖 16 个行

---

① 覃志敏. 脱贫攻坚与乡村振兴衔接：基层案例评析 [M]. 北京：人民出版社，2020：105.

政村，是上海市黄浦江上游重要的水源保护区。① 泖港镇在改革开放以来多年的发展和实践中，依靠法律法规、上海市地方性法规和政府规章，通过实施以农业为主导产业的发展路径，大力发展环保型农业，在本地建成了优良的成片高产水稻田。通过法律规范和政策引导的方式，泖港镇出台措施鼓励本地的家庭农场、专业种粮户、职业农民等新型农业经营主体，以合法和合规的土地流转方式集中农业土地，实现水稻等主要农产品的规模种植。经过长期的探索和实践，泖港镇已经建成了 40 亩水循环养殖基地、3 506 亩标准化蔬菜种植基地、新型农业种植示范园 1 512 亩、瓜果林木基地 1 180 亩，实现了本地农业发展的集约化、规模化、标准化经营；不仅提高了农业土地的产出效率，还成为上海市重要的农产品供应基地。②

　　泖港镇在发展本地农业的过程中，首先是依法规范了农业土地的流转。依靠法律法规、上海市地方性法规引导本地居民将土地以出租方式交由政府统一管理，同时对本地农村土地流转依法进行严格的标准化操作、实行集中经营。泖港镇政府通过对本地农村土地的承租方和出租方分别进行财政补贴，其中出租方每亩补贴 1 200 元、承租方每亩补贴 590 元，③ 保证了本地农民群众在农村土地流转中的合法收益。其次是通过依法加强农业技术培训和指导，不断提高本地农业生产和经营者的文化水平和专业技能，提升本地农村家庭农场的机械化和科技化经营水平。泖港镇政府不仅通过依法加强相关管理服务和积极拓宽发展渠道，还依照国家法律法规和上海市地方性法规，制定和出台了本地相关政策和规定。泖港镇制定了家庭农场经营业务的实施细则和退出机制，泖港镇家庭农场的准入条件等，④解决了诸如二次转包、农村违法搭建建筑物、过度使用化肥和农药等产业

　　① 李干杰. 推进生态文明　建设美丽中国［M］. 北京：人民出版社，2019：126.
　　② 苟文峰. 乡村振兴的理论、政策与实践研究［M］. 北京：中国经济出版社，2019：89.
　　③ 巢洋，范凯业，王悦. 乡村振兴战略：重构新农业［M］. 北京：中国经济出版社，2019：126.
　　④ 牟少岩，李敬锁. 粮食家庭农场：规模、社会化服务和补贴［M］. 北京：人民出版社，2020：24.

发展中多方面的问题，使泖港镇家庭农场的经营和管理有章可循、有法可依，实现了本地家庭农场发展过程中全程的规范化和法治化管理。最后是在家庭农场的发展过程中，依靠法律法规和政策引导创新本地家庭农场经营模式的探索和实践，推动和形成农业发展中种植业和养殖业相结合的综合产业模式。泖港镇政府通过依靠法律规范和政策引导，指导本地农民群众对自身养殖畜禽的排泄物进行收集和储存，实现科学和无害处理，使畜禽排泄物通过循环利用形成有机肥作用于本地农业产业的规模种植中，泖港镇的农业生产成为生态循环的新型农业产业。利用政府主导和市场参与，积极探索本地农业和机械化结合的模式，大力推进机械化农业生产，降低农业生产中以人工成本为主的生产经营成本，提高泖港镇本地整体的农业土地耕作效率和效益。

泖港镇在农业发展的过程中依靠国家法律法规、上海市地方性法规和规章的规范，积极同本地农村的具体实际及广大农民群众的切实需求相结合，依法畅通本地各项村级服务渠道，提升本地农村整体服务水平。在泖港镇的发展过程中，依法规范了本地的村居功能、畅通了服务渠道、完善了便民服务制度，尽可能地让本地农民群众"少跑几次办成事"，最大限度地方便本地农民群众办成事。坚持在具体的探索和实践中通过党建引领、延伸管理的网格和触角，针对本地农村社区中老人、残疾人、困难群众较多的实际情况，泖港镇党委依照党内法规要求，不断推进本地农村基层党组织和支部的网格化和标准化建设。① 泖港镇农村基层党组织和党员能够通过本地的网格平台解决本地农村地区网格内出现的问题和矛盾，实现本地农村解决矛盾和纠纷，避免矛盾的进一步升级和上交到上级主管部门。泖港镇在提升本地公共服务功能时，注重对四个方面具体问题的集中解决。一是集中解决泖港镇便民服务制度的建设问题。泖港镇通过依法依规编制了村级便民服务制度，汇编的内容涵盖了本地农村的多项管理制

---

① 刘红凛. 新时代党的建设理论和实践创新研究 [M]. 北京：人民出版社，2019：167.

度。二是集中解决泖港镇农村地区广大农民群众民主监督行使权的问题。泖港镇在松江区内率先试点，依法完善了村务监督委员会的工作机制，保障了村民的知情权、参与权、表达权、监督权，实现了村民监督权行使由被动向主动的转变。三是集中解决泖港镇广大农民群众的服务需求问题。泖港镇在松江区内率先开展公益募捐活动，通过联合公益募捐等方式在不断探索和实践中成立了本地农村社区基金，增强了农村社区的自我造血功能，① 在引导各类社会组织参与农村社区治理的探索和实践中，依法建立了泖港镇政府购买各类社会组织相关服务的运作机制。四是集中解决农村议事和协商平台的问题。依靠法律和政策，通过发挥广大农民群众的作用，不断完善相关的议事和协商平台；发挥党员代表会、村居民代表会的平台和功能，② 形成泖港镇自上而下的议题协商机制；通过全社会的多元力量化解农村矛盾，培育村民自治的骨干团队，实现泖港镇"一村一居"的村民自治。

在农村地区基础设施的建设和发展中，泖港镇加强本地美丽乡村建设，积极打造宜居特色小镇。依靠国家法律法规、上海市地方性法规和政府规章，通过统一规划和统一布局，结合本地道路硬化、环境绿化、河道清洁化、农村亮化等重点工程推进泖港镇的农村改造和建设。推进本地高标准农田建设和土地综合整治，使本地农业、林业、水产业等第一产业实现相互融合发展。在本地依法推进环境综合整治、河道整治、拆除违法建筑等行政措施，实现泖港镇农村生活垃圾的分类收集和资源化处置。

（三）依法完善乡村治理案例

传统乡村治理模式已经不能适应改革开放后经济社会快速发展的需要和当前我国农村的具体实际，乡村治理的模式需要通过创新、构建起能够

---

① 荀文峰. 乡村振兴的理论、政策与实践研究 [M]. 北京：中国经济出版社，2019：93.
② 王振海. 新型农场社区治理研究 [M]. 北京：人民出版社，2018：105.

适应新时代经济和社会发展的现代化乡村治理体系。① 现代化乡村治理体系依靠农村法治建设的推进，通过法律规范和政策引导，解决了我国农村存在的体制机制不完善、农村基层党组织弱化、农村环境污染严重、村级债务沉重等问题。依靠农村法治建设完善乡村治理的基层案例为我国经济社会转型期的经济发达地区乡村治理提供了有益参考和借鉴。

1. 浙江省绍兴市祝温村案例

浙江省绍兴市祝温村位于绍兴市上虞区松下镇西北方，2006 年由三个行政村合并而成。祝温村为了改变合并后全村经济落后、社会治安差、村容村貌落后、村民纠纷多的问题，祝温村党支部围绕本村的生态建设、文化建设、创业建设，探索和实践了本村自治、法治、德治三治结合下的现代乡村治理体系和模式。祝温村的现代乡村治理体系逐渐成为浙江省生产发展、生活宽裕、乡风文明、村容整洁、管理民主的样板。

祝温村在依法依规构建符合本村具体实际的、现代化乡村治理体系的过程中，首先以提升农民群众道德素质为切入点，加强对全村农民群众社会主义核心价值观的培育，打造共同的农村道德信仰。② 依靠法律规范和政策引导，鼓励农民群众通过自发创作歌曲，营造共同的理想信念，践行社会主义核心价值观。通过全村的不断努力，树立起了社会主义文明的新风尚。依法依规整合全村各方面资源，加大对本村公共文化设施的投入力度，建成了祝温村文化礼堂、文化学堂、文化会堂、图书室、文化活动室等配套齐全的各类文化场所。积极开展全村各类德育教育和评选活动，以法律规范和道德引导为依托，营造人人讲文明、处处讲自律的良好道德氛围。祝温村打破人治思维，坚持依法治村。在构建现代化的乡村治理的过程中，以法治为核心内容完善本村的治理体系，在日常事务中坚持依法民

---

① 曹立. 推动中国经济高质量发展 [M]. 北京：人民出版社，2019：159.
② 孙泊. 历史的深处与新时代走向：道德榜样论 [M]. 北京：人民出版社，2019：131.

主决策。祝温村重视依靠法治保障村级组织建设，依靠法律法规和相关地方性法规的规范和引导，通过健全全村的民主决策、管理决策、民主监督等村级自治制度，充分发挥全村农民群众的主导作用。依法严格执行村级重大事项提交村民代表大会讨论和决定的制度。依法规范全村各类制度的管理，包括村规民约、村民自治章程、村务财务公开制度、村级民主理财制度等，推进全村土地征用、村级公共服务供给等方面的法治化管理。在全村建房审批的流程化工作中，依靠法律法规和地方性法规的相关规定，规范全村的审批流程和管理措施，使本村的村务活动有章可循、有法可依。依法加强全村的民主监督，祝温村的村务工作和财务活动依法定期向全体村民进行汇报，接受他们的民主评议。① 自 2006 年以来，祝温村通过法律规范和政策引导整合村集体经济组织和村级社团组织等各方力量，通过调动全村农民群众的积极性，扩大全村的宣传和教育，增强了全村农民群众的公共道德意识和法律意识提高了村民自治水平和自治的积极性。祝温村通过村两委率先带头，依法完善村干部联网保护制度，用网格化管理解决农民群众的困难。② 通过法律规范和政策引导，邀请祝温村知名乡贤返乡进行农村建设，支持和鼓励企业家和创业能手等发挥自身优势引入社会各方资源和力量对农村建设进行投资，各方对祝温村的投资在全村形成良好的发展氛围和发展环境。③ 在全村的规划建设和公共事务决策中，依法不断提升全村农民群众的参与度，依靠法律法规、浙江省地方性法规、宁波市地方性法规进行规范和引导，坚持全村重大事务的民主讨论和民主决策。

2. 江苏省张家港市永联村案例

江苏省张家港市永联村位于张家港市南丰镇，改革开放前永联村是张

---

① 人民日报社政治文化部. 共产党员应该知道的党史小故事［M］. 北京：人民出版社，2019：261.

② 苟文峰. 乡村振兴的理论、政策与实践研究［M］. 北京：中国经济出版社，2019：93.

③ 李海金. 脱贫攻坚与乡村振兴衔接：人才［M］. 北京：人民出版社，2020：125.

家港全市最落后的农村。通过改革开放的不断发展，永联村在实践中结合自身具体实际探索出了符合本村实际的农业现代化、城镇化、工业化全面发展的道路，成为中国经济和社会发展中知名的富裕农村。① 在不断推动本村经济发展的同时，永联村依靠农村法治建设在基层治理方面也进行了有益的探索和实践。

由于工业化和城镇化的推进，永联村的社会公共服务、医疗卫生教育等社会基础设施逐渐发展完善，随之产生了本村流动人口增加、社会管理难度和压力增大等问题。永联村结合自身的具体实际，依靠法律法规和江苏省地方性法规的规范和引导，创新本村的社会管理方式，通过与本村上级南丰镇政府合作组织的形式，依法成立了永联景区领导小组、承接上级乡镇政府延伸至本行政村内的公共服务和公共管理。依照相关法律和法规的规定，永联村在 2011 年成立了隶属于南方镇政府的永和社区，永和社区主要承担本村社区的相关社会管理和服务职能，实现本地农村社区的城镇化管理。同时将本村的学校和医院纳入到统一的管理中，实现了全村的信息化管理，达到全村"人人一卡通"和"镇村一网通"的信息化管理目标。永联村还依靠法律的规范和引导，积极推动本村的村级管理机制改革，通过法律法规和地方性法规的规范，保障和维护全村农民群众的合法权益。永源村经济合作社成立于 1982 年，永联村村民委员会和永联村经济合作社是两块牌子、一套班子，属于典型的村企合一的管理体制。永钢集团从 1997 年开始通过依法实施股份制改革，使永联村经济合作社从村级企业的管理中剥离出来，实现了村企分离的规范化管理。经过全村的不断发展、探索和实践，自 2013 年开始永联村只保留村经济合作社、作为管理村集体资产的最高权力机构。永联村在制定村级经济合作社社员资格确权办法、推动村级管理机制改革的过程中，依法充分保障和维护全村农民群众

---

① 刘志彪. 比较优势与示范效应：江苏现代化事业持续走在全国前列的思考 [M]. 北京：人民出版社，2014：212.

的合法经济利益。永联村在本村的管理和实践中，积极探索和完善本村的乡村治理机制，成立了永联村惠民服务中心、永联基金会、社会文明建设联合会、志愿者联合会等社会组织，① 通过向各类社会组织购买专业服务，为全村的农民群众提供了包括居家养老、扶贫济困等在内的社会公共服务，促进了全村的村民自治和社会组织的协同治理，形成了对永联村乡村治理体系的有益补充。②

① 苟文峰．乡村振兴的理论、政策与实践研究 ［M］．北京：中国经济出版社，2019：100.
② 许涛，张学良，刘乃全．2019—2020 中国区域经济发展报告：长三角一体化与区域协同治理 ［M］．北京：人民出版社，2020：253.

第五章　国外农业农村现代化过程中法治建设的经验借鉴和研究

　　实施乡村振兴战略是党的十九大作出的重大战略部署。乡村振兴战略是我国新时代"三农"工作的总抓手，是全面建成小康社会和全面建设社会主义现代化国家的重大历史任务。[①] 作为乡村振兴战略实施的重要组成部分，农村法治建设需要建立和健全农村法制体系和法治运行机制。农村法制体系和法治运行机制覆盖了农村法治建设的多个方面，包括农村组织建设、思想教育和文化建设、农业经济建设、农村社会权益保障建设等。[②] 一方面，由于历史发展的原因，我国农村具有自然、社会、经济等多重属性，导致农村普遍具有生产、生活、生态、文化等多重功能，乡村振兴战略实施成为一项复杂的系统工程。另一方面，我国的农村法治建设虽然已经取得了不小的成就，但是在农村法治建设的推进过程中，依然存在诸多的不足和亟待解决的问题。因此，我们有必要研究和借鉴发达国家的乡村振兴和农村法治建设经验。正所谓"它山之石，可以攻玉"，通过总结和梳理美国、欧盟以及东亚地区的日韩等国家和地区的农村发展成功案例，对我国乡村振兴战略实施提供借鉴和参考，从而更好地推动我国农村法治建设和乡村振兴战略的实施。

---

① 荀文峰. 乡村振兴的理论、政策与实践研究 [M]. 北京：中国经济出版社，2019：49.
② 欧阳仁根. 中国农村经济法制建设理论与实践研究 [M]. 北京：人民出版社，2007：48.

一、美国农村法治建设经验

作为全球经济实力和综合国力最强的国家，美国农业和农村的现代化主要是通过工业反哺农业、城市反哺农村的发展方式得以实现。同时，在推动农业现代化以及加强农村建设的过程中，美国通过农业立法的形式，依托完整的农业和农村法律体系，以法治建设的手段保证了农村的发展和现代化。美国的农村法治建设和发展经验可以为当前我国正在实施的乡村振兴战略提供借鉴和参考。

（一）高度重视农业立法

1. 美国农业立法背景

美国是实现农业现代化较早的西方发达国家。美国农业的发展和现代化，一方面是因为自身强大的工业实力和综合经济实力对农业的带动作用，另一方面是政府对农业进行了法治化的干预，美国政府制定了诸如农业法等大量涉及农村和农业的法律法规。虽然在不同的历史时期，美国政府对农业的干预程度不同，但是在经济和社会发展的总趋势中，美国政府通过法治手段影响和引导农业发展，不仅实现了农业现代化，还成为全球农业产业的第一强国。这不仅巩固了农业在美国经济和社会中的基础地位，也促进了经济和社会的全面发展。美国的农业法律法规制定始于 20 世纪 30 年代。1929 年至 1933 年的世界经济危机使美国农产品丧失了欧洲这一庞大的国外出口市场。早在 20 世纪初期，由于美国农业先天的发展优势，已经导致了部分农业产业和产品的过剩，世界经济危机的发生，无疑进一步加重了农产品过剩的危机。在这样的背景下，1933 年由美国罗斯福总统主导，国会通过了农业调整法，① 目的在于通过政府实施的政策对农业进行有效干预。此后该法案每隔五年修改一次，并在此基础上制定其他涉及农业和农村发展调整的法律法规。美国政府还通过其他手段和方式全面保护美国的农业制。一方面，美国政府通过贷款利率、价格机制、补贴等方式，对农产品的生产进行调节和干预；另一方面，又通过上述手段和措施以及相应的出口贸易保护制度，不断扩大美国农产品的海外出口和市场，并以此控制他国农产品对本国市场的冲击。

第二次世界大战后，美国主导和成立了关税及贸易总协定（General Agreement on Tariffs and Trade，GATT），成立的目的在于维护全球范围内政府间关税和贸易多边协定。② 在关税及贸易总协定的法律框架内，美国维持了较长时期的、相对稳定的农业政策，即通过价格和收入等政策调解来保护国内农业，保证美国农产品在国际市场上的竞争力。这些政策使美国国内农业生产从业者的收入保持了稳定和持续增长。随着 20 世纪 70 年代石油危机的爆发，越来越高的农业补贴使美国政府承担着沉重的财政压力。同时，高额补贴也降低了美国农产品和美国农业产业在全球的竞争力。随着全球化进程的加速，关税及贸易总协定于 1995 年在乌拉圭回合谈判中被世界贸易组织取代。在世贸组织成立的框架文件中明确要求美国等发达国家在未来的 10 年至 15 年内逐渐减少并完全取消国内农业补贴。

基于上述原因，1996 年 3 月 28 日，美国国会通过了 1996 年度联邦农业完善和改革法。该法案的基本特点包括：一是彻底放弃自第二次世界大战结束以来，美国政府为美国农业生产从业者提供的包括价格、收入、补贴等在内的农业政策；二是从 1996 年开始，经过 7 年的过渡，实现美国政府对本国农业和农业生产从业者的零补贴，从而将美国农业完全推向世界市场，真正实现完整意义上的美国农业市场化；③ 三是实施乡村社区提升

---

① 樊亢，宋则行. 外国经济史：第三册 [M]. 北京：人民出版社，1980：55.
② 杨树杉. 关贸总协定实用知识手册 [M]. 北京：人民出版社，1993：615.
③ 徐更生. 美国新农业法：取消价格和收入补贴 [J]. 改革，1996（5）：122 - 126.

计划，设立乡村基金用于农业和农村的发展。① 然而，2002 年 5 月 13 日时任美国总统的小布什签署了 2002 年度农业安全及农村投资法。他宣布，大幅提高美国农业补贴金额。自 2002 年开始的十年时间，美国将通过联邦政府对本国农业的补贴提高近 80%，总计超过 1 900 亿美元。② 而按照世界贸易组织法律框架内农业协定的相关规则，美国的农业补贴限额须控制在每年平均 191 亿美元以内。美国 2002 年的农业法案彻底违背了 1996 年削减农业补贴的国际承诺，意味着美国政府自 1996 年起推行的农业市场化改革发生了根本性逆转。究其原因，主要是自 1996 年起国际农产品市场需求疲软，导致美国农产品的国际市场价格持续下跌，美国国内农业产业和从业者收入下降，许多农场破产或者被兼并。美国在 2002 年通过的农业法案，旨在通过加大对本国农产品的补贴，提升美国农产品在国际市场上同欧盟等农业强国竞争的实力。

随着经济全球化的加速发展，世界贸易组织框架内相关规则不断完善。2014 年美国的农业法案不仅实现了对此前美国农业法案的修改，还逐渐与其他农业相关法律共同构成了范围更加宽广的美国农业法律体系。美国的这些农业法律和议案，大多都规定了联邦政府与本国农业产业、农场主、农村社区以及林业等相关部门的联系和发展计划。以 2014 年美国农业法案为例，不仅包括美国农业产业发展计划还包括农业相关行业的计划，如农业保险、农业用地、农业贸易、农业信贷、农村经济发展等。根据 2014 年美国农业法案，美国国会预算办公室制定了 2014 年至 2018 年为期五年的农业经费计划，总金额达到 4 890 亿美元。③ 其中 80% 的经费主要用于农业生产，8% 用于农业保险计划，6% 用于农业环保计划，5% 用于农业商品计划，其余的 1% 用于农业信贷、农村发展、农业推广以及林业

---

① 李洪涛. 乡村振兴国际经验比较与启示 [M]. 北京：中国农业出版社，2019：5.
② 郭玮. 美国、欧盟和日本农业补贴政策的调整及启示 [J]. 经济研究参考，2002（56）：29 - 31.
③ 同①，第 6 页。

等其他相关行业和部门的发展。①

2. 美国农业立法程序

美国是三权分立的资本主义国家，立法制度复杂。因此，美国涉及农业的相关法律的制定是一个十分复杂和漫长的过程。美国农业立法的一般流程是，首先要有国会议员和团体提出相关的法案和议案，国会参议院和众议院下属的农业委员会进行听证和审议。待听证和审议通过后，交由国会两院进行表决。法案最后表决通过后，由总统签署成为正式的法律文件。根据美国国内立法专家和法学教授的研究，一部重要的美国国内农业法律，从提案到总统签署成为法律一共要经过 28 个步骤。② 第一步，法案提出。农业法案的提出虽然从表面上看是来自国会参众两院的议员，但实际上背后推手是涉及农业产业的选民和利益集团。只不过在法案的表决当中，具体的立法工作是由代表产业和利益集团的相关议员向国会提出。从美国国内的普遍立法流程和立法规律来说，在实践中大多数农业法律的提出和修改都是由美国政府代表的行政当局提出。第二步，国会参众两院农业委员会的听证和辩论，将决定农业法案是否交由国会进行表决。交付国会表决以前，农业法案将首先由国会两院的农业委员会以及相关小组委员会负责审议。小组委员会经过审议后，会根据需要决定是否召开听证会。经过对法案逐条审议、讨论、修改后，最终会形成正式农业提案。农业提案经过小组委员会多数票通过后才能提交到农业委员会进行审议。在小组委员会提案的基础上，农业委员会在对该提案的审议和批准的过程中，形成农业委员会的正式提案。第三步，国会参众两院将对法案进行辩论和表决。按照相关立法程序，农业法律提案必须经过国会参众两院所有议员的辩论和审查。由于参众两院是分开审议法律提案的，如果参众两院对农业

---

① 李洪涛. 乡村振兴国际经验比较与启示 [M]. 北京：中国农业出版社，2019：29.
② 徐更生. 美国农业政策 [M]. 北京：中国人民大学出版社，1991：55.

法律提案分歧很大，则需要成立专门的两院联合委员会做统一提案工作。只有当两院都接受了联合委员会作出的统一的提案报告，才宣告整个法案立法的完成。最后一步，经过参众两院批准的法案将提交总统，总统签署该法案后就成为美国国内的正式法律了。

众所周知，美国国会的立法活动中存在着大量的"院外集团"。① 这些代表着众多利益群体和组织的游说集团，对美国的立法活动和立法结果起到了重要的影响和作用。② 在美国的农业立法过程中存在着众多因为相同农业利益而联合起来的利益集团。美国农业利益集团种类繁多，除全国性普通农业组织，如美国农场主联盟、全国农场主组织，还有全国小麦生产者协会、美国大豆协会等以单一农产品为基础发展形成的农产品组织。在美国农业立法的历史上，这些组织和集团多次利用自身的组织和影响力，对美国农业立法的进程和结果都产生了巨大的影响。

（二）依法保护和支持农业发展

20 世纪 30 年代的经济危机结束后，美国即开始着手制定有关支持和保护农业的法律。1929 年，美国正式颁布施行农业销售法。③ 自此，美国政府正式依照本国法律对国内农业生产和发展进行补贴。通过半个多世纪的不断努力，美国不断制定和修改完善涉及本国农业的法律。现在，美国已经形成了一套完整的支持和保护本国农业生产和发展的法律体系。

1. 依法支持和保护农业生产

美国立法保护本国农业生产和发展的目的在于防止农业因其自身原因而出现的不稳定。众所周知，农业产业本身具有先天的脆弱和风险，而这种产业特性可能对农业生产从业者的利益造成威胁和损失。因此通过立法

① 董小川. 20 世纪美国宗教与政治 [M]. 北京：人民出版社，2002：131.
② 李昌麒. 中国农村法治发展研究 [M]. 北京：人民出版社，2006：56.
③ 拉尔夫·德·贝茨. 1933—1973 美国史：上卷 [M]. 北京：人民出版社，1984：19.

保证农业生产和从业者能够获得美国社会的平均利润率，从而调动农业生产者的积极性，促进农业生产的健康、平稳发展，是美国农业立法的一个重要出发点。① 通过不断制定和修改完善相关的农业法律，美国已经形成一套完整的支持和保护农业的法律体系。美国法律对农业生产的支持和保护，可从以下四个方面体现出来。

第一，依法保障农业贷款。美国依法对农业生产及其从业者提供相应的农业贷款。美国农业贷款主要是由美国农业部下属的农产品信贷公司提供，实质是一种担保贷款，这种担保贷款又被称作无追索权贷款。无追索权贷款是一种涉及农业信贷领域的优惠贷款，申请主体主要是为了获得农业贷款而参与该项计划的农场主。无追索权贷款主要是由政府事先制定针对特定农产品的支持价格。在农产品收获后的任何时间，生产者都可以将该农产品以政府的支持价格抵押给农业部下属的农产品信贷公司，继而获得相应款项，其目的在于保证美国农业生产者的基本收入水平，防止因为农业生产的价格波动带来的风险。从业者在取得该款项之后，如果同期农业市场价格不能达到该支持价格的水平，则农业部下属信贷公司无权索回贷款。反之，当同期市场价格高于支持价格时，从业者可以按照自己的生产销售需求在市场上出售该农产品，然后用出售农产品所得获利，偿还该贷款的本息。一般来说，美国政府制定的农产品支持价格往往等于或略高于农产品的生产成本。而对农产品生产的贷款利率则远低于同期商业贷款利率。所以，美国的农业生产及从业者可以从无追索权贷款计划中，通过较低生产成本或贷款利率获得较高市场收益，即市场价格高于支持价格。②

第二，依法提供农业补贴。从 20 世纪 30 年代开始，美国陆续出台了有关农业的法律。自此，美国正式开始对本国农业实施补贴政策。在美国农业支持法律中，最主要的一项条款就是制定目标价格，依据目标价格对

---

① 李昌麒. 中国农村法治发展研究 [M]. 北京：人民出版社，2006：59.
② 何信生，高保周. 美国的农业保护及其启示 [J]. 世界农业，1999（7）：3-5.

具体的农产品进行差额补贴。目标价格就是农产品的最低保护价，目标价格的核算以生产成本为基本的确定量。其目的在于补偿农业生产从业者的生产成本，如用于农业生产的化肥，用于农产品运输的汽油，农业生产贷款的利息和税收，农场工人的工资等经常性开支。[①] 在计算完成本之后，以此作为计算农业差价并实施补贴的基础和依据。在农产品收获后，如果从业者以低于目标价格的市场价格出售农产品，就可以获得政府的差额补贴。补贴数额等于目标价格与市场价格的差额。通过价格补贴可以保证农业生产从业者的最低收入水平。此外，美国政府为了控制农产品的价格下跌，还依法对农产品的种植面积进行了相应的限制，在全国实行休耕补贴制度并一直延续到 1996 年。[②] 在 1996 年的农业法中，美国政府取消了实施近半个世纪的目标价格和市场差价补贴，只保留了最低保护价。农业生产从业者在进行农业生产时，可以根据其农产品种植面积，按照法律需扣除 15% 享受补贴的休耕种植面积，以农产品的正常产量和最低保护价计算自己的预期收入。如果从业者的生产低于预期收入，就可以获得政府的补贴。在 2002 年的农业法中，美国政府再次修改了有关农业补贴的法律条文，大幅增加了对美国国内农业生产的补贴。美国 2002 年农业法在商品补贴条款中通过贷款差额补贴，固定直接补贴和反周期补贴等主要措施，对美国从事小麦、谷物、棉花、大米、油籽等农业生产从业者提供收入补贴，对乳制品、食糖、花生等农业生产从业者提供价格和贷款补贴。[③]

第三，依法保护农业储备。美国农业储备计划又被称作农场主储备计划，这项计划从 1977 年开始实行，目的在于鼓励农业生产从业者自己储存农产品，根据市场的供求情况进行调节和出售。农场主储备计划是美国调节农产品供应政策的重要手段。按照该计划，政府会给予储存自己农产品

① 徐更生. 美国农业政策 [M]. 北京：中国人民大学出版社，1991：123.
② 卫志民. 政府、市场与企业 [M]. 北京：人民出版社，2015：214.
③ 陈锡文，程国强. 美国新农业法对中国农业的影响和建议 [J]. WTO 经济导刊，2003 (2)：12－16.

的从业者一定的储存费用。政府在要求从业者储存农产品的同时，对谷物等大宗消耗类农产品实行预先规定的"释放价格"。当农产品的市场价格低于释放价格时，农业生产从业者不能随便出售该类农产品。反之，当农产品的市场价格高于释放价格时，政府便不再给予从业者相应的储存费用。此时，农业生产从业者就可以依据市场的供求合理安排和出售其储存的农产品。该计划的实施使美国农业生产和农产品的调节趋于合理。同时，也使得美国政府对农业生产和农产品的调控达到了预期效果。

第四，依法实施农业保险。由于农业生产受自然因素的影响非常大，为了减轻因自然灾害给农业生产从业者可能造成的风险和带来的损失，美国政政府对本国农业生产从业者以及为农业生产提供保险业务的机构提供了大规模的保费补贴。这项政策使美国农业生产的从业者能以较低的保费普遍参加农业保险。① 美国的农业保险可以分为三种，即全风险保险、区域和单产品保险、气候和作物保险。1980 年作物保险法的规定，美国政府为全部保险作物支付 30% 的保险费补贴。1990 年修订后的农业法中规定，所有参加联邦作物保险的农作物，在遇到自然灾害时，可根据农业保险的有关法律规定获得较市场同期更高的赔付。即使没有参加农业保险的农作物和农产品，也可以按照相关农业保险的法律规定，获得其正常产量 40%的赔偿。总之，农业保险是美国对本国农业实施保护的一项非常重要的手段和方式。②

2. 依法保护农业贸易

美国自 20 世纪 30 年代起便通过国内农业立法，以法律的形式对农业贸易实行全面的政府干预。自美国农业法律出台至今，美国政府农业贸易对外追求目标就是扩大本国农产品的出口。为了确保这一目标的实现，美

---

① 徐世平. 社会主义新农村建设中的金融法律问题研究［M］. 北京：人民出版社，2012：92.
② 平凡. 美国及欧共体的农业保护政策［J］. 粮食问题研究，2004（2）：35－37.

国国会制定了一系列的农业贸易法律，这些法律制度经过不断的修改和完善后，至今仍然有效。这些法律涉及的对外农业贸易内容，主要包括以下两个方面。

第一，依法鼓励农业出口。美国政府为鼓励本国农产品的出口，制定了一系列详细的措施。这些措施的总称是美国农产品出口计划，该计划的主要内容有三个方面。一是降低美国农产品的出口价格。包括对美国农产品的出口实施价格补贴，对特定国家进行农产品赠予，降低美国国内农产品生产的贷款利率。美国农产品出口的价格补贴，主要通过对农产品直接进行价格上的补贴，达到降低美国农产品出口价格的目的。其目的在于使美国的农产品能够在国际市场上具备较强的竞争能力，提高美国农产品同其他实施农产品价格补贴的国家或者经济联盟竞争的实力。对外农产品赠予是根据美国第 480 号联邦法令的授权，可以将美国农业部下属的农产品信贷公司的库存农产品、美国农业生产从业者私人库存等直接赠予外国政府，或者通过国际组织、美国慈善机构等转赠给需要该农产品的国家和地区。降低农业生产的贷款利率有助于降低美国国内农产品价格，增加美国农产品的国外需求。二是主动扩大美国农产品的出口。美国政府通过对美国农产品进口国的财政援助，帮助美国农业生产从业者和生产集团开拓国外市场，扩大美国农产品的国际市场占有率。对此，美国政府还可以对农产品的出口提供信贷支持。三是利用贸易谈判扩大农产品出口。美国政府多次在多边和双边贸易谈判中创造有利于本国农产品出口的条件，以便于扩大本国农产品的出口。①

第二，依法限制农业进口。美国政府利用世界贸易组织相关协议和农产品进口限制免除条款，对输入美国农产品的数量和种类实行严格的限制。美国严格控制外国农产品进入美国市场，以此保证美国国内农业生产和农产品市场不受外国同类农产品的冲击。

---

① 徐更生. 美国农业政策 [M]. 北京：中国人民大学出版社，1991：291 - 292.

3. 依法推进农业组织化

美国国会在 1922 年通过了农业合作社法。农业合作社法就农业合作社的法律性质作出了明确的规定，即美国农业合作社是农业生产从业者为了满足本社成员的农业生产需要，并且不以营利为目的，相互结合、按劳分配、民主管理、平等合作的组织。就美国农业合作社的法律形式来说，可以分为法人合作社与非法人合作社。合作社依据自身形式的不同，也可以分为依照农业合作社法成立的专门合作社和依照公司法成立的普通合作社。

美国农业合作社的组织机构包括董事会和社员大会。① 其中社员大会由全体社员组成，一般每年召开一次社员大会。在任何时候，如有需要也可召开特别会议。合作社内的重大事项由社员大会投票表决，实行多数票表决制。合作社董事会成员由社员大会选举产生，董事会成员通常来自社员。董事会有权聘任相关业务经理，业务经理的职权依据董事会的授权行使。在董事会的监督下，业务经理可以负责合作社的日常经营和生产事务。美国农业合作社的资金主要来自本社社员的认购以及基于公平交易的原则而产生的金融借贷、资金筹措等。部分农业合作社的社员也可以不必交纳股金即可加入合作社。大多数合作社的资金筹措方式采取金融资本筹措方式，但是在资本筹措的过程中必须保证惠顾交易原则，即不能有失公允和丧失平等主体的地位。银行和金融机构的借贷资本也是美国农业合作社获取发展资金的另一种主要渠道。有借款和贷款资格的合作社可以到美国农业信贷系统下属的银行办理长期投资贷款或者短期经营贷款。美国发达的银行和金融系统为其国内农业合作社的正常运营和长久发展提供了可靠的金融和资金保障。同时，美国政府为了支持本国农业的发展，往往给予本国农业合作社多方面、全方位的支持，如给予合作社有限豁免待遇，

---

① 李乾元. 第三个春天：中国农业的合作之路 [M]. 北京：人民出版社，2011：108.

实行合作社特别税收优惠，提供专门为合作社制订的信贷计划等。值得注意的是，美国政府给予本国农业合作社的政策和支持，绝大多数要通过立法的方式以法律条文的形式确定下来。①

作为促进农业发展的组织，美国农业合作社从设立到运营都必须依法坚持非营利性的原则。不同于美国普通的公司，由于美国农业合作社具有非营利性，所以要通过美国国内立法予以特别规定。美国政府给予农业合作社的各种优惠条件和待遇，之所以必须通过立法的方式，以法律条文的形式确定下来，是因为这些用于支持合作社的优惠政策，不允许被用作其他普通公司的经营。因此，美国法律明确规定了本国农业合作社的准入门槛、运作要求以及设定条件等，防止农业合作社以非营利之名行盈利之实。美国农业合作社法律制度在不断发展和完善的过程中，促进了美国农业合作社的高效、规范和法制化运转。这些措施都对美国农业的快速发展和壮大作出了突出的贡献。

（三）依法加强和推动农村发展

美国是全球第一大经济体，也是世界上城市化水平最高的国家之一。美国常年位居农产品出口第一大国位置，是当仁不让的全球第一农业强国。自20世纪60年代起，美国城市化的高速发展产生了一系列城市问题，政府不得不出台一系列政策来解决城市化带来的突出问题。② 美国政府还依照美国国会制定的法律，推动小城镇和农村的发展，以此实现城乡多元融合和一体化。此外，美国还十分重视农业科技的研发和推广，并立法推动农业职业教育的开展。美国完善的法律体系和制度，对本国农业和农村社会的现代化发展起到了非常重要的作用。

---

① 米新丽. 美国农业合作社法初探 [J]. 江西社会科学，2004（3）：139－141.
② 徐和平. 经济发展中的大国城市化模式比较研究 [M]. 北京：人民出版社，2011：186.

1. 依法推动小城镇建设和发展

美国的城乡概念与中国有所区别，美国的乡村并非中国传统意义上的农村，其乡村和城市是按人口密度来划分的。按照美国联邦法律对城市和农村的定义，凡超过5万人口（含5万人口）的城镇及周边地区称为城市地区，其余均为非城市地区，也就是美国的乡村地区。① 美国政府对于小城镇的建设，实际上就是美国在国内对农村进行的建设。20世纪60年代开始，美国政府先后制定和出台了一系列支持小城镇和农村发展的政策。绝大多数政策后来经过国会的立法程序成为正式的法律。如1973年的农业与消费者保护法，2002年的农业安全和农村投资法，2014年的农业保护地役权计划等。② 这些法律都保证了美国的小城镇建设。在美国小城镇的发展过程中，政府始终将小城镇的建设同公共服务功能结合起来，不仅强调小城镇的个性化，同时也注重生活宜居和公共服务配套。这些政策的实施不仅推动了小城镇的建设，也促进了美国城乡均衡发展。对于美国部分贫困地区和农村地区，美国政府专门出台了优先支持当地经济发展的融资贷款和发展项目计划。

2. 依法加强农业科研和农业教育

现代农业的发展需要依靠科技的研发和进步。农民在从事现代农业生产的过程中，需要具备良好的农业职业技能，这就要求农民必须接受良好的农业职业教育。③ 美国之所以长期处在世界农业发展的前列，与其高度重视农业科技研发、农业技术推广以及农业职业教育密不可分。早在1862年，美国就出台了"莫里尔法案"（Morrill Act）。该法案明确规定，由联邦政府向各州无偿出让一部分土地，各州将这批土地出售获得资金后，成

---

① 李洪涛. 乡村振兴国际经验比较与启示 [M]. 北京：中国农业出版社，2019：5.
② 荀文峰. 乡村振兴的理论、政策与实践研究 [M]. 北京：中国经济出版社，2019：56.
③ 欧阳仁根. 中国农村经济法制建设理论与实践研究 [M]. 北京：人民出版社，2007：63.

立一批专门学院推广农业和机械制造技术的教育。① 在该法案的授权下，
美国先后成立了康奈尔大学和加州大学等院校。这些科研机构和院校为美
国农业科学技术的研发、推广以及人才培养起到了重要的作用。这些依靠
"莫里尔法案"成立的院校被称为"赠地学院"，它们依靠联邦政府的资助
成立了众多的本地庄稼和牲口改良研究中心，并以此发展出众多的农业试
验站，② 对美国农业的发展起到了巨大的推动作用。

二、欧盟农村法治建设经验

欧盟是当前世界上经济一体化程度较高的国家联盟和区域经济联合
体，欧盟各成员国情况差别巨大。各成员国不仅在地理、自然、气候、资
源等方面存在明显差异，从经济、社会和人口等方面看，欧盟各成员国的
农业和农村发展情况也不尽相同，有的成员国居于欧洲富裕国家行列，有
的成员国则尚未达到发达国家水平，有的成员国农业和农村建设已经实现
了现代化，有的成员国则处于落后和发展困难的现状。针对自身的情况，
欧盟在发展过程中不断调整和完善农业法律体系与农村振兴政策，在欧盟
成员国之间实现了不同国家、不同区域的农业和农村的协调发展。欧盟的
经验和做法为我国的相关农业和农村的实践提供了借鉴和参考。

（一）欧盟农村法治建设经验

欧盟作为重要的区域性经济联盟，拥有完整的农业法律体系和制度。
欧盟的农业法律主要是指成员国共同签署，并且由各国议会表决通过的欧
盟共同农业政策。欧盟的共同农业政策制定和实施分为两个阶段，在《马
斯特里赫特条约》签订以前是欧洲共同体共同农业政策，欧洲共同体（以

---

① 苟文峰. 乡村振兴的理论、政策与实践研究 [M]. 北京：中国经济出版社，2019：57.
② 丹尼尔·布尔斯廷. 美国人：民主的历程 [M]. 中国对外翻译出版公司，译. 上海：三
联书店出版社，1993：551 - 552.

下简称欧共体）在 1993 年更名为欧洲联盟后，相应的共同农业政策也变为欧洲联盟共同农业政策。

1. 欧盟农业立法背景

欧共体共同农业政策是欧共体在成员国内讨论通过并实施的第一项共同政策。共同农业政策在欧共体成立时签订的《罗马条约》中就曾被提及，通过欧共体各成员国的磋商后于 1962 年开始实施。欧共体的共同农业政策主要目标一是促进欧共体技术进步，保证欧共体农业生产，提高欧共体农业生产的劳动效率；二是通过提高农业生产的劳动效率，增加欧共体各成员国农业生产从业者的收入，实现欧共体农村和城市居民生活水平均等化；三是稳定欧共体整体农产品市场，保证各成员国农产品的供应和食品安全；四是保护欧共体各成员国的生态环境和农业生产环境；五是对欧共体各成员国的农业结构实施调整，促进各成员国农业和农村经济以及社会的全面发展。① 欧洲共同体先后制定和通过了三项共同遵守原则，以确保欧共体共同农业政策目标的实现，即单一市场原则、欧共体优先原则、欧共体共同财政原则。② 欧共体为协调各成员国之间的利益实施了多项措施，如统一农产品价格、实行市场干预、制定差别关税、发放出口补贴等。其中，在农产品价格方面的措施是通过欧共体理事会制定统一的农产品目标价格、门槛条件、政府干预价格，保证欧共体农业市场供应的平衡，维护欧共体各成员国的农业生产从业者和消费者的合法权益。在实行市场干预方面的措施是通过欧共体各成员国政府采取价格支持和农产品生产配额等相关措施，干预欧共体各成员国农产品的生产和销售，调节农产品的流通和储存。在农产品贸易方面的措施是通过实行欧共体的共同差别关税，限制欧共体外的廉价农产品进入欧共体各成员国。同时利用欧共体

---

① 祝宝良. 欧盟共同农业政策的变迁 ［J］. 世界农业，2003（6）：10－11.
② 赵昌文. 欧盟共同农业政策研究 ［M］. 成都：西南财经大学出版社，2001：43.

的农产品出口补贴，对外销售各成员国的富余农产品。欧共体的共同农业政策在实践中提高了各成员国农业劳动的生产效率，增加了各成员国农产品的供应，稳定了各成员国农产品的市场价格。但是，在共同农业政策的鼓励下，各成员国的农产品出现大规模剩余，导致欧共体为此支付了大量财政补贴，加大了欧共体各成员国的财政压力。①

　　欧洲共同体在 1993 年正式更名为欧洲联盟（以下简称欧盟）。欧洲联盟成立后，对此前欧共体的共同农业政策进行了较大的调整和改革。为了应对世界贸易组织乌拉圭回合谈判，欧盟在 1992 年 6 月正式开始实施共同农业政策改革计划。欧盟对欧共体的农业政策进行系统改革，由过去欧共体共同农业政策对农产品的价格支持改为农产品的基础价格机制和直接现金补贴。欧盟共同农业政策的改革目标如下五个方面。通过降低农产品价格支持的水平，保证欧盟农产品在全球农产品贸易中的竞争力；控制成员国因为农产品补贴而产生的财政预算赤字和农产品生产过剩；对欧盟各成员国的农业生产和农村土地进行规划和整治；保护各成员国的农村生态环境；促进各成员国农业和农村的平稳有序发展。欧盟农业部长委员会为此制订了以下具体措施：一是降低农产品支持价格，控制农产品生产；二是对农业生产从业者提供收入支持；三是督促各成员国进行农业结构调整。经过欧盟对共同农业政策的改革，欧盟的农业补贴和财政支持水平仍然位居世界前列。② 为此，美国和日本等其他世界贸易组织中的农产品贸易谈判方不断要求欧盟进行新一轮的共同农业政策改革。欧盟委员会在 1999 年讨论通过了欧盟 2000 年议程，强调对欧盟的共同农业政策进行更深入的改革。改革要求继续保证欧盟成员国农产品的全球竞争力，实施农业市场和价格的新准入制，突出欧盟农业发展的可持续性和综合性。强调建立欧盟共同农业政策第二支柱，实现未来欧盟农业和农村的进一步发展。

---

　　① 农业部软科学委员会考察团. 欧盟共同农业政策的形成与调整 [J]. 世界农业，2001 (7)：4 - 6.

　　② 李昌麒. 中国农村法治发展研究 [M]. 北京：人民出版社，2006：56.

欧盟自 1993 年开始实行新的共同农业政策后，其政策调整和改革突出了以下三个特点：一是世界贸易组织成立后，在农产品贸易谈判中，欧盟的共同农业政策面临强大的外部压力；二是欧盟针对各成员国的农业补贴标准较高，因此，欧盟和各成员国都产生了庞大的财政负担；三是欧盟成立后主导的两次有关农业政策的改革改变了过去欧共体共同农业政策对农产品的支持方式，降低了对农产品的支持价格，将农产品的补贴和支持调整为更加灵活的方式。欧盟还将共同农业政策的预算由过去的食品消费转为普通纳税，增强了欧盟财政支持的透明度。欧盟共同农业政策的变化和改革为我国协调区域和城乡发展、统筹中央与地方的农业和农村建设提供了新的思路。

2. 欧盟农业立法程序

欧盟组织机构中具有立法权的分别是：欧盟执行委员会、欧盟部长理事会、欧洲议会三个机构，因此，欧盟的农业立法活动主要围绕这三个机构进行。欧盟的农业立法分为三个阶段，即提出动议、实施咨询、表决决议。[1] 在提出动议阶段，发挥主要作用的是欧盟执行委员会。在实施咨询阶段，唯一的法定咨询机构是欧洲议会。在表决决议阶段，具有完全决定权和立法权的是欧盟部长理事会。涉及欧盟重大政治、经济、社会、外交等方面的立法都必须经过欧盟部长理事会的表决通过才能生效。

欧盟执行委员会的农业立法分为执行委员会立法和部长理事会授权立法。欧盟执行委员会可以依照法定程序进行普通农业立法，一般是在不公开进行的情况下通过简单多数票作出决议。欧盟执行委员会依照部长理事会授权进行立法时，欧盟部长理事会仍然保留一定的控制权。在执行委员会立法的过程中，欧盟各成员国的政府代表将组成委员会，并对执行委员会的立法过程进行监督和管理。由各成员国政府代表组成的委员会包括三

---

① 李昌麒. 中国农村法治发展研究 [M]. 北京：人民出版社，2006：64.

种类型，分别是咨询委员会、管理委员会、控制委员会。其中咨询委员会只具有咨询性质，不影响欧盟执行委员会作出的立法和决议。管理委员会对欧盟执行委员会的立法有一定的约束力，当欧盟执行委员会不采纳管理委员会的意见时，由执行委员会制定的法律可能会被推迟颁布和实施的时间。对欧盟执行委员会影响最大的是控制委员会，控制委员会对欧盟执行委员会通过的法律和意见拥有否决权。

欧盟部长理事会的立法程序包括咨询程序和合作程序。绝大多数欧盟的立法活动由部长理事会完成，通常在部长理事会的立法活动中实行的是咨询程序。这也就意味着欧洲议会对部长理事会的立法决议只能起咨询作用，而不能否决法律和意见。另外一种立法程序是合作程序，合作程序提高了欧洲议会在欧盟立法过程中的影响力。在合作程序中，部长理事会对立法的表决只能是通过法定多数形成一个共同立场，然后将共同立场及其相应的理由提交欧洲议会进行审议，欧洲议会有 3 个月时间对提交的共同立场进行考虑。合作程序的设定使欧盟部长理事会可以更充分的讨论及听取欧洲议会的意见。在《马斯特里赫特条约》中，欧洲议会被赋予了同部长理事会相同的立法权。[1]

3. 欧盟农业法律制度

欧盟对各成员国农业的支持和保护主要以农业补贴的方式进行。虽然欧盟各成员国的农业产值在各成员国的国内生产总值中所占比重很小。但是因为各成员国农业生产从业者对本国的选举具有重要作用，因此，欧盟各成员国出于争取这部分选民的需要，对本国的农业补贴常年保持较高的水平。欧盟和各成员国的农业补贴在欧盟预算中超过 50%，补贴具体措施包括如下三个方面。

第一，欧盟依法对农产品实行价格干预和补贴。与美国的农业价格干

---

① 赵昌文. 欧盟共同农业政策研究 [M]. 成都：西南财经大学出版社，2001：196 – 229.

预和补贴政策类似，在欧盟的共同农业政策中，当欧盟市场上农产品价格低于法定的干预价格时，欧盟可以用干预价格收购农产品，借此稳定欧盟各成员国农业生产从业者的收入。在农产品集中上市的季节，欧盟还可以根据共同农业政策，依法向相关从业者发放各种储藏农产品补贴。为应对欧盟成员国农产品过剩问题，欧盟对共同市场上的农产品实施配额限制，对配额以外的农产品予以销毁补贴。同时建立出口补贴机制，提高欧盟成员国农产品在全球农产品贸易中的竞争力。

第二，欧盟依法对各成员国的农业生产实行直接的生产补贴。欧盟的共同农业政策要求对成员国国内产能不足的紧缺农产品，在生产中除通过农业信贷机构为其提供无息贷款外，还责成各成员国给予该农产品生产的直接财政补贴。通过这些政策的实施，欧盟稳定了农产品的生产和市场供应，降低了农产品的生产成本，提高了农产品的质量和安全性。

第三，欧盟依法对各成员国农业的结构调整实施财政补贴。成员国中有关农业的结构调整包括农业现代化、贫困地区扶持、农产品深加工等，成员国在农业和农村经济结构方面的调整和改善，欧盟都可以依据共同农业政策给予成员国直接的现金援助和间接的财政转移等方式的补贴。

欧盟依据自身共同农业政策对成员国的农业发展实施补贴，不仅造成了欧盟农产品的过剩，增加了欧盟和成员国的财政负担，还成为欧盟与其他贸易伙伴产生贸易争端的影响因素。尽管欧盟在应对贸易争端时，通过改革等措施减少了对农业的直接财政补贴力度，但是欧盟对各成员国农业补贴的绝对金额没有减少，在世界贸易组织中欧盟的农业补贴仍然占有较大比重。①

4. 欧盟农村发展的机制创新

欧盟在成立和发展的过程中，对于农业的支持主要以补贴等方式进

---

① 袁东明，任晶晶. 中国加入 WTO 法律文件解读［M］. 北京：地震出版社，2002：283.

行。由于不同成员国的农村地区的情况差别巨大，欧盟对农村的建设和发展主要是通过法律和政策进行推动。在欧共体时期的政策主要是对农业生产和农产品贸易的支持，20 世纪 90 年代欧共体发展为欧盟后，欧盟的农业政策开始由单一的支持农业生产和农产品贸易转变为支持农业和农村的全面发展。欧洲各国在 1996 年召开了首届欧洲农村发展大会，促使欧盟和各成员国开始重视农村的发展。① 从经济和社会发展方面看，欧洲农村发展大会召开的原因是欧盟很多成员国都面临农村人口减少和老龄化问题。农村提供的就业机会较少，农业生产从业者收入水平较低。农村的社会公共服务资源与城市的资源差距过大。欧盟的农村经济和社会问题，在 2004 年 10 个中东欧国家成为欧盟新成员国后表现得更为突出。除经济和社会发展问题外，欧盟各成员国的农村生态保护和环境问题也日渐突出。农村人口的减少导致农业用地的荒芜，带来了对农村和周边生态环境的负面影响。

　　为了应对农村存在的上述问题，欧盟和各成员国讨论了农村复兴运动，提出了建设美好农村的发展计划。欧盟的农村发展计划主要包括如下五个方面：一是促进欧盟农村的繁荣，依托各成员国农村的不同特点，统一安排、整合各成员国的农村发展政策和措施，培育创业精神，促进各成员国的其他行业对农村进行投资。创新农业产业模式和农村就业环境，发挥各成员国农村的自身优势和特色，促进其农村的产业融合发展；二是加大农村投入，对于各成员国的农村地区，欧盟和各成员国政府出台相应的引导措施，吸引各成员国的公共和私营服务建设农村，以国家和社会的力量提升农村的整体活力，在农村的投资中注重引入互联网和数字技术的应用，满足农业和农村同现代工业与信息技术产业的对接，加强城市和农村的各项联系，促进城市和农村的协调与可持续发展；三是保护农村环境，对农村的生态环境保护给予政策和资金扶持，向各成员国农村提供环境公

---

① 苟文峰. 乡村振兴的理论、政策与实践研究 ［M］. 北京：中国经济出版社，2019：65.

共服务，保护各成员国农村的自然与文化遗产，根据农村的实际情况制订相应的农村环境公共产品及服务补贴，打造各成员国具有本国和地域特色的农村产业，发展生态、宜居、旅游、休闲等现代农业；四是改善各成员国的农村治理，对农村实施村民组织管理水平与能力提升项目和计划，鼓励各成员国农村开展自治实践，调动各成员国农村生产和自我管理的积极性，依托城市资源对农村开展教育、培训和交流等活动，推动农村地区与城市地区、农业与其他产业形成相互补充和共同发展的模式；五是对各成员国农村加强政策落地和推广，简化农村的行政管理和监管程序，对涉及农村发展的部门加强绩效管理和问责监督，重点考核各成员国农村的资金使用和项目完成情况，以绩效评估等现代管理方式反映农村的发展效果。

随着 2004 年 10 个中东欧国家加入欧盟，欧盟自身的农村发展情况相比过去欧共体时期更加复杂，欧盟内部与农业和农村相关的经济、社会、人口变化加剧，对欧盟的农村发展提出了更高的要求。为了应对上述挑战，欧盟在 2013 年通过立法的方式设立了欧洲农村发展基金，该基金是指导欧盟各成员国制订和实施本国农村发展计划的法律框架。欧洲农村发展基金的设立，标志着欧盟农村发展政策进入新阶段。欧洲农村发展基金设立的目的，旨在帮助各成员国农村解决 21 世纪面临的经济、社会和环境挑战。欧洲农村发展基金总额 1 000 亿欧元，资金来源主要由欧盟各成员国按一定比例进行缴纳。各成员国可以依据法定程序和缴纳比例从基金中获得农村发展的资金支持，各成员国的资金使用时间为 7 年。近年来，欧盟在农村发展上投入了大量资金。有数据显示，2000 年至 2006 年，欧盟的农村发展预算占欧盟共同农业政策的 10%；2007 年至 2013 年，欧盟农村发展预算已上升到共同农业政策的 25%；2014 年至 2020 年为 27%。其中 2014 年至 2020 年，欧盟共有 118 个农村获得欧洲农村发展基金的支持。在欧盟中的 20 个成员国制订了本国的国家农村发展计划，其余 8 个成员国根据自身和地区情况，同时制订和实施了多个区域性农村发展计划。①

（二）德国农村法治建设经验

德国作为欧盟中经济体量最大的成员国，也是世界上重要的科技大国、工业大国、农业大国。在第二次世界大战后，德国经历了经济的高速发展，面临着农村人口减少、农村经济活力不足的困境。面对城市化和工业化加速发展过程中农业和农村发展产生的问题，德国通过不断完善本国的农业和农村发展和治理措施，实现了本国农业和农村的发展现代化，尤其是联邦德国和民主德国 1990 年 10 月 3 日实现统一，为德国农业和农村的进一步发展创造了有利的外部条件。统一后的德国出台了一系列农业和农村的相关法律，通过实施城乡和区域均衡策略以及产业布局调整，引导和规范农业和农村的改革，出台法律和政策支持农业和农村的创新，促进了农业和农村的稳定与发展。德国的农业法律制度主要包括农业法、土地整治法、合作社法、改善农业结构和海岸保护共同任务法等。② 德国在调节发达地区与欠发达地区之间的产业协作以及联合发展的实践中，探索出了适合本国区域间平衡协调发展的路径和方式，对于我国今天的东中西部联动发展以及推进农业和农村现代化有一定的借鉴意义。

1. 依法推动产业布局调整

联邦德国在 1965 年颁布实行了空间规划法，在联邦德国农村的建设和发展过程中，首次以法律的形式明确了农村居民和城市居民应享有同等水平的生活条件。依据空间规划法的规定，联邦德国的城市化发展和城市规划突出了均匀分布和规模均衡的模式。联邦德国 60.6% 的人生活在人口 2 000 至 10 万的小城市和小城镇里。从 20 世纪 50 年代开始，联邦德国先

---

① 李洪涛. 乡村振兴国际经验比较与启示 [M]. 北京：中国农业出版社，2019：60.
② 苟文峰. 乡村振兴的理论、政策与实践研究 [M]. 北京：中国经济出版社，2019：61.

后颁布、实施了土地整治法和农业法，通过土地整治推动农村和小城镇的发展。通过整治农村和小城镇，使政府可以在部分小规模农户退出农业生产后遗留的土地上，集中政府和社会力量进行规模化农业经营和发展。政府还加强了农村地区的基础设施建设、医疗卫生、教育事业等公共服务的供给，在法律规定范围内实现了城市和农村居民生活水平的均等化。德国统一后，政府通过法律和政策引导德国工业企业向中小城市、小城镇和农村布局。通过强化小城镇和农村的产业配套与服务功能，成功吸引了大量中小企业和大型企业入驻。通过加强基础设施建设、提升中小城镇和农村的交通便捷性和公共服务均等性、增加中小城镇和农村的就业机会等方式，使中小城镇和农村成为德国居民的理想生活家园。通过产业布局调整，德国已经形成产业和人口的逆城市化发展趋势，初步达到了城市分布和规模的均衡化发展目标。

2. 依法发挥农协作用

德国的行业组织和行业协会具有悠久的历史，在农业的发展过程中建立了广泛的农业协会和农民团体组织。农业协会等组织在保障农业生产从业者的权益、确保粮食和食品安全方面发挥了重要作用。德国通过农业协会的管理，培养了大批具有职业资质和技术的职业农民。德国的职业农民普遍具有较高的专业化水平，从事农业生产活动时需要持证上岗，必须接受最少三年的实践、劳动以及理论学习，因此，德国职业农民的准入标准非常严格。在德国农业协会的支持下和推动下，农业生产从业者中具有职业教育学历的人数和比重大幅增加。其中，具有初等职业进修学历的农民占全部农民的比例为59%，具有中等职业教育学历的农民占全部农民的比例为31%。农业生产从业者受教育水平的不断提高对德国农业和农村的现代化发展具有重要作用。除培训、教育、管理全国的职业农民外，德国农业协会在产业发展和从业者合法权益保护中也发挥了重要作用。在德国农业生产从业者中，超过90%的人都是德国农业协会的成员。① 农业协会在负责和维护农业生产从业者的合法权益时，主要提供相应的法律咨询服务。此外，农业协会还提供与农业相关的教育培训、技术推广、开拓市场等服务。农业协会在日常工作中重视协会及其下属机构的农业生产从业者的政治、经济和社会合法权益，关注农业和农村的整体发展，定期将协会成员和农业及农村的情况反馈至德国政府的相关管理机构。农业协会在农业生产从业者、政府和企业间扮演沟通和协调的角色，为农业生产和农村建设发挥了积极作用。

3. 依法实施农村规划和建设

德国从20世纪70年代开始实施"村庄更新"计划。"村庄更新"计划又称"农业结构更新"计划，是德国在推动农业和农村的可持续发展过程中，结合农业和农村的生态、文化、旅游、经济等各方面的价值，依据农村实际情况推出的农村建设和发展方案。"村庄更新"计划的目的是保留农村原有的特色，通过与城市规划和基础设施建设相结合，实现农村的美丽宜居。在农村规划方面，德国的"村庄更新"计划强调对生态环境的保护和城乡规划的协调，以适应德国规划体制中农村地区与城市地区的规划相互独立的状况。"村庄更新"计划在基础设施建设、产业发展与就业、生态环境保护、社会文化促进等方面突出农村地区和城市地区发展的平等性，强调农村居民和城市居民在生活、就业、公共服务等方面的均等性。在"村庄更新"计划中，德国专门成立农村规划小组，从多方面加强对农村的规划和引导，其中包括加强农村居民的环保意识、对农村的生态环境建设进行规划和监督、鼓励农村发展无污染行业、在农村和小城镇建设中注重排污设施的建设、实行垃圾分类处理；建设农村生物循环系统；加强环保知识宣传等。进入21世纪，德国联邦政府农业与食品部出台了新的农

---

① 丁声俊. 中德农村合作制的比较：下 [J]. 世界农业，1995（5）：6-10.

村发展计划，目的在于提振农村发展，应对农村人口老龄化和人口减少的问题。农业与食品部在 2015 年专门成立了乡村战略司，支持农村地区的体制机制创新以及产业技术研发。政府通过联邦财政资金对有关农村创新发展的研究进行资助。①

4. 依法加强农村合作社的发展

德国的社团组织在经济发展过程中扮演了重要的角色，德国的农业合作社在本国的农业发展中也起着举足轻重的作用。德国在 1867 年就制定了第一部合作社法，这部合作社法经历了一个多世纪的不断发展和完善后，迄今仍然是德国农业合作社活动的法律基础。② 德国现行的合作社法对合作社运作有明确规定，如合作社的法律地位、合作社的经济权益、合作社社员的权利与义务、合作社的组织结构、合作社的监督和审计等。合作社法明确了合作社与本社社员的关系和准则，指出合作社成立的目的是为社员提供多方面的服务，突出了合作社的非营利性质。③ 德国的合作社没有人数限制，成立的目的和宗旨是促进社员的经营活动，同时也是一个以共同业务活动为手段的联合社团组织。德国的合作社由社员自愿组成，将实现社员的相互合作和经济发展作为合作社的发展目标。合作社具有完全的法人地位以及独立的权利义务和能力，同时合作社还具备完整的组织系统。④

德国的农业合作社由三个机构构成，即社员代表大会、理事会、监事会。合作社的最高决策机构是社员代表大会，由合作社全体社员组成。合作社社员代表大会实行一人一票制，在讨论某些可能产生影响合作社的重大决定时，合作社部分重要社员可以实行一人三票制。合作社的业务执行

---

① 苟文峰. 乡村振兴的理论、政策与实践研究 [M]. 北京：中国经济出版社，2019：60.
② 欧阳仁根. 中国农村经济法制建设理论与实践研究 [M]. 北京：人民出版社，2007：79.
③ 李昌麒. 中国农村法治发展研究 [M]. 北京：人民出版社，2006：67.
④ 丁声俊. 中德农村合作制的比较：上 [J]. 世界农业，1995（4）：9 - 12.

机构是本社理事会，理事会必须由至少两名本社社员组成，且理事会成员由合作社社员代表大会选举产生。理事会在合作社中负责具体的业务工作，除法律和合作社章程的规定外，理事会不能接受其他任何相关业务的指示与命令。理事会具有独立的业务执行权力和能力。合作社的监督和检查机构是监事会，监事会成员由社员大会选举产生，并对合作社的理事会进行监督。监事会的组成必须由至少三名本社社员组成，监事会拥有监督和检查理事会的权力。监事会可以对合作社的理事会及其他部门实行监督，但监事会不能直接领导合作社进行具体业务活动，也没有权力对理事会作出有关具体业务的指导性和限制性指令。①

（三）荷兰农村法治建设经验

荷兰作为国土面积仅有四万多平方千米、人均耕地面积远低于世界平均水平的小国，却拥有全球最发达的农业产业和农业科学技术。荷兰作为欧盟中经济总量位列第六的成员国，同时也是全球第二大农产品出口国，荷兰农业以现代化、科学化、专业化、集约化为标志。荷兰的农产品出口量位居世界第二，主要农产品包括肉、蛋、奶、蔬菜、花卉、土豆等，荷兰的农产品常年供应整个欧盟。其中荷兰的蘑菇、鲜花、奶酪、土豆种子的出口量位居世界第一。② 荷兰发达的农业产业离不开完善的法律制度和体系。荷兰的农业法律包括土地整理法、城镇和乡村规范法、土地开发法、危机农业财产法、饲养动物公共健康法规、农用地转让法、农业财产法等。荷兰在农业发展和农村建设方面取得的成就值得我国学习和借鉴。

1. 依法实现农业生产现代化

荷兰的国土面积狭小，可供农业生产的土地更少。因此，如何利用有

---

① 郭国庆. 德国《合作社法》评介 [J]. 河北法学, 1999 (1)：100-101.
② 韩长斌. 社会主义新农村建设 [M]. 北京：人民出版社, 2011：304.

限的土地实现高效的农业生产是荷兰面临的主要问题。荷兰政府通过大力发展农业基础设施，加强农业土地规划，提高农业科技投入和研发，构建了荷兰高效的农业产业体系。

荷兰政府在 1965 年颁布、实施空间规划法，将荷兰全国的农业土地开发和整治纳入法制的框架中。空间规划法明确规定，荷兰农村地区的所有土地，利用方式必须符合空间规划法的相关规定。随着荷兰农业的不断发展，对土地的需求也不断增加，荷兰政府 1985 年推出土地开发法，强化了荷兰全国农业土地的综合利用。依托土地开发法，荷兰有效地保障了农业土地的综合开发和集约利用，实现了农业的综合化和现代化发展。荷兰的农业发展突出了现代化和集约化的特点。在农业发展的过程中，荷兰通过建设以玻璃温室为特色的现代农业，使荷兰农业实现了小规模土地的大规模集约开发和高效发展。荷兰的玻璃温室建筑面积约占全球温室总面积的 1/4，温室通过现代化的智能控制和科学技术的推广应用，为农作物的生长提供了适宜的温度、湿度、光照、营养等增产条件。除温室种植技术的推广和发展外，荷兰还大规模普及无土栽培、模拟气候、移动保温幕布等一系列农业新科技和新技术。通过科学化和集约化的农业生产，荷兰农业在现代化的农业设施中实现了可持续发展。除关注农业土地开发和农业生产外，荷兰还加强了农业产业链条的构建。作为欧盟的菜园和欧洲的花匠，荷兰在大力推进农业科学技术应用和创新的基础上，依托荷兰国内交通便利的条件以及基础设施发达的优势，在本国法律和政策的推动下，荷兰政府打造了具有本国特色的高效农业产业链和产业集群。荷兰凭借自身位于欧盟中心的有利位置和条件，积极发展相关农业园区。荷兰的农业食品园区集聚了大量的欧盟和全球大型食品企业。同时，荷兰的高校也为荷兰农业的研发提供了强大的动力。荷兰瓦格宁根大学作为欧洲最权威的农产品和食品营养研究机构，为荷兰农业的发展提供了重要的智力支持。①

---

① 荀文峰. 乡村振兴的理论、政策与实践研究［M］. 北京：中国经济出版社，2019：62.

2. 依法实现农业市场规范化

荷兰为发展本国农业建立了一套规范的市场经营模式，涵盖流通、经营、消费等各个市场环节。荷兰规范的农业市场及其经营模式为荷兰农产品的销售提供了畅通的物流渠道和市场环境，为荷兰农产品的出口奠定了坚实的基础。

荷兰的农业生产大多采取订单式和个性化生产服务模式。荷兰的农业生产模式经历了由过去的直接生产转变为面向客户的订单式生产，订单式生产已经成为荷兰农业生产的主要方式。通过订单式农业生产，荷兰的农业企业和经销商可以向荷兰的农业生产从业者订购个性化的农产品，并且在订单下达之时，明确购买农产品的品种、数量、质量、价格，最大限度地实现精准化的农业生产。订单式的农业生产，可以最大限度地规避农业生产和经营的风险，使农业生产的从业者能够专注农业生产本身，避免因为市场的波动而干扰农业生产的正常进行。荷兰的农业生产建立了多种多样的农产品分销模式。荷兰的农产品分销主要有三种方式，即拍卖、集体议价、集中采购。其中，荷兰的花卉产品主要是通过拍卖的方式实现销售。蔬菜、谷物等传统农产品通过荷兰本国的农业合作社和农业经销商进行直接议价，条件谈妥后即可签订销售协议、完成销售。部分荷兰大型乳制品生产企业采取直接采购的方式，从企业下属农场进行农产品的内部采购，不仅节约了采购成本和物流花费，还实现了企业利润的最大化。荷兰的农业产品销售通过遍布荷兰的行业分销组织展开。这些行业分销组织数量虽然不多，但颇具规模，提高了荷兰农产品的流通效率。荷兰的农业通过市场化、规范化、法制化的发展，建立了农业与市场参与主体之间的合作共赢的互惠模式。荷兰国内众多的农业合作组织已经在农业相关领域建立了包括生产、销售、农业机械、农产品深加工、农业保险、农业金融等方面的服务组织，方便荷兰农业生产从业者与市场交易主体的各种交流和联系。

3. 依法实现农业开发综合化

随着近年来全球气候变暖、生物多样性等环境议题的凸显，荷兰在发展农业的过程中也逐渐意识到农业开发的综合利用和环境保护等问题。荷兰政府除推动农业生产的现代化外，还强调农业与自然环境保护、旅游休闲等相关产业的融合发展。20 世纪 80 年代后期，荷兰政府开始加强对生态环境的保护。在 1985 年出台的土地开发法中，荷兰明确规定空间规划必须划定生态红线和绿线。① 生态红线范围是指城市建设用地，生态绿线范围是指自然保护区和农田。土地开发法明确规定，荷兰的城乡建设必须严格划定生态绿色区域、保护环境，实现生态环境的可持续发展。随着荷兰的农业土地开发逐渐转向综合化方向发展，文化保护、旅游休闲等逐渐被纳入政府的农业和农村土地开发规划中。荷兰的农业不仅实现了农业生产的现代化，还注重与第二和第三产业的融合，尤其注重农业创意产业的发展。在实现农业与其他产业相融合的过程中，荷兰将本国秀美的自然风光、独特的民族文化以及现代的农业产业结合起来，在农业生产过程中融入了休闲娱乐、旅游观光以及文化传播等功能，增强了农业产业和农产品的附加值。如荷兰著名的库肯霍夫公园是目前世界上规模最大的郁金香生产基地和旅游观赏公园，在该公园中不仅可以购买到全球顶级的郁金香花卉产品，还可以多角度、全方位地欣赏到郁金香生产的过程，给游客带来了耳目一新的农业旅游感受。②

三、东亚农村法治建设经验

东亚地区的日本和韩国与我国相邻，日本和韩国的农业产业和农村形

---

① 荀文峰. 乡村振兴的理论、政策与实践研究 [M]. 北京：中国经济出版社，2019：63.
② 李洪涛. 乡村振兴国际经验比较与启示 [M]. 北京：中国农业出版社，2019：60.

态与我国有诸多相似之处。两国在第二次世界大战结束后的经济快速发展过程中，也曾面临城乡差距扩大、农村发展滞后等诸多问题和困难。两国对此制定了农村法律法规等一系列行之有效的政策措施，取得了显著成效。对日本和韩国的农村发展以及农业法治建设的经验做法进行分析，可以为我国的乡村振兴战略实施提供借鉴和参考。

（一）日本农村法治建设经验

日本的城市化和工业化在第二次世界大战结束后开始加速推进，虽然带来了日本经济的飞速发展，并且使日本在 20 世纪 60 年代末成功超越联邦德国，成为世界排名第二的经济大国，但是由此产生的日本城乡差距扩大、农村人口缩减、农业萎缩等问题也越来越严重。为了应对国内农村和农业的日益衰落，日本通过立法、政策引导、引入市场合作等方式，不断挖掘日本农村独特资源和文化的同时，在各地农村因地制宜地开展农村建设和振兴运动，经过政府和社会各方的不断努力，最终实现了日本农村的振兴和持续繁荣。[1]

1. 日本农业立法沿革

日本农业立法是在日本战后工业高速增长，而农业相对萎缩，工农业比重失衡的情况下实施的。[2] 第二次世界大战后，随着日本经济的迅速发展，经济和社会全面进入工业化，农业在日本国民经济中的地位不断下降，工业和农业发展的不平衡状态不断加剧。20 世纪 60 年代，经济的快速发展带来了日本城乡差距的逐渐扩大，导致日本农村从事农业生产的劳动力大量外流。为了应对城乡差距和工农业差距不断扩大的问题，1961 年日本颁布了农业基本法。实行该基本法的目的是提高农业生产率，改变国

---

① 荀文峰. 乡村振兴的理论、政策与实践研究 [M]. 北京：中国经济出版社，2019：49.
② 李昌麒. 依法保障和促进农村的改革、发展与稳定，中南海法制讲座十四讲 [M]. 北京：中共中央党校出版社，2003：154.

内农业同其他产业，尤其是工业在生产上的差距，提高农业生产从业者的收入水平，使之与其他产业的从业者一样享受同等的收入水平和生活保障。① 依据农业基本法的相关规定，日本对本国农民的和农业的保护力度超过大多数西方国家，成为资本主义发达国家中农业保护水平最高的国家之一。日本政府利用国民经济快速发展形成的雄厚财政实力，依照农业法律不断向农业和农村发展提供充足的财政资金和信贷支持。政府的大力投入使日本农业的基础得到充实，也使得日本农业生产从业者的收入居于国内较高水平。同时，日本农村的社会和经济环境也得到不断改善。在农业基本法颁布实行后，日本又陆续通过了一系列农业法律和政策，作为对农业基本法的补充，日本农业基本法构成的日本农业法律体系维持近40年，其立法之初的主要目标和任务已经基本实现。1999年7月，日本颁布新的食品、农业、农村基本法，取代1961年制定并实施了将近40年的农业基本法。1999年的日本新农业法在坚持对农业进行保护的基础上，针对日本经济和社会发展产生的新变化，规定了日本农业发展的新目标。新农业法明确指出，日本的农业发展要确保本国粮食的安定供给以及农业产业的可持续发展，实现振兴日本农村的目标。②

日本的立法权集中于日本中央政府，因此，日本的农业立法也是按照日本的国家意志和中央政府的要求进行的。在起草和制定日本农业法律的过程中，考虑到日本各地不同的农业发展情况，农业主管部门会组成临时委员会，对全国各地的农业发展状况进行调查和研究，寻找解决问题的办法和措施，并以此形成可供立法部门参考的意见和建议。③

纵观日本战后的农业法律实施情况，日本政府除对农业实行大力的财政扶持和价格补贴，还针对本国的农业和农村发展制定了"小农经营"的

---

① 姜爱林，于可. 日本农业立法概述 [J]. 安徽大学学报，1996（6）：77-78.
② 王慧. 日本农业法体系的变化：从《农业基本法》到《食品、农业、农村基本法》[J]. 农业经济问题，2001（6）：62-63.
③ 柳光强，王海. 美日农业法比较及借鉴 [J]. 甘肃农业，2003（5）：55-56.

模式，成立了农协、农业技术普及组织、农业政策金融体系等。① 这些组织和体系在维持日本农业的稳定和发展的过程中起到了重要作用。即使在加入世界贸易组织后，日本政府仍然能够根据本国农业和农村的实际情况，充分利用世界贸易组织的相关规则，对本国农业实施有效的保护政策，其经验和做法值得我们借鉴和参考。

2. 依法支持和保护农业

第二次世界大战结束后日本经济获得高速发展，在此期间日本通过了一批与农业相关的法律，开始实行"依法保农"的政策。除农业基本法外，日本还制定并实施了农产品价格稳定法、饲料供应稳定法、农地法、水和资源开发促进法、农业改良促进法、农业协同组合法等，形成了一整套完整的农业法律体系。日本的农业法律体系对保护日本农业和推动日本农业现代化提供了坚实的法律保证，日本的农业法律体系对农业的保护和推动主要包括以下三个方面的内容。

第一，农业法律对农产品价格的保护。日本农业法律对农业和农产品保护的主要方式是实行价格支持。农业法律中价格支持的形式主要有以下五种。一是成本与收入补偿制度，用于对大米等基本农作物的价格支持；二是最低保护价格制度，用于对小麦、土豆、甘薯、甜菜等非基本农作物的价格支持；三是价格稳定制度，用于对肉类和乳制品的价格支持；四是价格差额补贴制度，用于对大豆、油菜籽、加工类农产品的价格支持；五是价格平准基金制度，用于对蔬菜、蛋禽、水果类加工农产品等的价格支持。这些价格支持制度实质上是一种差价补贴制度。与美国的农业补贴制度类似，当这些产品的市场价格低于日本政府规定的目标价格时，农产品价格的差额由日本政府、日本农协、日本农业生产从业者三者共同出资的

价格平准基金支付。①

第二，农业法律对农业的补贴。日本的农业法律在对本国农业的保护中非常依赖补贴，日本政府每年向农业生产从业者及各种农业团体提供众多的补贴。农业补贴除对农产品的价格补贴外，对农业生产投入的补贴是另外一种重要的补贴形式。日本政府对农业生产投入的补贴主要有以下三种：一是农田水利建设补贴；二是农机设备更新补贴；三是农业贷款利息补贴。② 依托日本政府对农业的补贴，日本农业发展的资金来源逐年增加。依托这些外来资金对日本农业的帮助，使农业生产的成本减少，提高了农产品的回报率和市场竞争力。③

第三，农业法律对农产品贸易的保护。日本1995年加入世界贸易组织，同时开始实施世界贸易组织框架下的农业协定。日本农业法律由过去限制国外农产品进口数量、支持国内农产品和农业生产发展的政策逐渐调整。一是实行大米等基本农作物的关税特别条例；二是除大米外其他限制进口的外国农产品实施关税化政策，但是小麦和部分乳制品仍然维持非关税化的国家贸易体制，其余农产品实行完全的民间贸易和关税配给制；三是日本在实施世界贸易组织农业协定的最初六年时间内，普通农业关税平均下调36%，单一农产品关税至少下调15%。④

3. 依法推动农业和农村发展

日本在推进工业化和城镇化的过程中，产生了城乡发展差距扩大、农村人口减少、农业产业萎缩等问题。为了应对上述问题和促进城乡均衡发展，最终实现日本农业和农村的现代化，日本政府通过挖掘本地资源，提出日本农业和农村因地制宜的发展理念。依托日本各地农村资源和文化进

---

① 冯海发. 日本农业保护探析 [J]. 日本研究, 1994 (1): 29 – 32.
② 郑秉文, 方定友, 史寒冰. 当代东亚国家、地区社会保障制度 [M]. 北京: 法律出版社, 2002: 118.
③ 冯海发. 日本农业保护探析 [J]. 日本研究, 1994 (1): 29 – 32.
④ 齐婵娟. 日本的农业保护政策 [J]. 世界农业, 1996 (6): 14 – 16.

行开发，推动日本各地的农村建设，实现日本农村的可持续发展和繁荣。为了实现农村现代化，日本先后出台了多部相关的法律。主要有1965年出台的山村振兴法、1999年出台的食品、农业、农村基本法、2010年出台的六次产业化法。一系列有关农村和农业现代化的法律文件及政策措施的出台，为日本农业和农村现代化提供了坚实的法律保障。在日本推进本国农业和农村现代化的过程中，主要通过以下三个方面实施。

第一，依法实施"一村一品"的农业特色发展模式。① 由于日本农业大多以小规模的农业生产和种植为主。因此，日本政府根据本国农业和农村的特点，拟定了"一村一品"的区域布局和产业发展模式。因地制宜地发展各地的特色农业产业和农产品，形成了具有各地特色的区域品牌和产业集群。日本政府根据本国的自然条件和地理特点培育了一些特色产业基地，如水产品基地、香菇基地、水果基地、肉牛和乳制品基地等。② 此外，日本政府还鼓励各地对本地特色农产品实施深加工，提升农产品的附加值，扩大农产品的对外销路。

第二，依法促进日本农业和其他产业的融合发展。依托2010年出台的六次产业化法，日本政府鼓励本国农业生产从业者由第一产业向第二产业和第三产业延伸，促进农业和其他产业的融合发展。日本政府将农产品的产业融合具体表现为"本地生产，本地消费"的模式。通过各地自身的生产和消费，有效地培育各地的名优农产品品牌，增加各地相关的就业，强化各地农产品的特色开发和加工。在互联网经济模式的推动下，政府鼓励各地的农产品实行个性化定制和网络化销售，以此实现农产品附加值的增加和产品利润的提高。在产业融合发展的过程中，日本充分发挥本国农协的作用，日本农协包括日本中央农协联合会和各地农协联合会。依托中央和地方农协的网络、技术和渠道，使各地的农产品在生产、加工、流通、

① 荀文峰. 乡村振兴的理论、政策与实践研究 [M]. 北京：中国经济出版社，2019：49.
② 李洪涛. 乡村振兴国际经验比较与启示 [M]. 北京：中国农业出版社，2019：76.

销售各环节形成优势互补，扩大各地农产品的流通和销售。

第三，加强农业和农村现代化人才的培养。日本政府高度重视农业和农村人才的培养工作，政府支持各种社会力量参与农业和农村人才教育培训。通过全国的各类农业学校，有计划地对农业和农村的相关从业者开设不同类型的培训班。[①] 针对不同的农业技术和农业开发等领域需求，进行专门的农业科学研究和农业技能培训。不断拓宽农业生产从业者的职业水平和职业技能，实现农业和农村人才的知识技能更新。鼓励农业和农村中高素质人才进行交流与合作，政府定期举办各种农业相关的研讨会和交流会，[②] 为高素质人才搭建广阔的交流平台和发展空间，同时为他们的创业和发展提供强大的法律和政策支持。

（二）韩国农村法治建设经验

韩国在第二次世界大战结束后创造了经济发展的奇迹，作为发展中国家向发达国家转变的成功典范，韩国已经实现了本国工农业和城乡现代化。回顾韩国的现代化建设和发展历史，农业和农村转型主要源于20世纪70年代初推行的"新村运动"。韩国在推行《新村运动》的十几年时间内，政府通过对农业和农村开展基础设施建设，培训农业生产从业者的职业技能，增加农业技术研究和农业补贴，调整农业产业结构和发展模式，对农业生产从业者的精神和道德进行再塑造，实现了韩国农业和农村的跨越式发展。"新村运动"的开展改善了韩国农业和农村的整体面貌，实施路径和实践经验对于我国的乡村振兴战略有一定的借鉴意义。

韩国"新村运动"实践的成功，同韩国完善的农业法律制度有很大关系。在推进"新村运动"的过程中，韩国先后出台了多部相关的农业法律。其中具有纲领性的法律文件有农业基本法、农业农村基本法、农业协

---

① 苟文峰. 乡村振兴的理论、政策与实践研究 [M]. 北京：中国经济出版社，2019：51.
② 李洪涛. 乡村振兴国际经验比较与启示 [M]. 北京：中国农业出版社，2019：77.

同组合法、农村振兴法。此外，与"新村运动"相关的具体法律有传统酒等产业振兴法、饮食服务业振兴法、泡菜产业振兴法、农村融合复合产业培育及支援法、环境农业培育法等。① 依托一系列与"新村运动"相关的农业法律和法规，韩国在农业和农村发展中实现了多方面的现代化，主要包括以下四个方面。

1. 依法推动农业和农村现代化

韩国通过"新村运动"的推广，实现了韩国国内农业生产从业者精神和生活状态的改善。在"新村运动"推行前，韩国的发展重心是工业化和城市化。韩国经济的快速发展造成韩国城乡差距不断扩大，韩国的农业和农村发展严重滞后，韩国农业生产从业者生活困难，农村基础设施和居住条件简陋，农业生产从业者普遍情绪低落。因此，"新村运动"开展的目的旨在激发农业生产从业者的进取精神，重塑他们生活的希望。韩国政府在农村依靠相关法律法规，广泛开展韩国国民精神的启蒙教育，如在农村地区大量新建村民会馆，用来组织和开展农村精神文化活动；普及基础农业职业教育，举办各类农业技术培训班和交流会等。除教育和引导农业生产从业者外，韩国政府还依法向农村无偿提供了大量建筑物资和材料。针对当时韩国农村基础设施落后的现状，通过调动农村地区居民的积极性，引导他们利用政府提供的物资和材料，改善自己的农村基础设施和居住条件。政府在向农村无偿提供大量水泥、钢筋等建筑物资的同时，还出资为农村地区新建公共道路、地下管网、排污系统、桥梁系统、电力系统、通信系统等，这些举措的实施极大地改善了韩国农村的生产和生活条件。

2. 依法调整农业产业结构

韩国通过"新村运动"调整农业产业结构。"新村运动"开展时，韩

---

① 苟文峰. 乡村振兴的理论、政策与实践研究 [M]. 北京：中国经济出版社，2019：55.

国政府就着手实施农村和农业的多元化发展。韩国政府鼓励国内的农业生产从单一种植农作物向多元化和综合化方向发展，如传统的韩国农业一般按照具体区域进行单一农作物的种植。在"新村运动"中，政府鼓励农村除保证基本农作物生产外，还可以再适时增加其他经济作物的种植。鼓励农村大力发展畜牧产业、水果种植、花卉种植等。在农村建设各种专业化农产品生产基地，提高农业的竞争力，提升农业生产从业者的经济收入水平。政府还鼓励农业生产从业者由单一的农业生产向加工和销售领域不断延伸，实现农业由第一产业向第二产业和第三产业的融合发展。同时，政府还实施"新村工厂计划"，将原来农村中的小型农产品加工作坊，逐步升级为具有生产、加工、销售于一体的大规模、综合性企业。推动农村实施"农户副业企业计划"和"农村工业园区计划"等，使农业和工商企业联合起来共同发展，优化韩国农业产业结构。[①]"新村运动"的实施，使韩国农业和农村焕发了新的活力，不仅改变了韩国农业和农村的落后面貌，还实现了农业和农村现代化的发展目标。

3. 依法加强农业扶持和技术创新

韩国通过"新村运动"加强对农业和农村的扶持。在"新村运动"中，政府十分重视农业技术的创新。实施"新村运动"时，在全国范围的农村推广高产水稻新品种。通过全国农业科研机构和院校单位的研究和培育，韩国先后研发出不同种类的农作物新品种。韩国政府依照本国农业法律，对农业生产提供了大量的财政补贴以及相应的农业生产扶持政策，主要包括对大米生产进行扶持的直接收入支持计划；对蔬菜价格和渔业产品价格的稳定基金计划；对因为减少化肥和农药使用而导致的农业减产损失提供的"环境友好型"农业补贴等。[②] 这些政策和措施对稳定韩国农业生

---

① 苟文峰. 乡村振兴的理论、政策与实践研究 [M]. 北京：中国经济出版社，2019：53.
② 苟文峰. 乡村振兴的理论、政策与实践研究 [M]. 北京：中国经济出版社，2019：54.

产、提高从业者收入起到了积极的作用。

4. 依法发挥本国农业协会的作用

韩国"新村运动"在推进过程中，农业协会发挥了重要的作用。韩国农业协会依照本国相关法律于1961年成立，经过几十年的发展，已经成为韩国农业和农村现代化的主要推动力量。韩国农业协会被誉为韩国的"国民生命库"。[1] 农业协会在农业和农村的发展过程中凭借自身的优势，发挥了枢纽和核心的作用。在农产品的流通中，农业协会凭借自身的优势承担了统一收购和出售的工作。在农业协会的努力下，减少了农产品的流通环节和物资损耗，最大限度地保障了农业生产从业者的经济利益。在农产品的销售中，农业协会主动承担了稳定物价、缓解供求矛盾的职责。对于农业生产技术的推广，农业协会通过成员单位和附属机构，为广大农业生产从业者提供相关的农业技术和文化培训，加速了相关农业科学成果的推广与发展。此外，农业协会还经常收集、汇总组织内各成员单位的意见和要求，并定期向韩国政府反映情况。督促政府根据农业和农村发展的现实调整农业政策。保证农业产业的健康、稳定发展。韩国农业协会还担负着韩国农业和农村对外交流的职能，农业协会代表韩国农业和农村进行国际技术交流与合作，利用国外金融保险和贸易技术的交流优势，不断为韩国农业和农村的各项事业发展注入新的活力。

四、国外农村法治建设对我国的经验借鉴

（一）完善我国农业法律体系

加强农业立法，实现依法治农。我国在推进乡村振兴战略的过程中，

---

[1]　李洪涛. 乡村振兴国际经验比较与启示［M］. 北京：中国农业出版社，2019：80.

农村的法治建设对于实现乡村振兴以及农业和农村的现代化有着重要的作用。农业和农村的法治化程度将决定我国乡村振兴战略的成功与否。从欧美发达国家的农业现代化发展中，我们可以看到建立完善的农业法律体系是应对农业危机、促进农业发展和实现农业现代化的根本举措。美国、日本、欧盟等国家和地区经过长期的努力，已经形成了与本国农村实际情况相结合的农业法律体系。不仅包括农业基本法，还有大量其他相关的农业法律法规。农业法律体系和制度的建设为各国的农业和农村发展奠定了坚实的法治基础。① 改革开放以来，随着我国农业和农村改革的深化，我国的农业立法已经取得了很大成就。除制定农业基本法外，我国的农业部门以及其他相关部门还制定了大量的部门规章及规范性文件。但我国的农业法律体系和制度，对于农业合作社、农产品价格保护以及农业补贴等方面的法律、法规还比较欠缺。应充分借鉴有关国家的农业立法和农业行政执法经验，进一步建立和完善符合我国市场发展和农村现状的农业法律体系。

（二）依法提高农业组织化水平

欧美发达国家之所以在第二次世界大战结束后的几十年内，实现了本国农业和农村的现代化，其中重要的原因是各国都重视农业合作社的建立和发展。农业合作社是农业和农村进行产品、资金、人员流转的枢纽和渠道，农业合作社不仅解决了相关从业者、农产品市场、农业生产企业之间存在的诸多矛盾，还可以在农产品的生产和销售过程中通过自身优势避免因农业市场的波动产生的风险，保护农业生产从业者的合法利益。正因为农业合作社在现代社会中对农业和农村具有重要的作用，美国、日本、欧盟等国家和地区一直高度重视农业合作社的组织和管理，出台了多部有关农业合作社的法律和法规。这些有关农业合作社的法律文件，明确了农业

---

① 李昌麒，许明月. 农村法治建设若干基本问题的思考 [J]. 现代法学，2001（2）：26-34.

合作社的成立条件、法人资格、组织机构章程、运作模式、发展目标等相关问题，为农业合作社的健康、有序发展提供了可靠的法律依据。我国应结合本国农业和农村的现实情况，同时借鉴其他国家农业合作社的相关法律和法规，尽早出台关于我国农业和农村的合作社法律，助力乡村振兴战略的实施。

（三）依法加强对农业和农村的投入

从发达国家的相关实践和经验来看，农业的现代化和农村的振兴不是一蹴而就的，需要国家实施长期的法律保障与政策支持。各国在加强对农业和农村的投入中，应依托农业法律体系和顶层制度设计，从农业和农村的各方面入手，统筹协调、调动各方力量，推动农业和农村的振兴和现代化。

1. 依法推动农业技术创新

农业技术的创新是推动农业实现现代化的关键因素，欧美发达国家高度重视科学技术对农业现代化的推动作用。近年来，我国的农业技术虽然已经取得较大的突破。但与其他发达国家相比，我国的农业在专业化、集约化、现代化、科学化等方面尚需要较大的提升。因此，我国在实现农业现代化的过程中，必须制定和修改完善相关的农业科技法律、法规，依靠法律规范和政策引导，加强科技创新和引领作用，加大对农业技术的研发和投入，不断提高农业科技成果的转化利用水平。

2. 依法培育特色优势产业

发达国家的农村振兴依托的是法律规范下特色优势产业的带动。得益于各国依法实现的本国农业和其他产业的融合发展，各国都通过结合本国不同地域农村的现状发展了特色优势产业，这些举措为现代农村经济的发展壮大提供了坚实的保障。正是由于这些产业的经济效益不断增加，实现了农业生产从业者收入的提升，奠定了发达国家农村发展和现代化的坚实基础。我国大部分农村地区尚未建立符合地方现状、产业优势明显的特色产业，亟待依靠相关法律、法规和政策引导，通过加快农业产业的转型，推动我国农业产业向现代化、综合化、集约化方向发展。

3. 依法发展农村和小城镇

在发达国家的农业和农村现代化进程中，农村和小城镇的建设起到了非常重要的作用。美国和德国等发达国家通过加强农村和小城镇的产业配套以及公共服务设施建设，使农村和小城镇成为人们理想的生活家园，同时还吸引了大批企业和机构入驻，大大提升了农村和小城镇的宜居性。我国在实施乡村振兴的过程中，应该制定和完善相关法律法规，推动各地依靠法律法规结合自身农村发展具体实际和现状，依法依规建设一批有本地特色、规模适中、人居环境适宜的现代农村和小城镇，通过这些农村和小城镇的建设和发展，促进农村地区人居环境的改善，推动农业和其他产业的融合，实现农业和农村的现代化。

第六章 农村法治建设的理论思考

实现我国的农业和农村现代化必须通过乡村振兴战略的深入实施和农村法治建设的不断推进。在我国乡村振兴战略实施过程中，最重要的制度保障是农村法治建设。因此，对于我国的农村法治建设，除依法加强党的全面领导、结合依法治国和依规治党外，还要对农村法治建设的各个环节和领域以及相关农村法治建设的理论和实践进行更多的探索。在我国农村法治建设推进过程中，农村立法领域的改革和推进是基础的工作。完善农村立法应该加强相关法律理论的创新，尽快形成中国特色社会主义的乡村振兴法律、法规体系，实现我国乡村振兴战略的法治化管理和发展。同时，使乡村振兴战略中各项法律与现行的相关涉农法律有效衔接，弥补乡村振兴法律、法规存在的不完善和空缺等问题。深入我国农村地区普法，在我国农村地区普法工作中，加大"送法下乡"等重要普法工程和普法工作的力度。依靠法律规范和政策引导，加大对乡村振兴中的人才队伍建设和职业农民培训投入力度；通过农村法治建设推动乡村人才振兴，使乡村振兴战略的工作得到贯彻、巩固、加强。依靠法治的保障使当前各方面制度继续改革和完善，形成对乡村振兴战略实施更加有力的保障。

一、完善农村法治建设

乡村振兴战略的实施需要系统化和体系化的农村法律规范来提供支撑

和保障。农村法治建设的推动要坚持规范化和实践化的相互结合，加快农村立法、修法、完善工作，通过农村法律规范化的法治形式，保障乡村振兴的投入，维护广大农民群众的合法权益。在实施乡村振兴战略的过程中，严格执行现行涉农法律、法规。乡村振兴中涉及的农村规划项目，安排的涉农资金，相应的监督管理等都需要依靠法律、法规进行规范和引导。推动各类组织和个人在实施乡村振兴战略的过程中依靠法律规范自身行为，提高实施乡村振兴战略的整体制度化和法治化水平。应结合乡村振兴战略中的实践经验，将其发展为相应法律，修改和完善与乡村振兴有关的法律法规和标准体系，充分发挥法律在乡村振兴战略中的推动作用。

（一）完善农村立法

各级政府应结合我国乡村振兴战略实施的特点和难点，加紧制定和出台乡村振兴法。乡村振兴战略规划中提出制定乡村振兴法，把乡村振兴战略的目标任务转化为社会的群体共识，这需要法律的规范和法治的保障。乡村振兴战略实施中形成的经验和政策，应加快法定化，使其成为支持乡村振兴战略进一步实施和发展的直接法律规范。充分发挥立法在乡村振兴战略中的推动作用，通过制定乡村振兴法保障乡村振兴战略的实施。[①] 在立法的过程中，重点是形成乡村振兴的法律政策体制、机制、监督、制约。党中央和国务院关于实施乡村振兴战略的总目标、总方针、总要求、总原则，在制定乡村振兴法的过程中应体现出来。在推进农业和农村现代化的目标指引下，通过立法的方式正确处理好我国的城乡关系。在新时代乡村振兴战略探索和实践的过程中，一些需要被贯彻的重大原则、方针政策、指导思想等应在立法过程中得到规范和落实。乡村振兴战略实施过程中的有益实践经验和政策应该逐渐纳入到相关法律中。对我国农业和农村发展中的一些重点和难点问题，如农村地区的违法、违规占用耕地、破坏

---

① 苟文峰. 乡村振兴的理论、政策与实践研究［M］. 北京：中国经济出版社，2019：198.

生态红线和基本农田保护红线、污染农村环境等问题，应加快进行立法层面的规范、限制及严格管理。

推动我国乡村振兴战略的实施应结合各地的实践经验，总结农村土地征收、集体经营性建设用地入市、宅基地制度改革等相关的经验和实践。加快完善《中华人民共和国土地管理法》及其他的重要农村法律、法规，逐步形成促进乡村振兴的农村法律体系。① 修改和完善《中华人民共和国土地管理法》必须首先明确，农村土地制度的改革要坚持农村土地集体所有，依法严格保护我国18亿亩耕地红线。农村土地制度改革必须符合我国农村用地规划和用途管制规范，依法赋予广大农民群众更多的财产权，依法保护广大农民群众的合法土地权益。结合我国农村地区社会经济发展现状，不断完善农村土地的退出机制和市场化交易模式，扩大各地农村地区对宅基地流转收益管理办法的探索和实践，推动农村承包地和农村建设用地使用权的流转。通过法律规范农村土地流转行为，依法推动承包地、林地、宅基地抵押贷款等相关管理办法的实施。依靠法律保障和完善土地征收、退出等补偿机制，依法保障农民的就业、社保等相关权益。结合乡村振兴战略实施过程中各地政策和实践的经验，将各地乡村振兴战略实施过程中土地制度改革的相关办法和举措逐步纳入《中华人民共和国土地管理法》的修订和完善中。将《中华人民共和国民法典》现行法律规范中涉及农村土地管理的重要条文同《中华人民共和国土地管理法》进行结合，如涉及同农村法律法规有冲突的地方应该进行修改和完善。② 按照农村地区社会经济发展的具体实际，加快研究和制定我国农村集体经济组织法，以法律的形式规范农村集体经济组织的成员资格确认、成员财产确认、成员登记制度、成员确权登记、农村集体经济组织管理制度、农村集体经济组织机构设置、农村集体经济组织运行体制、农村集体经济组织资产和财务

① 杨朝红．农村法治教程［M］．郑州：郑州大学出版社，2013：175.
② 巢洋，范凯业，王悦．乡村振兴战略：重构新农业［M］．北京：中国经济出版社，2019：146.

管理、农村集体经济组织法律责任、农村集体经济组织监督管理等。对农村集体经济组织的权利和义务等应通过立法的形式作出全面的规范和明确，达到依法保障农村集体经济产权权能的目的。通过法律的实施，保障和完善广大农民群众对农村集体资产股份的占有、收益、有偿退出、抵押、担保、继承等权利。围绕乡村振兴战略实施过程中的难点和问题，结合各地实践中的具体情况、制定适用乡村振兴战略的农业、农村的法律、法规。

（二）加强相关法律的衔接

乡村振兴战略是系统性工程。在实施的过程中，农村法治建设应重视和加强其他法律法规与乡村振兴战略实践的衔接。如有关城乡融合和户籍制度改革的法律，应该强化《中华人民共和国户口登记条例》和各地的居住证管理办法等相关法规制度，与《中华人民共和国土地管理法》《中华人民共和国农村土地承包法》《中华人民共和国民法典》等进行法律衔接。在户籍改革过程中，尊重广大农民群众的意愿，保障农村居民在转变为城市居民户口后的农村合法权益。在土地使用政策中，对于户籍门槛和条件应该逐渐弱化，转而由市场主导人口的流动，对农村闲置土地资源应依照法律进行再分配。在农村法治建设过程中，加强《中华人民共和国土地管理法》《中华人民共和国农村土地承包法》等土地法律规范和《中华人民共和国就业促进法》《中华人民共和国劳动法》《中华人民共和国劳动合同法》等相关法律之间的衔接。[①] 探索在农村产业发展和农业生产中，通过法律规范和政策引导允许城市居民选择农村地区就业，实现各地农村和城市的融合与协调发展。

（三）依法加强农村普法工作

乡村振兴战略实施过程中推进农村法治建设，必须改变法律在农村不

---

① 荀文峰. 乡村振兴的理论、政策与实践研究 ［M］. 北京：中国经济出版社，2019：200.

被重视的状态，提高广大农民群众的法律意识，深入开展农村普法宣传。在农村普法过程中，应结合各地农村的实际情况，探索符合当地特色的法律宣传和教育方式，从法律制度的规范、意义、价值、原则等特点入手，为农村地区的普法打好基础。在农村普法的过程中，应重点宣传我们党关于乡村振兴战略和全面依法治国的方针、政策和主张，使广大农民群众能够了解并且学习相关的要求。结合我国农村的实际情况，对广大农民群众联系紧密的与生产、生活相关的重要法律进行广泛的宣传和讲解，利用农村地区广大农民群众比较熟悉和了解的事例，以个案的方式、以点到面地推进法律法规的宣传，逐渐使农村地区广大农民群众了解和学习法律。在乡村振兴的过程中，应该通过涉及农村的不同层级的行政机关和司法机关的实际工作解决广大农民群众的法律问题，使广大农民群众能够通过自身问题的解决，感受到学法和用法的重要意义。同时，国家还应该继续向农村适时开展"送法下乡"的活动，[①] 不断提高广大农民群众的法律意识。"送法下乡"是指通过国家持续对农村社会灌输现代化法治知识，继而在农村社会中构建现代法治的基础。应该总结过去普法教育工作的经验，将"送法下乡"的重点集中在送法律思想和法律观念下乡。法律具有规范、复杂和内容繁多等特点，对于农村和广大农民群众的法律宣传不一定要每一个农民都懂得法律的具体规定，但是在"送法下乡"的过程中，要让广大农民群众懂得法律赋予每一个公民最基本的权利。使广大农民群众了解，实施乡村振兴战略和推进全面依法治国，对农村法治建设和广大农民群众的普法和学习有哪些具体的要求。在农村普法宣传过程中，要避免法律工具主义和简单的形式主义普法，避免只宣传理论和只强调农民群众对法律的服从，应该从广大农民群众如何运用法律维护自己在农村日常生活中的合法权利着手，[②] 结合各地农村具体实际进行有针对性的宣传和教育。

---

① 刘颖．乡村社会民主法治建设理论与实践［M］．沈阳：东北大学出版社，2011：81.

② 杨朝红．农村法治教程［M］．郑州：郑州大学出版社，2013：147.

只有使广大农民群众通过普法教育，意识到法律的价值和法律在农村日常生活中的重要性，逐渐形成懂法、守法和用法的习惯，才能树立广大农民群众对法律的坚定信念。在乡村振兴战略实施和农村法治建设推进的过程中，需要广大法治工作者和普法宣传者不断地探索和创新自身的工作和做法。

二、依靠农村法治建设推进乡村振兴战略进一步实施

随着乡村振兴战略的全面实施，未来我国农村地区的发展将处于大变革、大转型的关键时期。随着我国农业和农村改革进一步深入推进，农业生产、农民生活、农村形态、城乡关系等诸多方面将产生新的特点和发生新的变化。乡村振兴战略实施必将在各种要素的投入和推动下加速推进。同时，我们也要看到制约我国农业和农村发展的现实困难和客观情况。我国农村在发展过程中，短时间内仍然有大量农民生活在农村地区，这个基本国情不会改变。我国农村发展的差异性和多样性伴随着我国各地经济形势发展的不同仍将延续，解决我国"三农"问题和"三农"发展的短板不能一蹴而就，实现乡村振兴是一个艰巨的、长期的战略性任务。乡村振兴战略的实施将是我国在建设现代化强国、实现社会主义现代化过程中的重点和难点，需要依靠农村法治建设的不断推进和完善来逐步实现。

（一）依法加快实现城乡融合，推动乡村振兴

乡村振兴战略提出，坚持乡村振兴和新型城镇化双轮驱动、统筹城乡国土空间开发格局，优化乡村生产、生活和生态空间分类。从乡村振兴战略实施中可以看到，未来乡村振兴的发展需要依靠相关法律规范和政策引导，通过新型城镇化和特色小镇的发展推动乡村振兴。新时代促进我国"三农"工作的不断深入，要通过农村法治建设的推进，使我国城乡融合成为促进农业和农村现代化、实现乡村振兴的重要抓手。

1. 依法加快城乡融合发展

城市和农村是人类社会经济生活的两个基本区域。推动城乡融合发展既是我国经济社会发展的内在规律，也是我国建设现代化社会主义强国的重要内容和发展方向。我国城乡融合和发展在未来乡村振兴中将起到至关重要的作用。

党的十六大报告在 2002 年首次提出统筹城乡经济社会发展。2008 年中央一号文件指出，形成城乡经济社会发展一体化新格局、探索建立促进城乡一体化发展的体制机制。[①] 2008 年 10 月党的十七届三中全会进一步指出，把加快形成城乡经济社会发展一体化新格局作为根本要求。2013 年党的十八届三中全会明确提出，城乡二元结构是制约城乡一体化的主要障碍，要建立健全体制机制，形成以工促农、以城带乡、工农互惠、城乡一体的新型城乡共同关系；赋予广大农民群众平等参与我国现代化进程、共同分享我国现代化建设和发展成果的权利。2017 年党的十九大首次提出，建立健全城乡融合发展的体制机制和政策体系、实现城乡统筹发展。我国的城乡关系由城乡一体化发展到城乡融合发展，政策导向的发展和演变反映了党对新型城乡关系、工农关系认识的逐步深化，党在科学处理城乡和工农关系的理论方面、政策的创新方面实现了新的跨越和发展。随着近年来我国城镇化水平不断提高，新农村建设持续推进，城乡之间的联系和影响明显加强。城市与农村之间在人口、资源、生产要素、产权流动等方面形成了日趋频繁而紧密的联系，城乡之间、工农之间的融合和发展逐步深化，城乡之间出现了"你中有我、我中有你"的发展格局。我国在经济和社会发展中，工业化和城镇化推进中出现的很多问题，在城市和农村之间互为因果联系。[②] 因此，解决这些问题需要进行系统的制度设计，从根本

① 陈锡文，魏后凯，宋亚平. 走中国特色社会主义乡村振兴道路 [M]. 北京：中国社会科学出版社，2019：261.

② 李昌麒. 中国农村法治发展研究 [M]. 北京：人民出版社，2006：14.

上依靠法律、法规和政策引导，通过政府资源统筹分配，将社会资源和各方优势集中到支持"三农"发展上来。在我国乡村振兴战略实施过程中依法、依规推动城乡融合发展，通过农村法治建设解决城乡二元制带来的诸多矛盾，实现城乡关系的重塑。依法建立健全城乡融合发展体制机制和政策体系，引导更多社会资源和人才参与"三农"的建设。通过法律规范和政策引导，解决城乡发展失衡、农业和农村发展不充分的问题。依法保障城乡融合发展，为乡村振兴战略实施提供重要的发展条件。

2. 依法加速推进新型城镇化建设

依法推动新型城镇化建设是实现乡村振兴和我国建设社会主义现代化强国的重要内容。农村地区自身具有的封闭性和滞后性等因素，在经济和社会发展过程中内生动力不足。实现乡村振兴仅靠农村地区的自身力量是远远不够的。必须在我国新时代的新四化同步推进下，通过法律规范和政策引导，结合新时代城镇化的要求，加快城乡互动和城乡融合。发达国家的乡村振兴实践和经验证明，一个国家依靠法律规范实现的城镇化水平越高，城市支持农村、工业反哺农业的条件和能力就越强，农业和农村发展步伐就越快。因此，依靠法治实现城镇化将在很大程度上促进农业和农村的现代化。

依法推进城镇化的发展应出台和完善相关法律法规和地方性法规，通过吸纳农村地区剩余劳动力，为乡村振兴创造必要的条件。城镇化是农村剩余劳动力转移的重要渠道，随着经济和社会的不断发展，改革开放的不断深入，市场经济体系的不断完善和成熟，城市作为现代产业的集聚地，人口的集聚能力明显增强。农村剩余劳动力向城镇化的转移不仅使广大农民群众从农村迁移到城镇工作，获得了稳定的工资性收入，还在城镇工作和生活的过程中学到了必要的现代产业技能和相应的文化、法律知识。这些知识和技能对于广大农民群众返乡创业、推动农村地区发展具有重要作用。城镇化水平的提高为现代农业的发展创造了新的商机和需求，伴随着城镇化水平的不断提高，城市的发展对农村的农业生产和农产品生产提出了更高的要求，尤其是对农村的粮食蔬菜供应和保障能力、农产品的深加工能力提出了更高的要求。我国农业实现现代化必须通过农村法治建设保障农业形态的加速转换，依靠法律规范和政策引导，实现农产品的深加工、精加工，推动观光休闲农业、乡村文化旅游、农村电子商务等产业的发展，使以农业为主的第一产业、第二产业、第三产业的融合趋势不断增强。① 随着新时代城乡居民消费结构的升级以及多元化和个性化的消费需求快速增长，这些有利因素都将推动农业的转型升级和发展，从粗放的重数量增长转向重质量和重效益的增长。城镇化的推进有利于形成全社会共享发展成果的机制，城镇化的推进是城乡双向互动的过程，城镇化过程中农村人口向城镇集聚转移的过程会使广大农民群众的传统生产和生活方式发生较大改变，现代城市的文明也会在农村地区传播并产生影响。② 城市发展中的基础设施建设和公共服务产品的提供由于城镇化的推动而逐渐向农村延伸。城市的资本技术和人才向农村流动的过程可以加速城乡公共资源的均衡配置，加快城乡基本公共服务的均等化，使农村地区广大农民群众享受改革发展的成果，有利于推动形成我国全社会共享发展成果的机制。

3. 依法通过特色小镇建设助力乡村振兴

近年来，随着我国经济社会的不断发展和改革开放的深入，我国各地农村发展和建设呈现出新的亮点和特色。作为其中具有代表性的发展模式，依靠法律规范和政策引导，特色小镇已经成为当前经济新常态下农业和农村探索与实践产生的新型经济发展模式。依法保障和推进特色小镇的建设和发展，与田园综合体、美丽乡村建设等共同构成了实施乡村振兴的

---

① 苟文峰. 乡村振兴的理论、政策与实践研究 [M]. 北京：中国经济出版社，2019：203.
② 巢洋，范凯业，王悦. 乡村振兴战略：重构新农业 [M]. 北京：中国经济出版社，2019：186.

重要载体，随着乡村振兴战略的不断深入，特色小镇的发展也呈现更加多元化、综合化、专业化、立体化的发展趋势。依靠法律规范和保障的各类特色小镇的兴起和发展，既是对我国乡村进行供给侧结构性改革的实践和探索，也是对我国新型城镇化建设、农村经济和产业转型的升级。特色小镇对于推动我国农业和农村实现现代化具有重大意义。

我国的特色小镇并不是传统意义上的特色小城镇。国家发展和改革委员会在 2016 年 10 月发布的《加快美丽特色小城镇建设的指导意见》中明确指出，特色小镇主要集聚特色产业和新兴产业，集聚发展要素不同于行政区划下的建制镇和产业园区，特色小镇通常是在几平方公里的土地上通过极具特色的产业发展，促进农村生产生活生态空间的融合发展。从各地的实践和探索来看，一般是依靠国家相关法律、法规和部门规章，结合本地具体实际，依法出台相关的发展规划和措施。黑龙江省在 2010 年就提出要建立 6 类 21 个特色小镇；北京市、云南省、天津市在 2011 年也提出建设特色小镇；杭州市在 2014 年首次提出打造云溪小镇；浙江省在 2015 年4 月出台了《浙江省人民政府关于加快特色小镇规划建设的指导意见》，拉开了浙江省特色小镇发展的序幕。我国对特色小镇的创建程序、实施措施、发展政策等作出了一系列的具体的规划。住建部在 2016 年和 2017 年公布了两批共计 403 个国家级特色小镇建设名单，加上各省、市、自治区创建的省级特色小镇，全国特色小镇在 2018 年已经超过 2 000 个。① 特色小镇在农业和农村的现代化发展中体现出一种新的模式创新，是集约化、特色化的发展模式。围绕乡村振兴战略实施进行依法规划和发展的特色小镇，包括法律规范下的产业特色集聚发展机制、法治保障下的农村社区综合服务功能；法律规范和政策引导下效益明显的农村文化生态特色产品和功能完善的农村旅游服务等。特色小镇在实现农业和农村现代化发展的过程中，依靠相关法律的规范，通过以下四个具体方面进行了推动和实施。

---

① 苟文峰．乡村振兴的理论、政策与实践研究［M］．北京：中国经济出版社，2019：213.

一是农村和城市周边发展的特色小镇带动和促进了现代农业的发展，促进了农业等第一产业和农产品加工、农村旅游等第二产业和第三产业的深度融合。二是特色小镇通过产业集聚，形成了本地规模化、品牌化的农业生产和加工，产业集聚地提升了整个区域的农业和农村的影响力。三是特色小镇通过产业和人口的集聚，使农村人口向小镇集中，加强了农村公共社会服务设施的建设和完善，增强了农村社区的功能，缩小了农村与城市在社会公共服务方面的差距。四是特色小镇通过农村社区集中化建设和发展模式，推动了农村建设和发展的现代化，促进了农村地区精神文明建设和治理现代化。

依法建设和发展的特色小镇，作为新时代我国城镇化发展的创新产物和模式，在今后的发展过程中，将围绕以下三个方面，结合我国城乡融合的新要求，助力乡村振兴战略的深入实施。第一是特色小镇在建设过程中依法、依规加强了与区域城镇化的战略结合。如在我国确定的国家级城市群的周围应该结合各自的特点，加快特色小镇与城市群规划建设的融合。①通过国家层面的法律、法规和地方层面的规章制度的引导，鼓励有利于生产力优化和空间布局完善的、人口合理集聚的特色小镇的发展，促进农村土地等资源的集约化配置利用。增强城乡融合和经济互动，提升我国整体城镇化水平。第二是特色小镇建设要以城乡资源要素合理配置相结合，依靠法律和政策对资金、土地、劳动力、公共服务等资源的统筹配置，促进城乡资源的合理流动，提高城乡资源配置的效率。特色小镇在建设和发展过程中，应加强与乡村产业振兴相结合。特色小镇是联系城市与农村的纽带，在特色小镇中进行集约化的农产品深加工和产业链的进一步延伸发展，使农业生产和发展向现代服务业延伸，推动传统农业产业的升级。第三是特色小镇建设，应通过农村法治建设的推进，与农村公共服务供给的创新和发展相结合，通过人口和产业集聚带动农村公共服务设施建设和发

---

①　荀文峰. 乡村振兴的理论、政策与实践研究［M］. 北京：中国经济出版社，2019：215.

展。依法实现农村社区功能的配套完善，解决"三农"发展过程中的相关问题。在我国中西部地区的特色小镇建设中，应利用特色小镇的优势带动贫困地区农村脱贫致富，使特色小镇的建设和我国农村全面建成小康社会相结合。发挥特色小镇在乡村振兴中产业扶贫的带动作用，改善农村贫困人口的生活，提高贫困人口的收入水平。增强脱贫致富的造血能力，在脱贫后能够带动脱贫群众和脱贫农村实现进一步发展，以农村法治建设保障脱贫攻坚成果，以农村法治建设的不断推进，夯实我国脱贫攻坚的各项成果。

（二）依法加快培育和建设职业农民队伍

随着乡村战略的深入实施和我国农村土地制度改革和户籍制度改革的深入推进，农业和农村发展的政策红利将进一步释放。在新型城镇化和工业化进程加快，城市支持农村、工业反哺农业的大趋势下，我国农业和农村将高质量发展，农业和农村的现代化将进一步加速推进。在城乡融合发展的过程中，我国农村地区将成为众多创新者、创业者以及投资者的集中地，新型的职业农民将成为乡村振兴的重要力量，农村法治建设的推进将为农业农村发展的现代化和职业农民的生产生活提供重要的法治保障。

1. 我国职业农民趋势加快

长期以来，我国依据宪法和法律的规定实行严格的城乡户籍制度。农村居民和城市居民是两种截然不同的户籍身份。在我国长期的经济和社会发展过程中，依附于户籍制度的是城乡基本公共服务和社会福利待遇的差别。[1] 随着我国经济和社会的发展和改革开放的深入，农村人口大量向城市转移，农民变为农民工或者正式的城市居民。在我国农业和农村的现代化发展过程中，依靠农村法治建设的不断推进和深入，通过相关法律法规

---

① 李昌麒. 中国农村法治发展研究［M］. 北京：人民出版社，2006：63.

的出台和不断完善，农民的户籍身份将逐渐让位于职业农民的身份。农民的职业化将成为农业生产中的新趋势。依法实现户籍制度改革是破解我国城乡二元制结构难题，推动形成城乡融合和实现新型城镇化的重要举措。2002 年国家提出城乡统筹发展，经过不断地探索和实践，各地在推动户籍制度改革方面已作出不少探索，形成了很多有益的经验，为我国逐步取消农村居民与城市居民的户籍差异创造了必要的条件。随着乡村振兴战略实施和城乡融合发展的加速推进，农民作为户籍身份的作用和地位将逐渐淡化，职业农民将成为农业和农村发展现代化过程中的重要力量。职业农民将农民作为职业而非户籍身份，在我国随着乡村振兴战略的实施，农业和农村现代化的发展将加速推进农民的职业化趋势。

2. 依法加快培养我国职业农民队伍

依靠法律规范和政策引导，通过新型城镇化发展和户籍制度改革，可以缩小城乡差距，促进城乡居民的公共服务均等化。在我国经济和社会的发展过程中，农业有自身的特殊情况。作为一种产业，农业的发展和现代化需要依靠相关的职业化、专业化的从业人员和职业农民的参与。农业在发展和实现现代化的过程中，实现产业经营、遵循市场机制、维护市场规则、达到市场技术规格、实现市场经济利润的最大化是现代市场的必然要求。[①] 在农业不断发展的过程中，职业农民将大量出现并参与农业生产和发展中，这不仅需要通过农村法治建设进行相关的规范，更需要通过农村法治建设维护和保障职业农民和相关从业者的合法权益。在新时代乡村振兴战略实施过程中，实现农业生产的现代化的核心是实现农业生产从业者和广大农民群众综合文化素质的提高。因此，具有较高文化素质、良好的法律素养、较强的农业专业能力、现代农业生产技术的职业农民将是推进

---

① 巢洋，范凯业，王悦. 乡村振兴战略：重构新农业 [M]. 北京：中国经济出版社，2019：174.

农业和农村现代化的主力军。职业农民具备较高的科学文化素质，能够熟练掌握现代农业生产技术，具备相应的经营管理能力和经验。职业农民的职业和谋生方式是现代化的农业生产和经营服务。职业农民以农业生产的收入作为主要生活来源。职业农民居住在农村或集镇，是现代化农业生产的主要从业人员。国家农业农村部出台的《"十三五"全国新型职业农民培育发展规划》明确提出，到 2020 年全国新型职业农民将超过 2 000 万人。① 要依靠农村法治建设规范职业农民队伍的建设和发展，使职业农民队伍成为农业和农村发展、实施乡村振兴战略的重要力量。

（三）依法加快农村各方面改革

在乡村振兴战略实施过程中，应依靠法律的规范，坚持市场化的改革方向，保持渐进性的改革方式，通过法治的手段保障和尊重广大农民群众的主体地位，维护广大农民群众的首创精神，依法处理好农业和农村发展中稳定与改革放活的关系。通过立法加强制度创新和制度供给，使农村资源要素在法律的规范和调动下活跃起来、流动起来，为乡村振兴战略实施提供强大的发展动力。

1. 依法加快农村土地制度改革

依法实施农村土地制度的改革，应该按照产权关系明晰化、农地权能完整化、流转交易市场化、产权保护平等化、农地管理法治化等方面的要求，深化农村地区改革的探索和实践。

在农村土地制度改革中，要依法强化耕地保护制度，依法全面落实永久基本农田保护；大规模推进高标准农田建设；依法建立关于耕地保护的奖励性和补偿性法律制度和机制，实施各省级政府关于耕地的保护和考核机制；依法建立健全耕地修复制度，扩大轮作休耕制度试点范围。稳定农

---

① 苟文峰. 乡村振兴的理论、政策与实践研究［M］. 北京：中国经济出版社，2019：214.

村土地承包关系，通过法律的规范，明确和坚持农村家庭经营的基础性地位，严格规范农村土地承包关系、确保长期保持不变。以立法的形式规范和明确，农村土地第二轮承包期到期后再延长 30 年。[①] 通过法治手段严格保护广大农民群众的承包权，明确任何组织和个人不能取代农村家庭土地承包地位，不能非法剥夺和限制广大农民群众的土地承包权。落实承包地"三权"分置制度，依法保障和尊重广大农民群众的意愿。通过以落实集体所有权、稳定农户承包权、放活土地经营权作为具体的实践导向，在理论层面和实践层面加快完善承包地改革。以法律的形式明确和规范相关权利主体的权利边界和相互之间的权利关系。依法明确界定各类权利的内涵和使用范围、使用办法，完善所有权和承包权。依法维护农村集体对承包地、发包调整的监督和收回权。依靠法律维护承包农户关于使用流转抵押退出承包地的权利保护经营权。依法维护经营主体从事农业生产所需的各项权利，推进和完善土地经营权抵押贷款的规范化。允许经营主体以承包地的经营权，依法向经营机构融资担保，实现自身农业生产和经营的更大发展。依法推进农村宅基地制度改革，将落实宅基地集体所有权、保障宅基地农户资格权、放活宅基地使用权等作为农村宅基地改革的核心和重点。依靠农村法治建设的不断推进和深入，探索和实践农村宅基地"三权"分置的具体实现形式，通过法律明确村集体经济与农户的产权界定。依法规范和细化村集体经济组织与农户等相关利益主体之间的权利和义务关系。通过法律规范和政策引导，健全和放活宅基地使用权的权益保障机制。通过相关法律、法规和政策引导，结合当前社会经济发展的趋势，将乡村旅游、返乡创业等乡村振兴战略实施中的举措先行、先试。通过立法和实践的结合，研究广大农民群众从合法渠道，自愿有偿处置宅基地和附属设施的可行方式。探索利用闲置宅基地和农房，盘活农村

---

① 陈锡文，魏后凯，宋亚平. 走中国特色社会主义乡村振兴道路 [M]. 北京：中国社会科学出版社，2019：298.

闲置资产，赋予农房财产权、流转抵押权，增加广大农民群众的财产性收入。完善农村集体经营性建设用地入市制度，加快推进集体建设用地使用权的确权颁证，明确其产权归属，落实入市主体。继续细化和明确农村集体经营性建设用地入市规则和监管措施。通过法律的形式，规范和明确集体建设用地的使用权。严格依照土地利用总体规划和法律确定的用途使用土地，依法进行改革，不断完善土地出让收入使用制度和土地增值收益分配机制。依法规范农村集体经济组织收益分配和管理，明确收益的重点向集体和广大农民群众倾斜。要求集体收益主要是用于实施乡村振兴战略。改革农村土地征收制度，进一步完善农村土地征收制度的法律法规，明确依法征地范围，逐步缩小农村土地征收规模。农村土地征收重点是保障政府基础设施、公共事业和城镇规划等在内的成片开发和建设需要，结合各地农村当前的建设和发展现状，通过相关法律法规的规范，依法提高农村征地补偿安置标准，完善对被征地农民群众的社会保障制度。通过立法和实践的结合，探索留地安置、留物业经营等方式。依法规范农村土地征收程序，依靠法治手段保障被征地农民的知情权、参与权、申诉权、监督权等相关权利。依法健全农村地区矛盾纠纷和化解的机制。

2. 依法加快农村集体产权制度改革

依靠农村法治建设的不断推进和深入，通过在我国农村地区探索和实践"资源变资产""资金变股金""农民变股东"等方式，① 依法推动我国农村集体产权制度改革，实现我国农村集体经济的法治化管理和进一步发展。

全面完成对农村集体资产的清产和核资工作。依照相关法律、法规进行权属界定，依法办理和完善农村集体资产的相关产权和手续。依法建立

---

① 巢洋，范凯业，王悦. 乡村振兴战略：重构新农业 [M]. 北京：中国经济出版社，2019：143.

健全资金使用和管理台账等制度，确认农村集体成员身份。依据相关法律、法规，统筹考虑农村户籍、农村土地承包等相关因素，结合各地实际，因地制宜制订农村集体成员身份的确认办法，在农村法治建设实践中不断探索农村集体经济组织成员认定程序的法定标准和管理办法。依法推进集体经营性资产股份合作制改革，扩大试点范围，选择有条件的农村集体经济组织开展农村集体资产量化确权改革。依照法律和法规的规范，在农村法治建设的实践中探索各类集体资产量化确权的具体实现形式，盘活集体资产资源，增加广大农民群众的财产性收入。依法有序推进农村产权交易和流转，依托土地交易平台，在法律法规的框架下，探索推进农村集体资产、集体经济组织股权等交易机制。依法鼓励农村土地承包经营权合法地向家庭农场、农民合作社、农业企业、专业种植大户等新型农业经营主体流转。在农村法治建设中推进农村承包地经营权改革，使农业转移人口依法按股份享受改革带来的收益。探索建立土地承包权的依法、自愿、有偿退出的机制。

3. 依法完善农业支持保护制度

依靠农村法治建设，不断完善我国农业支持和保护制度，以提升我国农业质量、效益和竞争力为目标，通过法律法规的规范，强化农业生产中绿色生态的导向，依法创新和完善政策工具和手段，加快建立我国新型农业支持和保护的法律法规和政策体系。

依法加大对我国农业的投入力度，通过法律规范和政策引导、建立健全国家对农业投入的增长机制，政府对固定资产的投资继续依法依规向农业进行倾斜。依法完善我国农业补贴政策体系，依法增强农业补贴的指向性和精准性。以法律的方式加大对粮食主产区农业生产适度规模经营的支持力度。依法深化对绿色生态农业的补贴力度。依法扩大重要农产品的收储制度改革，增强政策的灵活性和弹性。依法建立健全关于稻谷、小麦等基本农产品的最低收购价保护政策，深化我国玉米收储制度改革，合理制定我国大豆补贴政策。[①] 依法完善农业保险政策体系，依照法律、法规和政策以及农村经济和生产现状，开发和推广适合新型农业经营主体需求的农业保险品种。农业生产中水稻、小麦、玉米等基本作物产品，实行完全成本保险和收入保险的试点。依法健全农业保险大灾风险分摊机制，扩大农业保险和期货试点。依据法律、法规，结合各地农业和农村的发展实际，在农村法治建设实践中不断探索订单农业和农业保险期货的综合改革试点。

（四）依法不断扩大对农村的各项投入

实施新乡村振兴战略必须继续坚持农业和农村优先发展的政策导向。在农业和农村发展的资源要素配置上优先满足各项需求，依法扩大资金投入、依法实现公共服务均等化配置，依法加强农业和农村人才队伍建设，补齐农村基础设施、生态环境、公共服务等领域短板，通过农村法治建设的推进和深入使我国乡村振兴战略实施不断深化和发展。

1. 依法加大对农业的科技投入

在我国经济社会不断发展的过程中，各种科学技术进步日新月异，大数据、物联网、人工智能、区块链等现代信息技术蓬勃发展。包括农业在内的各类产业正经历科学技术进步带来的深刻变革，既有进一步发展的广阔空间和机遇，也面临着前所未有的挑战。在新业态、新模式、个性化需求加速发展的时代，社会各类产业融合发展，相关产业之间边界日趋模糊。在农业和农村现代化建设、农业产业升级、乡村振兴战略实施不断深化和发展的过程中，现代化农业科技和农业管理正在进一步扩大其应用范围。农业技术创新和农业管理改革与创新，正在借助农业产业结构调整，使农村和农业发生巨大而深刻的变化。因此，必须依法加强和重视科学技术在农业和农村实现现代化过程中的重要作用。在农村法治建设的过程中，

---

① 苟文峰. 乡村振兴的理论、政策与实践研究［M］. 北京：中国经济出版社，2019：213.

依靠法律法规和政策引导，不断加大对农业科学技术研发和应用的法治保障。通过法治的保障，发挥农业科学技术在农业和农村发展中的重要作用。

科技兴农是运用科学技术，解决"三农"发展过程中面临的实际问题。科技兴农在乡村振兴战略中的支撑作用将进一步得到加强，是推动我国农业和农村现代化，实现我国乡村振兴的必要条件，也是我国实施创新驱动发展战略的重要要求。在乡村振兴战略实施过程中，农业科技对农业的支持和发展主要通过以下三个具体方面体现。第一是依靠法律法规和政策引导，国家对农业科技创新水平的提升空前提高。国家将进一步制定和完善相关法律法规，依法进一步加快完善农业科技创新体系、培育符合我国现代农业发展要求的创新主体。依靠法律和政策强化财政资金对农业基础研究领域的投入，依法依规重点增强农业种子创新、现代食品、农机装备、农业污染防治、农村环境整治等方面的科研工作。加快推动农业科技成果的转化应用，建立健全农业技术的推广体系。第二是依靠法律法规和政策，加强对农业科技创新平台和基地的建设。通过法律规范和政策引导，鼓励各地打造一批国家级和省级的农业科学院、农业科技创新联盟、农业科技资源等开放共享与服务平台。依靠法律和政策培育一批农业高新技术企业，形成我国具有国际竞争力的农业高新技术产业。第三是依靠相关法律法规和政策，深入推动互联网、物联网、区块链等现代信息技术在"三农"领域的应用。国家通过制定法律法规和出台相关政策，鼓励发展智慧农业和农村电商，推动农村就业、创业和公共服务的信息化水平，提升"三农"的信息化水平。随着科技的不断投入，科学技术在农业和农村发展过程中的作用日趋明显，与农村相关的产业融合、经营组织变革的趋势将更加明显。农业作为第一产业将与第二产业、第三产业进行深度融合，在信息化加速发展的经济和社会中，未来互联网农业、互联网农村等将成为乡村产业振兴中重要的发展方向。① 通过科技的不断投入，农业的

---

① 荀文峰. 乡村振兴的理论、政策与实践研究 ［M］. 北京：中国经济出版社，2019：114.

产业链将实现不断延伸，将与其他产业链实现融合发展。农业和农村相关的经营组织，可以通过以农业为中心向农业产业链的上下游延伸，组建和发展农业生产、供应、销售的全套企业。在农业科学技术的影响和作用下，农业与其他产业的边界将逐渐模糊。依托互联网、物联网、区块链、云计算、大数据等现代信息技术和科学技术，农业的网络营销、网络生产、网络租赁、网络销售等将促进传统农业在互联网的支持下逐渐向新型农业生产和经营体系转变，农业和农村将逐步向智能化、科技化方向发展。① 最终在乡村振兴战略实施的过程中，全面实现我国农业和农村现代化。

2. 依法加大对农村各项要素的投入

坚持我国农业和农村优先发展是乡村振兴战略的总方针。依靠法律规范和政策引导，从各个构成要素上对"三农"工作给予优先安排和政策倾斜，依法加大对"三农"人才、组织、资金、公共服务的投入力度，通过法治建设保障我国农业和农村的进一步发展。

依法加大对我国农村人才队伍建设的投入。在农村基层党组织干部配备上，优先考虑农村的具体实际和发展需要。在农村法治建设的实践过程中，农村法治建设的具体工作主要是由农村基层党组织干部进行落实和深化的。农村基层党组织干部是落实农业和农村优先发展战略的决定性因素。农村基层党组织在干部配备上，应该依法依规优先考虑农业和农村的工作和需求，将优秀的、年轻的干部安排到农村基层和农业生产中去。② 通过法治的手段，保障农村工作中干部的相关合法权益。依法明确和规范，优先提拔在农业和农村工作中成绩突出的干部。以法律法规的规范和政策引导的形式，吸引全社会各类人才投身我国乡村振兴战略，支撑乡村

---

① 巢洋，范凯业，王悦. 乡村振兴战略：重构新农业 [M]. 北京：中国经济出版社，2019：166.
② 陈锡文，魏后凯，宋亚平. 走中国特色社会主义乡村振兴道路 [M]. 北京：中国社会科学出版社，2019：286.

振兴战略的不断深入开展。在农业和农村的资金投入上依法予以优先保障，通过法律法规的规范和制度的建设，建立财政优先、保障金融、重点支持、社会参与的多元投入机制。通过法治的手段保障乡村振兴战略的资金需求，地方各级政府应该依照国家法律法规和部门规章，依法将"三农"领域作为优先保障的财政投入领域。围绕优化"三农"公共财政的政策目标、设计相应的配套政策体系，结合各地实际情况、科学评估各地财政收支水平和"三农"发展水平，依法依规合理确定投入规模和发展模式。在农村公共服务上要依靠法律规范和政策引导，依法加大对农村教育、医疗、养老和社保等基础公共服务的投入力度，依法完善农村基础公共服务体系，依法保障和提升农村基础公共服务水平。通过法律法规规范和政策的明确引导，在资金上给予农业和农村优先支持，增加农村教育、卫生、文化等经费的投入。通过法律的规范，明确政府在农业和农村投资中的主体责任和主体地位。依法创新政府对农业和农村投入的体制和机制，用法治的手段保障广大农民群众相关的合法权益，通过农村法治建设的不断推进，使广大农民群众参与到农村公共服务供给的决策中。通过农村法治建设的推进，依托我国城乡融合和发展，加快推进我国城乡基本公共服务的均等化。

结　语

党的十九大报告中提出，在我国实施乡村振兴战略是我国在新时代的重大战略任务和决策部署。实施乡村振兴战略是以习近平同志为核心的党中央从我们党和国家事业的全局出发，着眼实现我国"两个一百年"奋斗目标，顺应我国广大农民群众对美好生活的向往作出的重大决策部署。长期以来，我国的农业、农村、农民在发展中取得了伟大的成就，但在农业、农村、农民领域也存在不少的问题。我国农业和农村的发展，农民的生活改善是我国国计民生的根本和基础。农业和农村能否实现现代化，广大农民群众能否在发展过程中富裕起来，农民群众能否在经济和社会的发展和改革开放的推进过程中有获得感和幸福感，将直接影响我国实现全面建成小康社会和社会主义现代化的进程。党的十八大以来，习近平同志坚持将解决"三农"问题作为全党工作的重中之重。在对"三农"问题进行长期的理论创新和探索实践中，我们党不断推进"三农"领域的各项工作，进行了大量的理论创新、实践创新、制度创新，推动了农业和农村取得历史性的发展成就。与此同时，自党的十八届四中全会提出全面推进依法治国以来，我国的法治建设进入全面加速和发展时期。全面推进依法治国是以习近平同志为核心的党中央从坚持和发展中国特色社会主义事业的全局出发提出的要求。全面推进依法治国的目的，是实现国家治理现代化、解决党和国家事业发展中面临的一系列重大问题和难题，全面依法治国是确保党和国家长治久安的根本要求。党的十八大以来，围绕全面依法治国进行了不断的理论和实践探索，形成了一系列的指导思想、总体目标、基本原则和总体要求。全面依法治国在我国的法治建设中具有重要的政治意义、理论意义和实践意义。

　　农业和农村的现代化是实现我国社会主义现代化重要的组成部分和基础。全面建成小康社会、实现"两个一百年"发展目标，没有我国农业和农村的现代化是不完整的。"三农"工作在新时代的主要抓手就是乡村振兴战略。乡村振兴战略从系统和全局的角度出发，以顶层设计的方式规划和规范了"三农"领域的各项工作。乡村振兴战略从我国当前农业和农村的实际出发，针对当前在发展中面临的一系列问题，提出了对应的解决措施和发展路径。乡村振兴战略是实现我国农业和农村现代化的重要推手，也是保障和解决我国"三农"问题的重要决策和举措。我国在建设社会主义现代化国家的过程中，实现国家治理体系和治理能力现代化意义重大，全面推进依法治国是其中重要的战略举措和战略任务。在我国社会主义现代化的建设中，法治建设是重要的制度保障。在我国农村的发展和农业的现代化进程中，农村地区的法治建设同样有着重要的作用。我国的农村法治建设是保障乡村振兴战略实施的重要举措，某种程度上说，我国农村法治建设的推进不仅关系到乡村振兴战略的实施、关系到我国农业和农村的现代化，甚至关系到我国社会主义现代化的进程。只有在农村不断推动法治建设，才能更好地为解决"三农"问题、实现"三农"领域的发展和完善保驾护航。

　　我国的农村法治建设，既要体现出中国特色社会主义的制度优势、理论优势、道路优势和文化优势，也要借鉴和吸收国外发达国家在实现农业和农村现代化过程中的相关农业法治建设的经验和举措。我国农村法治建设在乡村振兴战略实施过程中，首先要体现出党对农村工作全面领导的原则，使党内法规和依法治国在农村地区法治建设中紧密结合、更好发挥二者的作用。我国农村法治建设还要在乡村各个方面的振兴中，进一步加强与乡村振兴战略具体领域和具体工作的结合，使乡村振兴战略实施有法可依、有法必依、执法必严、违法必究。在农村法治建设不断推进的过程中，实现乡村振兴各项事业的进一步发展和壮大。

我国农村法治建设相关研究涉及马克思主义理论和思想，涉及法治、"三农"、城乡融合、产业发展等多方面的理论和实践。作为就读博士期间的一项阶段性研究成果，尽管笔者已经进行了大量的文献研究和理论参考，但由于相关理论基础和实践经验有限，对法治建设、农业和农村现代化等相关理论和问题之间的理解还存在很多不足。乡村振兴战略系统而宏大，并且处在不断发展和推进的进程中，笔者在写作中难免出现资料整理和理论实践等方面的相对滞后与不足，恳请各位专家与读者批评指正。

笔者今后将对乡村振兴战略和农村法治建设等问题进行进一步的深入研究，同时也将持续关注当前和今后出现的具有普遍性和代表性的乡村振兴战略实施方案，对我国农村法治建设中的相关理论和实践经验进行更多细致的研究和思考。

参考文献

一、马克思主义理论著述

[1] 马克思恩格斯全集：第一卷 [M]．北京：人民出版社，1995.

[2] 马克思恩格斯全集：第三卷 [M]．北京：人民出版社，1960.

[3] 马克思恩格斯全集：第六、第九卷 [M]．北京：人民出版社，1961.

[4] 马克思恩格斯全集：第十二卷 [M]．北京：人民出版社，1998.

[5] 马克思恩格斯全集：第十八卷 [M]．北京：人民出版社，1964.

[6] 马克思恩格斯全集：第二十一卷 [M]．北京：人民出版社，2003.

[7] 马克思恩格斯全集：第二十三卷 [M]．北京：人民出版社，1972.

[8] 马克思恩格斯全集：第二十五卷 [M]．北京：人民出版社，2001.

[9] 马克思恩格斯全集：第二十六卷 [M]．北京：人民出版社，2014.

[10] 马克思恩格斯全集：第三十五卷 [M]．北京：人民出版社，2013.

[11] 马克思恩格斯全集：第三十六卷 [M]．北京：人民出版社，2015.

[12] 马克思恩格斯全集：第四十六卷 [M]．北京：人民出版社，2003.

[13] 马克思恩格斯文集：第一—五卷 [M]．北京：人民出版社，2009.

[14] 马克思恩格斯文集：第七卷 [M]．北京：人民出版社，2009.

[15] 马克思恩格斯文集：第九—十卷 [M]．北京：人民出版社，2009.

[16] 列宁全集：第二—四卷 [M]．北京：人民出版社，2013.

[17] 列宁全集：第七卷 [M]．北京：人民出版社，2013.

[18] 列宁全集：第二十九卷 [M]．北京：人民出版社，2017.

[19] 列宁全集：第三十一卷 [M]．北京：人民出版社，2017.

［20］列宁全集：第三十三—四十三卷［M］．北京：人民出版社，2017.

［21］列宁选集：第二—四卷［M］．北京：人民出版社，2012.

［22］毛泽东文集：第三卷［M］．北京：人民出版社，1996.

［23］毛泽东文集：第五卷［M］．北京：人民出版社，1996.

［24］毛泽东文集：第六—八卷［M］．北京：人民出版社，1999.

［25］毛泽东选集：第二—四卷［M］．北京：人民出版社，1991.

［26］毛泽东著作选读：下［M］．北京：人民出版社，1986.

［27］邓小平文选：第一—二卷［M］．北京：人民出版社，1994.

［28］邓小平文选：第三卷［M］．北京：人民出版社，1993.

［29］江泽民文选：第一—三卷［M］．北京：人民出版社，2006.

［30］习近平．之江新语［M］．杭州：浙江人民出版社，2007.

二、党和国家重要文献

［1］中共中央编译局．苏联共产党代表大会、代表会议和中央全会决议汇编：第一分册［M］．北京：人民出版社，1964.

［2］中共中央文献研究室．毛泽东书信选集［M］．北京：中央文献出版社，2003.

［3］中共中央文献研究室．毛泽东传：第四卷［M］．北京：中央文献出版社，2011.

［4］中共中央文献研究室．毛泽东年谱：中册［M］．北京：中央文献出版社，2013.

［5］中共中央文献研究室．邓小平年谱（1975—1997）：上［M］．北京：中央文献出版社，2004.

［6］中共中央文献研究室．邓小平年谱（1975—1997）：下［M］．北京：中央文献出版社，2004.

［7］邓小平．建设有中国特色的社会主义：增订本［M］．北京：人民出版社，1987：11.

［8］中共中央文献研究室．江泽民论有中国特色社会主义：专题摘编［M］．北京：中央文献出版社，2002.

［9］中共中央文献研究室．习近平关于依法治国论述摘编［M］．北京：中央文献出版社，2015.

［10］中共中央党史和文献研究院．习近平关于"三农"工作论述摘编［M］．北京：中央文献出版社，2019.

[11] 中共中央文献研究室．建国以来重要文献选编：第一册［M］．北京：中央文献出版社，1992.

[12] 中共中央文献研究室．建国以来重要文献选编：第四册［M］．北京：中央文献出版社，1993.

[13] 中共中央文献研究室．十三大以来重要文选选编：中［M］．北京：中央文献出版社，1991.

[14] 中共中央文献研究室．十四大以来重要文献选编：上［M］．北京：中央文献出版社，1996.

[15] 中共中央文献研究室．十五大以来重要文献选编：上［M］．北京：人民出版社，2000.

[16] 中共中央文献研究室．十六大以来重要文献选编：上［M］．北京：中央文献出版社，2005.

[17] 中共中央文献研究室．十六大以来重要文献选编：中［M］．北京：中央文献出版社，2006.

[18] 中共中央文献研究室．十六大以来重要文献选编：下［M］．北京：中央文献出版社，2008.

[19] 中共中央文献研究室．十七大以来重要文献选编：上［M］．北京：中央文献出版社，2009.

[20] 中共中央文献研究室．十八大以来重要文献选编：上［M］．北京：中央文献出版社，2014.

[21] 中央档案馆，中共中央文献研究室．中共中央文件选集（一九四九年十月——一九六六年五月）：第41册［M］．北京：中央文献出版社，2013.

[22] 中共中央文献研究室．改革开放三十年大事记［M］．北京：中央文献出版社，2009.

[23] 中共中央党史和文献研究院．改革开放四十年大事记［M］．北京：中央文献出版社，2018.

[24] 中共中央党史和文献研究院．中华人民共和国大事记（1949年10月—2019年9月）［M］．北京：中央文献出版社，2019.

三、学术专著

[1] 哲学社会科学部经济研究所计划经济组. 论十大关系的学习参考纲要 [M]. 北京：人民出版社，1977.

[2] 樊亢，宋则行. 外国经济史：第三册 [M]. 北京：人民出版社，1980.

[3] 当代中国农业合作化编辑室. 中国农业合作史资料 [M]. 北京：中国农业出版社，1989.

[4] 徐更生. 美国农业政策 [M]. 北京：中国人民大学出版社，1991.

[5] 刘雅珍，安孝义. 中国乡村法治通论 [M]. 北京：中国政法大学出版社，1993.

[6] 农业部政策研究会. 毛泽东与中国农业：专家学者纪念毛泽东诞辰 100 周年文集 [M]. 北京：新华出版社，1995.

[7] 新华月报社. 中华人民共和国大事记（1949—2004）：下 [M]. 北京：人民出版社，2004.

[8] 王伟，鄯爱红. 行政伦理学 [M]. 北京：人民出版社，2005.

[9] 荣尊堂. 参与式发展：一个建设社会主义新农村的典型方法 [M]. 北京：人民出版社，2006.

[10] 李昌麒. 中国农村法治发展研究 [M]. 北京：人民出版社，2006.

[11] 本书编写组. 《中共中央国务院关于积极发展现代农业扎实推进社会主义新农村建设的若干意见》学习读本 [M]. 北京：人民出版社，2007.

[12] 欧阳仁根. 中国农村经济法制建设理论与实践研究 [M]. 北京：人民出版社，2007.

[13] 宋洪远. 中国农村改革 30 年 [M]. 北京：中国农业出版社，2008.

[14] 魏礼群. 中国经济体制改革 30 年回顾与展望 [M]. 北京：人民出版社，2008.

[15] 本书编写组. 《中共中央关于推进农村改革发展若干重大问题的决定》辅导读本 [M]. 北京：人民出版社，2008.

[16] 刘友田. 村民自治：中国基层民主建设的实践与探索 [M]. 北京：人民出版社，2010.

[17] 韩长斌. 社会主义新农村建设 [M]. 北京：人民出版社，2011.

[18] 刘颖. 乡村社会民主法治建设理论与实践 [M]. 沈阳：东北大学出版社，2011.

[19] 韩长斌. 改革创新促发展　兴农富民稳供给：农村经济十年发展的辉煌成就

（2002—2012）［M］. 北京：人民出版社，2012.

［20］杨朝红. 农村法治教程［M］. 郑州：郑州大学出版社，2013.

［21］沈传亮，李庆刚. 三中全会：中共重大改革决策实录［M］. 北京：人民出版社，2014.

［22］本书编写组.《中共中央关于全面推进依法治国若干重大问题的决定》辅导读本［M］. 北京：人民出版社，2014.

［23］李步云. 法治新理念：李步云访谈录［M］. 北京：人民出版社，2015.

［24］马建堂. 大道至简：简政放权的理论与实践［M］. 北京：人民出版社，2016.

［25］邸敏学. 毛泽东邓小平若干经济理论问题研究［M］. 北京：人民出版社，2017.

［26］冯俊，王友明，胡云超，余佶. 中国农业与农村发展［M］. 北京：人民出版社，2017.

［27］《党的十九大报告辅导读本》编写组. 党的十九大报告辅导读本［M］. 北京：人民出版社，2017.

［28］张金才. 中国法治建设40年（1978—2018）［M］. 北京：人民出版社，2018.

［29］中共中央党校（国家行政学院）课题组. 改革开放40周年中国社会经济发展研究［M］. 北京：人民出版社，2018.

［30］王兴国. 惠农富农强农之策：改革开放以来涉农中央一号文件政策梳理与理论分析［M］. 北京：人民出版社，2018.

［31］韩俊. 实施乡村振兴战略五十题［M］. 北京：人民出版社，2018.

［32］中国民主建国会中央委员会. 改革·创新·发展：2008—2017民建中央重点专题调研报告［M］. 北京：人民出版社，2018.

［33］本书编写组.《中共中央关于深化党和国家机构改革的决定》《深化党和国家机构改革方案》辅导读本［M］. 北京：人民出版社，2018.

［34］陈锡文，魏后凯，宋亚平. 走中国特色社会主义乡村振兴道路［M］. 北京：中国社会科学出版社，2019.

［35］李林，莫纪宏. 全面依法治国　建设法治中国［M］. 北京：中国社会科学出版社，2019.

［36］张登国. 中国特色旅游小镇建设的理论与实践研究［M］. 北京：人民出版社，2019.

[37] 陈一新．建设社会主义法治国家 [M]．北京：人民出版社，2019.

[38] 韩俊．新中国 70 年农村发展与制度变迁 [M]．北京：人民出版社，2019.

[39] 蒋永甫．农民组织化与农村治理研究 [M]．北京：人民出版社，2019.

[40] 苟文峰．乡村振兴的理论、政策与实践研究 [M]．北京：中国经济出版社，2019.

[41] 巢洋，范凯业，王悦．乡村振兴战略：重构新农业 [M]．北京：中国经济出版社，2019.

[42] 武汉大学党内法规研究中心．中国共产党党内法规制度建设年度报告（2017）[M]．北京：人民出版社，2019.

[43] 欧爱民．中国共产党党内法规总论 [M]．北京：人民出版社，2019.

[44] 中共中央党校党章党规教研室．十八大以来常用党内法规 [M]．北京：人民出版社，2019.

[45] 孙建华．马克思主义中国化思想通史：第三卷 [M]．北京：人民出版社，2019.

[46] 人民日报社政治文化部．共产党员应该知道的党史小故事 [M]．北京：人民出版社，2019.

[47] 李洪涛．乡村振兴国际经验比较与启示 [M]．北京：中国农业出版社，2019.

[48] 本书编写组．《中共中央关于坚持和完善中国特色社会主义制度、推进国家治理体系和治理能力现代化若干重大问题的决定》辅导读本 [M]．北京：人民出版社，2019.

[49] 廖胜平．重建与嬗变：新中国成立初期西南地区的社会改造研究 [M]．北京：人民出版社，2020.

[50] 李建伟．我国乡村治理创新发展研究 [M]．北京：人民出版社，2020.

[51] 李长健．中国农民合作经济组织制度研究 [M]．北京：人民出版社，2020.

[52] 赵阳．家庭农场高质量发展 [M]．北京：人民出版社，2020.

[53] 《社会学概论》编写组．社会学概论 [M]．北京：人民出版社，2020.

[54] 李海金．脱贫攻坚与乡村振兴衔接：人才 [M]．北京：人民出版社，2020.

[55] 尚道文．脱贫攻坚与乡村振兴衔接：生态 [M]．北京：人民出版社，2020.

[56] 吕方．脱贫攻坚与乡村振兴衔接：组织 [M]．北京：人民出版社，2020.

[57] 黄承伟．脱贫攻坚与乡村振兴衔接：概论 [M]．北京：人民出版社，2020.

［58］覃志敏．脱贫攻坚与乡村振兴衔接：基层案例评析［M］．北京：人民出版社，2020.

［59］武汉大学党内法规研究中心．中国共产党党内法规制度建设年度报告（2018）［M］．北京：人民出版社，2020.

［60］《中国共产党 100 年奋斗历程》编写组．中国共产党 100 年奋斗历程［M］．北京：人民出版社，2021.

［61］国家发展和改革委员会．《中华人民共和国国民经济和社会发展第十四个五年规划和 2035 年远景目标纲要》辅导读本［M］．北京：人民出版社，2021.

［62］中共云南省委宣传部，云南省社会科学院．云南脱贫攻坚纪实［M］．北京：人民出版社，2021.

四、期刊论文

［1］冯海发．日本农业保护探析［J］．日本研究，1994（1）：29 – 32.

［2］丁声俊．中德农村合作制的比较：上［J］．世界农业，1995（4）：9 – 12.

［3］丁声俊．中德农村合作制的比较：下［J］．世界农业，1995（5）：6 – 10.

［4］徐勇．由能人到法治：中国农村基层治理模式转换：以若干个案为例兼析能人政治现象［J］．华中师范大学学报（人文社会科学版），1996（4）：1 – 8.

［5］徐更生．美国新农业法：取消价格和收入补贴［J］．改革，1996（5）：122 – 126.

［6］何信生，高保周．美国的农业保护及其启示［J］．世界农业，1999（7）：3 – 5.

［7］蔡彰．加大法治要素投入改善农村经济和社会发展环境［J］．人民司法，1999（3）：6 – 8.

［8］李蕊．农村法治建设与现代法律意识［J］．山东社会科学，2000（3）：57 – 59.

［9］李育全，马雁．我国农村社会法治化的发展及构建［J］．华中农业大学学报（社会科学版），2000（3）：55 – 59.

［10］杜承铭．论社会转型期乡土社会的法治［J］．社会主义研究，2001（4）：94 – 97.

［11］程宗璋．中国农村行政法治建设研究［J］．湖南农业大学学报（社会科学版），2001（2）：44 – 47.

［12］徐钢，钱涛．契约、农民利益与法治秩序：以农村土地权利现状为例［J］．法学，2001（8）：15 – 19.

[13] 李昌麒，许明月，卢代富，等．农村法治建设若干基本问题的思考 [J]．现代法学，2001（2）：26-34.

[14] 王启梁．传统法文化的断裂与现代法治的缺失：少数民族农村法治秩序建构路径选择的社区个案研究 [J]．思想战线，2001（5）：87-93.

[15] 郭玮．美国、欧盟和日本农业补贴政策的调整及启示 [J]．经济研究参考，2002（56）：29-31.

[16] 张学亮．依法治国与农村法律信仰危机 [J]．长白学刊，2002（6）：33-36.

[17] 罗晓霞．关于农村法治建设的思考 [J]．湖南农业大学学报（社会科学版），2002（2）：55-57.

[18] 白呈明．法治下的农民政治参与与农村社会稳定 [J]．理论导刊，2002（10）：35-37.

[19] 陈锡文，程国强．美国新农业法对中国农业的影响和建议 [J]．WTO经济导刊，2003（2）：12-16.

[20] 祝宝良．欧盟共同农业政策的变迁 [J]．世界农业，2003（6）：10-11.

[21] 薛刚凌，王文英．农村法治发展之思考 [J]．湖南社会科学，2003（5）：60-62.

[22] 易虹．我国农村法治建设中存在的问题及其对策 [J]．江西社会科学，2003（9）：171-172.

[23] 柳光强，王海．美日农业法比较及借鉴 [J]．甘肃农业，2003（5）：55-56.

[24] 叶晓彬．论法治与村民自治 [J]．西南民族大学学报（人文社科版），2003（11）：378-380.

[25] 李仲达．历史地全面地评价毛泽东的法律思想及其法制实践 [J]．理论导刊，2004（2）：31-33.

[26] 平凡．美国及欧共体的农业保护政策 [J]．粮食问题研究，2004（2）：35-37.

[27] 米新丽．美国农业合作社法初探 [J]．江西社会科学，2004（3）：139-141.

[28] 丁关良．农村法治涵义和基本内容及现实意义研究 [J]．山东农业大学学报（社会科学版），2005（3）：94-99+128.

[29] 李长健．我国农村法治的困境与解决方略研究 [J]．武汉大学学报（哲学社会科学版），2005（5）：622-626.

[30] 孟庆瑜．农村法治的运行机制探讨 [J]．国家行政学院学报，2006（1）：72-75.

[31] 乌洗尘, 于延晓. 新农村建设面临的法治困境及出路 [J]. 长白学刊, 2006 (4): 41 - 44.

[32] 王明雯. 新农村建设中凉山彝族地区的法治问题探讨: 以凉山彝族习惯法和国家法的关系为视角 [J]. 西南民族大学学报 (人文社会科学版), 2007 (8): 71 - 74.

[33] 陈少华, 沈桥林. 新农村建设中的民主与法治 [J]. 江西社会科学, 2007 (4): 152 - 156.

[34] 窦衍瑞, 王珍行. 论我国农村土地征用程序的法治化 [J]. 法学论坛, 2007 (2): 107 - 111.

[35] 赵新龙. 权利扶贫: 农村扶贫突围的一个法治路径 [J]. 云南财经大学学报, 2007 (3): 88 - 92.

[36] 张洪波, 周宁. 乡规民约与新农村的法治建设 [J]. 长白学刊, 2009 (1): 94 - 98.

[37] 丁同民. 新农村法治建设的路径探析 [J]. 中州学刊, 2009 (2): 78 - 82.

[38] 柯楠. 保障和改善农村养老的法治向度 [J]. 广西社会科学, 2009 (11): 43 - 46.

[39] 易国锋. 传统孝文化对农村法治建设的影响 [J]. 江汉论坛, 2009 (5): 139 - 143.

[40] 王西阁. 法治文化: 新农村建设的文化底蕴和支撑 [J]. 东岳论丛, 2010, 31 (9): 136 - 138.

[41] 李靖. 农村纠纷解决途径与机制: 关于当代中国农村法治问题的研究 [J]. 河北学刊, 2011, 31 (3): 143 - 145.

[42] 岑乾明. 胡锦涛 "两个趋向" 论断及其政策实践 [J]. 吉首大学学报 (社会科学版), 2011, 32 (6): 121 - 125.

[43] 邓维立. 农村法治中的农村社会组织参与及其有效保障 [J]. 社会主义研究, 2011 (5): 37 - 39 + 137.

[44] 胡建华. 论农村民主管理制度法治化建设面临的困境与对策 [J]. 河南师范大学学报 (哲学社会科学版), 2011, 38 (5): 47 - 51.

[45] 彭澎. 乡村社会转型与基层治理变革: 农村问题研究的宪政视域 [J]. 江西农业

大学学报（社会科学版），2012，11（4）：122－130.

［46］黄信瑜. 农民参与农村法治建设需实现"三化"［J］. 求索，2012（8）：57－59.

［47］刘同君. 新型城镇化进程中农村社会治理的法治转型：以农民权利为视角［J］.
法学，2013（9）：44－51.

［48］谢秋红. 乡村治理视阈下村规民约的完善路径［J］. 探索，2014（5）：149－152.

［49］倪怀敏. 农村社区治理法治路径探寻［J］. 人民论坛，2014（2）：105－107.

［50］席书旗. 中国法治化进程中农村私法文化的建构问题［J］. 山东社会科学，2014
（11）：172－176.

［51］王木森，王东. 微权清单式村治：法治村治的未来模式：以浙江 N 县推行村务工
作权力清单 36 条为例［J］. 理论导刊，2015（4）：8－12.

［52］施生旭，郑逸芳，张婉贞. 农村社会管理法治化模式创新研究：以闽北"约法治
村"为例［J］. 电子科技大学学报（社会科学版），2016，18（2）：80－85.

［53］徐永伟，潘溪. 发挥新乡贤作用推进新时代农村法治建设［J］. 中国司法，2017
（12）：45－49.

［54］王漪鸥. 从村民自治视角看农村治理法治化［J］. 人民论坛，2018（28）：
66－67.

［55］李牧，李丽. 当前乡村法治秩序构建存在的突出问题及解决之道［J］. 社会主义
研究，2018（1）：131－137.

五、报纸和重要文件

［1］江泽民. 要始终高度重视农业、农村和农民问题［N］. 人民日报，1993－10－18
（001）.

［2］江泽民. 加强农业基础，深化农村改革，推进农村经济和社会全面发展［N］. 人
民日报，1996－06－04（001）.

［3］江泽民. 中共中央关于农业和农村工作的若干重大问题的决定［N］. 人民日报，
1998－10－14（001）.

［4］胡锦涛. 把科学发展观贯穿于发展的整个过程［J］. 新华文摘，2005（6）：3.

［5］胡锦涛. 扎扎实实规划和推进社会主义新农村建设［N］. 人民日报，2006－02－
14（001）.

［6］中华人民共和国国民经济和社会发展第十一个五年规划纲要［N］．人民日报，2006－03－16（003）．

［7］胡锦涛．坚定不移走中国特色农业现代化道路　全力保持农业农村经济持续稳定发展［N］．人民日报，2009－01－25（001）．

［8］中央经济工作会议在北京举行［N］．人民日报，2010－12－13（001）．

［9］中央水利工作会议在北京举行［N］．人民日报，2011－07－10（002）．

［10］中共中央关于推进农村改革发展若干重大问题的决定［Z］．北京：人民出版社，2008．

［11］中共中央国务院关于2009年促进农业稳定发展农民持续增收的若干意见［Z］．北京：人民出版社，2009．

［12］中共中央关于深入推进农业供给侧结构性改革加快培育农村发展新动能的若干意见［Z］．北京：人民出版社，2017．

［13］中国人民政治协商会议第十一届全国委员会第五次会议文件［Z］．北京：人民出版社，2017．

［14］关于促进小农户和现代农业发展有机衔接的意见［Z］．北京：人民出版社，2019．

［15］中共中央国务院关于保持土地承包关系稳定并长久不变的意见［Z］．北京：人民出版社，2019．

［16］中国共产党农村工作条例［Z］．北京：人民出版社，2019．

［17］中国共产党农村基层组织工作条例［Z］．北京：中国法制出版社，2019．

［18］全国人民代表大会常务委员会办公厅．中华人民共和国第十三届全国人民代表大会第四次会议文件汇编［Z］．北京：人民出版社，2021．

［19］中共中央国务院关于全面推进乡村振兴加快农业农村现代化的意见［Z］．北京：人民出版社，2021．

［20］中共中央国务院关于加强基层治理体系和治理能力现代化建设的意见［Z］．北京：人民出版社，2021．

［21］庞道沐．"三农"问题的核心是农民问题［N］．人民日报，2003－05－16（008）．